SMART FOOD

COLLECTION
ROLF HEYNE

Roland Trettl

SMART FOOD

intelligent essen

COLLECTION ROLF HEYNE

INHALT

VORWORT

KANN das gut gehen? Hier die konsequente Ernährungswissenschaftlerin aus Bern? Und dort der weltgereiste genussfrohe Fine-Dining-Koch? Hier die Wächterin über »Brain«, »Mood« und »Beauty«. Dort der Apologet von Amuse-Bouche, Zehn-Gang-Menüs und Dessertvariationen? Hier die Blutfettwerte, dort die Gänsestopfleber? Mit anderen Worten: Kann das wirklich gut gehen mit Frau Marianne Botta aus der Schweiz und Roland Trettl aus Südtirol?

Wenn Marianne Botta von den segensreichen Wirkungen der Antioxidantien und Serotonine schwärmte, wenn sie die Welt von Omega-3-Fettsäuren, Acetylcholin und Dopamin lebendig werden ließ, bildeten sich vor dem inneren Auge des Roland Trettl sofort die dazu passenden Gerichte ab. In der von ihm zu erwartenden Ästhetik. Mit vollendeten Texturen, verlockenden Düften, stimmigen Aromenharmonien.

Jedem Beteiligten war sofort klar: Hier hatten sich zwei unterschiedliche Persönlichkeiten viel zu sagen – und was sie sich sagten, passte auf eine sehr besondere und eigenständige Weise zusammen. So sehr, dass daraus etwas ganz Neues entstehen könnte: »Smart Food«!

Roland Trettl, der seit der Entstehung das weltweit einmalige Gastkochkonzept im Hangar-7 verantwortlich leitet und der in diesem Rahmen seit 2003 mit den weltbesten Köchen zusammenarbeitet, umriss sofort die neue Herausforderung: »Schon beim ersten Gespräch mit Frau Botta habe ich intuitiv kapiert, dass ich zwar seit Jahrzehnten koche, dabei aber trotzdem nie über gewisse Grenzen hinausgeschaut habe. Schlagartig merkte ich, dass alles noch viel weiter gehen könnte, als ich das bislang getan habe. Ich koche gerne, und ich koche kreativ, ich wusste aber offenbar nicht, was Produkte, was Lebensmittel alles bewirken können. Wenn ich sie koche, wenn ich sie roh lasse, wenn ich sie kombiniere. Plötzlich tat sich vor mir eine neue Welt auf.«

Eine Welt, in der sich Marianne Botta seit Jahren bewegt: »Durch meine Arbeit weiß ich, wie viele Köche gerne im Gewohnten verharren. Und plötzlich stehe ich vor einem Roland Trettl. Der unglaublich schnell Gesagtes aufnimmt, begreift und umsetzt. Und alles sofort mit seinen großartigen Ideen und seinem Können aus der Kulinarik bereichert.«

In der Tat, das Spiel zwischen der Ernährungswissenschaftlerin und dem Spitzenkoch macht Spaß. Sagt Frau Botta in Richtung aller Denkenden: »Die rote Bete ist ein Gemüse mit steigender Beliebtheitskurve. Sie enthält den roten Farbstoff Betamin. Rote Beten liefern reichlich Vitamine der B-Gruppe, also Nervenvitamine, sowie Kalium und Eisen.« Dann sagt Roland Trettl: »Pot-au-feu von Rindfleisch, rote Bete und Meerrettich.« Sagt Frau Botta für alle Schönheitsbewussten: »Wer Wert auf schöne Beine legt, kommt an viel kaum vorbei. Gemüse wirkt im Körper basen- und nicht säurebildend, was vorbeugend gegen Cellulite wirkt.« Darauf entgegnet Roland Trettl, der ganz besonders großen Wert auf schöne Beine legt, umgehend: »Salat von Kürbis, Kichererbsen, roter Bete, Feta und Weizenkeimöl.« Und sagt Frau Botta in Richtung aller, die Unterstützung beim Emotionsmanagement suchen: »Dunkle Schokolade enthält reichlich Pseudoalkaloide, die entspannend wirken. Bananen versorgen den Organismus mit den stimmungsaufhellenden Botenstoffen Serotonin und Dopamin.« Da erwidert Roland Trettl: »Geschmorte Entenkeule mit Schokolade, Chili und getrockneter Kochbanane.«

Das Ergebnis des Ping-Pong-Spiels dieser beiden starken Persönlichkeiten ist zweierlei: Ein Ernährungskonzept und daraus resultierend ein Buch. Das Konzept liegt auf der Hand: Einerlei, ob es um unsere Stimmungen, um unsere geistige Leistungsfähigkeit oder um unser Aussehen geht, die Nahrung, die wir zu uns nehmen, kann hier einen wesentlichen positiven Einfluss darstellen. Und wird erst einmal begonnen, diesen wissenschaftlichen Weg zusammen mit einem Spitzenkoch zu Ende zu denken, ergibt sich eine Vielzahl von Rezepten und Gerichten, die alle darauf drängen, in einem Buch zusammengefasst zu werden.

Oder, wie Marianne Botta sagt: »Das vorliegende Buch räumt mit mehreren Vorurteilen auf. Das erste: Was gesund ist, kann nicht gut schmecken. Und: Was gesund ist, kann nicht gut aussehen. Das Buch zeigt, wie sehr die Ästhetik zu ihrem Recht kommen kann. Was ja ganz wichtig ist. Denn man isst auch mit dem Auge.«

Das Credo der Ernährungswissenschaftlerin ist klar: »Es ist nun mal wissenschaftlich erwiesen: Wer sein Essen genießt, dessen Organismus schüttet mehr Magensäure aus, mehr Verdauungsenzyme. Und sogar Immunglobuline, die ja unser Immunsystem stimulieren. Und wenn man das Essen nicht genießt, passiert das alles nicht.«

Frau Bottas Credo war Roland Trettl Befehl: »Gottlob hat sie mich eines Besseren belehrt: Gesundes Essen sollte nicht nur schmecken, gesundes Essen kann sogar schmecken. Und mich reizte die Aufgabe, all das in seiner Kombination auf ein kulinarisches Sterneniveau zu bringen. Frau Botta und ich richten uns mit diesem Buch an den ambitionierten Genussmenschen, der aber gleichzeitig gesund leben möchte und nun diese Kombination auf diesem Level zum ersten Mal tatsächlich vorfindet.«

SMART FOOD

GESUNDHEIT ALS GENUSSKONZEPT

Soll unser Essen gut schmecken oder gesund sein? Für viele Menschen schließen sich diese beiden Ansätze gegenseitig aus. Schon ein Kleinkind lernt, dass seine Eltern Schokolade und Gummibärchen »ungesund« nennen, obwohl sie doch so gut schmecken; dass Salat hingegen als »gesund« gilt, obwohl ihn die meisten Kinder nicht auf Anhieb mögen. Der Grund, warum Kleinkinder Süßes bevorzugen, ist evolutionär bedingt: Der Organismus von Kindern benötigt für das Wachstum viel und schnell verfügbare Energie. Diese liefern vor allem süße Nahrungsmittel. Hat man ein neues Essen etwa zehn- bis fünfzehnmal probiert, beginnt es meistens zu schmecken. Dazu kommen viele weitere Faktoren: So essen viele Menschen etwas nur, weil es gesund ist, auch wenn ihnen etwas »Ungesundes« viel besser schmecken würde.

DER DAUERNDE KAMPF ZWISCHEN KOPF UND BAUCH

So wird die Balance zwischen Genießen und Gesundsein zum dauernden Kampf – »Bauchgefühl« oder »Kopfentscheidung«, Lust und Genuss oder Vernunft und Gesundheit. Dieser Konflikt dürfte der Hauptgrund sein, dass es nur etwa fünf Prozent der abnehmwilligen übergewichtigen Menschen schaffen, dauerhaft schlank zu werden. Denn so einfach lässt sich der Bauch – also die Lust auf Genuss – nun mal nicht austricksen. Essen ist schließlich zu schön und tut zu gut. Das ist ganz logisch, denn alles, was uns guttut, spricht einen unserer fünf Sinne positiv an. Beim Essen werden sogar mehrere Sinne angesprochen: Zum Beispiel das Sehen (wenn die Speisen optisch ansprechend angerichtet sind), das Hören (wenn es knackt und knistert beim Zubeißen), das Riechen (wenn es fein duftet), das Tasten (wenn wir etwas mit den Fingern essen und dabei die verschiedenen Konsistenzen wahrnehmen, von hart bis weich, von tropfender Sauce bis knusprigem Brötchen). Nicht zu vergessen der Geschmackssinn. Was gut schmeckt, macht uns glücklich, oder?

DAS SCHLECHTE GEWISSEN MACHT DICK

Seit Abschluss meines Studiums beschäftige ich mich mit dem Thema gesunde Ernährung. Zugleich koche und esse ich unglaublich gerne – und das weitgehend ohne schlechtes Gewissen, denn eines habe ich bereits im Studium gelernt: Auch wenn es nicht so aussieht, so schließen sich Genuss und Gesundheit beim Essen nicht aus. Frische, hochwertig erzeugte und qualitätsvolle Produkte enthalten garantiert mehr Vitamine und Mineralstoffe als minderwertige oder lange gelagerte. Und sie schmecken ungleich besser. Zudem ist im Sinne einer ausgewogenen Ernährung rein gar nichts verboten. Es kommt, wie bei so vielen Dingen im Leben, nur auf die richtige Menge an. Schon Paracelsus wusste: »Die Dosis macht das Gift.« Wer sich abwechslungsreich und mit Produkten von guter Qualität ernährt, verringert das Risiko, vom nächsten Lebensmittelskandal betroffen zu sein.

Zudem stellt man so sicher, mit allen Nährstoffen versorgt zu sein, so auch mit den rund 20 000 bioaktiven Substanzen, die noch längst nicht alle wissenschaftlich erforscht sind, aber dennoch eine wesentliche Rolle für die Gesundheit spielen. Wer beim Essen ein schlechtes Gewissen hat, der setzt sich unter Stress. Und Stress lässt den Cholesterinspiegel nachweislich ansteigen und macht dick, während das genießerische Essen die Ausschüttung verschiedener Verdauungsenzyme und -säfte anregt und außerdem das Immunsystem stärkt. Genuss sorgt also für eine geregelte Verdauung und schützt vor Erkrankungen des Immunsystems. Genießen macht gesund!

GENUSS VOR GESUNDHEIT

Aber eigentlich interessiert die Gesundheit uns alle nicht besonders. Schließlich machen sich die Folgen einer falschen Ernährung nicht sofort bemerkbar, sondern erst nach Wochen, Monaten, Jahren oder sogar erst nach Jahrzehnten. Auf etwas verzichten zu müssen und den daraus resultierenden positiven Effekt nicht umgehend wahrzunehmen, das frustriert. Also sollten wir uns Ernährungsvorgaben schaffen, deren positive Effekte gleich zu spüren sind. Die auf Gerichten basieren, die gleichzeitig wunderbar schmecken und nichts mit Verboten und Verzicht zu tun haben.

EINE BEGEGNUNG, DIE VIELES VERÄNDERTE

Das alles schwirrte schon länger in meinem Kopf herum, als ich im Winter 2010 nach einer Verkettung vieler glücklicher Fügungen bei Roland Trettl in der Küche des Hangar-7 stand. Ich erzählte ihm von meinen Ideen, wie man die Menschen dazu bringen könnte, sich gesünder zu ernähren. Nämlich, indem man ihnen nichts über Gesundheit erzählt, sondern etwas darüber, wie sie sich klüger, schöner und glücklicher essen können. Mit Speisen, die die dafür nötigen Nährstoffe in der richtigen Kombination liefern und nebenbei toll angerichtet sind. Roland Trettl, ein genialer Koch und »Executive Chef« des »Ikarus« und der »Mayday Bar«, war just zu diesem Zeitpunkt auf der Suche nach einem neuen Konzept für die »Mayday Bar«. Denn er hatte wie ich eine Vision: Gerichte zu kreieren, die die Gesundheit optimal unterstützen. Darin liegt die Zukunft. Zwar schaut kaum ein Kochkünstler so vielen internationalen Kollegen über die Schultern in die Töpfe wie Roland Trettl, doch das, was ihm vorschwebte, war weltweit einzigartig. Wir hätten stundenlang diskutieren können, denn wir erkannten sofort, dass wir vom Wissen und Können her je eine Hälfte des Puzzles zu bieten hatten: Roland Trettl die Ideen, die Fantasie und die Kreativität sowie das Praxiswissen des Kochs, ich das theoretische Wissen über Ernährung und Ernährungspsychologie, über »Brain Food«, »Mood Food« und »Beauty Food«. Sobald wir das erkannt hatten, machten wir uns an die Umsetzung. Das Konzept des »Smart Food« war geboren. So unterschiedlich die ernährungswissenschaftlichen Grundlagen von »Brain Food«, »Mood Food« und »Beauty Food« auch sind, allen gemeinsam ist, dass die Rezepte von einem erstklassigen Koch stammen, also von höchstem Niveau sind.

ETWAS GEDULD UND GANZ VIEL SPASS

Die über einjährige Zusammenarbeit hat sich gelohnt: Wir haben diskutiert, einander zugehört und voneinander gelernt, Roland Trettl hat experimentiert, ich habe verkostet, und wir haben die Rezepte erarbeitet. Alle Rezepte sind nun im vorliegenden Buch versammelt. Wir meinen: Wenn Sie als Leserin und Leser diese Speisen zubereiten und genießen und dabei nur einen Bruchteil des Vergnügens und der Begeisterung empfinden, die wir bei der Entwicklung hatten, dann »muss es passen«, wie die Österreicher sagen. Eine wichtige Frage beantworte ich auch gleich: Wie schnell sind denn die positiven Auswirkungen von »Smart Food« zu bemerken? Die Antwort:

Manche sehr schnell, andere nicht sofort. Denn alle Gerichte sind leicht verdaulich und so konzipiert, dass man nach dem Essen kein Völlegefühl empfindet. Um aber umfassend von diesem neuen Ernährungskonzept zu profitieren, ist etwas Geduld nötig. Fakt ist: Eine einzige gesunde Mahlzeit pro Woche reicht nicht. Die Hautzellen zum Beispiel regenerieren sich etwa einmal pro Monat. Wenn man die Ernährung umstellt, dauert es also genauso lange, bis man Resultate sieht.

SMART FOOD – ODER WIE ESSEN WIR MORGEN?

In den Sechzigerjahren des 20. Jahrhunderts sahen viele Genießer mit Schrecken in die kulinarische Zukunft: Im Jahre 2011, so das feinschmeckerische Horrorszenario, würde sich die Menschheit nur noch von ausgeklügelt zusammengesetzten Pillen und Pülverchen ernähren. Doch diese Vision wurde nicht wahr. Warum? Weil wir Menschen nicht bereit sind, gesünder zu essen, wenn wir dabei auf den Genuss verzichten müssen. Das haben diverse Studien belegt. Das Essen muss uns, so viel ist sicher, auch morgen noch schmecken. Wenn es sich dazu auch noch positiv auf die Gesundheit auswirkt und uns schöner, klüger und glücklicher macht, umso besser!

Der Wandel unserer Ernährungsgewohnheiten spiegelt den sozialen Wandel wider. Unser Tempo wird immer höher, das beeinflusst auch die Ernährungs- und Konsummuster der Zukunft. Zudem lässt die Globalisierung die Welt »näher zusammenrücken«. Wir lernen Regionen der Welt kennen, von denen die Generationen vor uns praktisch gar nichts wussten. Mit dem Resultat, dass sich auch die Esskulturen vermischen und die Geschmacksvorlieben ändern. Während unsere Großeltern beim Anblick einer aus rohem Fisch zubereiteten Speise wohl entsetzt gewesen wären, gilt Sushi heute weltweit als Delikatesse. Umgekehrt interessieren sich viele von uns plötzlich für ihre Herkunft, für regionale und saisonale Produkte. Großmutters Rezepte werden wieder begeistert gekocht, die 100-Meilen-Diät (»Nichts essen, was aus einem Umkreis von mehr als 100 Meilen um meinen Wohnort stammt«) boomt.

Bei all diesen generellen Trends fällt aber auch eine zunehmende Individualisierung auf: Das Essverhalten jedes Einzelnen bleibt keineswegs von der Kindheit bis ins Alter gleich, sondern ändert sich je nach Lebensphase. Gewisse Voraussetzungen allerdings sind gegeben. Zum Beispiel, dass ein Großteil der Europäer das Kochen verlernt – und immer dicker wird. Eine Folge davon ist, dass die Ernährungsexperten die Verantwortung für eine gesunde Ernährung verstärkt der Lebensmittelindustrie und der Gastronomie zuschieben. So können wir Europäer oft nicht mehr selbst entscheiden, ob wir einem Trend folgen wollen.

Dazu einige Beispiele:

- Da heute vorwiegend die Frauen als Trendsetter in Sachen Ernährung gelten, wird die Zukunft in Richtung leichter, gemüsereicher, fettarmer Gerichte gehen. Dieser Trend heißt »New Fusion Food«, kennzeichnend ist der Einfluss der asiatischen Küche.

- Wir müssen salzärmer essen. In vielen Ländern Europas arbeiten die Gesetzgeber an entsprechenden Vorgaben für Industrie und Gastronomie. In Skandinavien und Großbritannien gibt es solche Vorschriften bereits. Ebenso wird es mit Zucker und Fett passieren. Der Konsument soll sich langsam an eine salz-, zucker- und fettärmere Kost gewöhnen, damit er die Veränderung gar nicht wahrnimmt – »Soft Health Food« heißt das.

- Nachhaltigkeit und ökologische Verantwortung sind wichtige Themen. Da der rote Thunfisch zum Beispiel vom Aussterben bedroht ist, müssen sich findige Sushi-Bars nach Alternativen umsehen. Biolachsforellen statt Thunfisch ist eine Lösung. Wer nicht mitmacht, wird seine Sushi-Bar höchstwahrscheinlich in wenigen Jahren schließen müssen. »Nature Food« heißt das Stichwort.

Eines ist aber nicht zu ändern: Die Menschen wollen genießen. »Sensual Food« lautet das Schlagwort. Darum sind TV-Kochshows so beliebt und ebenso kleine Restaurants, in denen die Küche im Gastraum zu finden ist. Hier kann man den Köchen direkt über die Schulter schauen, was den Appetit anregt. Auch interessant sind Speisen, die nicht mehr unbedingt so schmecken, wie sie aussehen, die irritieren, die ein wahres Feuerwerk an Aromen bieten und ein Spiel mit Konsistenzen und Texturen bieten. Das regt alle Sinne an!

Gesund bleiben wollen wir alle, gesund essen nur wenige. Der Begriff »gesund« schreckt uns ab – wir denken an »Körneressen«, an Verzicht. Gesunde Ernährung funktioniert also nur dann, wenn das Essen schmeckt und wir merken, dass es uns guttut. (Weil es nicht müde macht, zum Beispiel, oder weil es die Verdauung nicht beeinträchtigt.) Genau aus diesem Grund sind viele von uns auch bereit, zugunsten ihrer geistigen Leistungsfähigkeit oder ihrer Schönheit gesünder zu essen: »Brain Food« und »Beauty Food« interessieren viele.

Da möchte natürlich auch die Lebensmittelindustrie mithalten. Sie geht daher ganz klar in Richtung maßgeschneiderte Lebensmittel. Irgendwann werden wir nach dem Aufstehen etwas Speichel auf einen Sensor am Handy streichen und sofort die Ernährungsempfehlungen für den Tag erhalten. Zum Beispiel: »Cholesterin reduzieren, mehr Kalzium einnehmen.« Der entsprechende Menüplan wird gleich mitgeliefert.

Nur eine Vision? Es wird sich zeigen, welcher Gastronom dann noch Schritt halten kann.
Im Folgenden wollen wir die wichtigsten Ernährungstrends einmal genauer unter die Lupe nehmen.

100-MEILEN-DIÄT

Immer mehr Verbraucher wollen sich von saisonalen und regionalen Produkten ernähren. Dabei spielt die genaue Herkunftsbezeichnung eine wichtige Rolle (»DOC«- oder »AOC«-Food). In den USA entstand die Definition, dass alle Produkte im Umkreis von 100 Meilen rund um den Wohnort des einzelnen Verbrauchers produziert sein müssen.

»NATURE FOOD«

Die Sehnsucht nach der Natur ist heute allgegenwärtig. Auch das ökologische Bewusstsein wächst stetig. Biomärkte profitieren von der zunehmenden Bereitschaft vieler Kunden, für natürlich erzeugte und verarbeitete Produkte mehr zu bezahlen. Auch gesundheitlich lohnt sich »Bio«, vor allem beim Fleisch. Das hat nämlich eine gesündere Fettsäurenzusammensetzung, wenn die Tiere »artgerecht« gehalten werden.

»CLEAN FOOD«

Wissenschaftliche Studien zeigen, dass heute rund 2 Prozent der Erwachsenen und etwa 7,5 Prozent der Kinder mindestens eine Nahrungsmittelallergie haben. Viele leiden zudem an Milchzuckerunverträglichkeit oder Zöliakie (Glutenunverträglichkeit). Die Zukunft gehört also Lebensmitteln, die mit medizinischen Indikationen einhergehen. »Clean Food« dürfte aber auch Puristen überzeugen, die das möglichst reine Lebensmittel suchen. Auch Nahrungsmittel, die frei von E-Zusatzstoffen, Hormonen und Antibiotika sind, stehen hoch im Kurs. Übrigens sind religiöse Vorschriften nicht zu unterschätzen: In den USA genügen bereits 20 Prozent der angebotenen Lebensmittel den Reinheitsregeln der jüdischen Thora.

»BEAUTY FOOD«

Wer will nicht attraktiv und schön sein sowie auch im Alter jugendlich aussehen? Von »Beauty Food« – Essen, das schön macht –, ist hier einiges zu erwarten. Eine gut durchblutete, reine und faltenfreie Haut. Gesunde, glänzende Haare und ein gutes Bindegewebe. Faltenfrei, cellulitefrei und kräftige Fingernägel. Denn alles, was wir täglich essen und trinken, wirkt sich direkt auf das äußere Erscheinungsbild aus.

»MOOD FOOD«

Essen als Emotionsmanagement? Ja, natürlich! Essen, das die Stimmung hebt und das glücklich macht, ist genau das Richtige für Menschen, die gestresst sind und hin und wieder »den Blues« haben. Warum das funktioniert? Weil die Ernährungswissenschaft mittlerweile eine ganze Reihe von Inhaltsstoffen der Nahrung kennt, welche die Stimmung aufhellen. Gut erforscht sind körpereigene psychoaktive Substanzen wie das Hormon Serotonin oder der Botenstoff Dopamin, welche der Organismus nur dann in ausreichender Menge herstellen kann, wenn ihm die Bestandteile mit der Nahrung zugeführt werden.

»BRAIN FOOD«

»Brain Food« sind Nahrungsmittel, deren Inhaltsstoffe sich positiv auf das Gehirn auswirken. (»Essen, das klug macht.«) »Brain Food« soll Konzentrationsschwierigkeiten, Müdigkeitsattacken und Leistungseinbrüchen vorbeugen. Schließlich dient ein Viertel unserer täglich aufgenommenen Nahrung nur dazu, das Gehirn zu versorgen. Nur wer richtig isst, versorgt also seine »grauen Zellen« mit allem, was nötig ist, um geistig Topleistungen zu erbringen. Es lohnt sich wirklich, »Brain Food« zu versuchen, denn über kaum ein anderes Ernährungsthema existieren so viele Studien und Untersuchungen wie über die Zusammenhänge zwischen der Gehirnleistung und der Ernährung!

»SLOW FOOD«

»Slow Food« versteht sich als Gegenbewegung zum übermächtigen und allgegenwärtigen »Fast Food« und dem damit einhergehenden Verlust an Esskultur. Diese weltweite Bewegung setzt auf regionale, saisonale Produkte. Sie will die biologische Vielfalt erhalten und damit auch alte, vom Aussterben bedrohte Pflanzen- und Tierarten. »Slow Food« gibt dem Essen seine kulturelle Bedeutung zurück und möchte die Verbindung zwischen Ethik und Genuss betonen.

»HAND HELD FOOD«

Diese Häppchen für Eilige passen perfekt zu Menschen, die multitaskingfähig sein wollen und das Essen im Alltag als Nebensache erachten. »Hand Held Food« soll die Sinne ansprechen und so trotz der fehlenden Konzentration auf sich aufmerksam machen. Nicht umsonst ist Fingerfood voll im Trend.

»SOFT HEALTH FOOD«

Angst vor Übergewicht oder vor ernährungsbedingten Krankheiten ist kein gutes Gefühl beim Essen. Deshalb haben Konzepte Zukunft, die Genuss und Kreativität mit fundiertem Ernährungswissen kombinieren. Da Köche keine Ernährungswissenschaftler sind und umgekehrt, müssen die beiden Berufsgruppen zusammenarbeiten, wenn gesunde Ernährung Erfolg haben soll. Denn gesunde Küche und Genuss schließen sich keineswegs gegenseitig aus. Denken Sie nur an Smoothies – die sind gesund und schmecken toll!

TIPPS & TRICKS

Hinweise zum Nachkochen der Rezepte

Kochen fängt beim Einkauf an!

Kaufen Sie frisches Gemüse vom Markt, fangfrischen Fisch, Geflügel und Fleisch aus artgerechter Haltung, kaltgepresste Speiseöle, naturbelassene Salze und Gewürze nur von bester Qualität und Herkunft. Gutes und gesundes Essen kann nur aus guten Zutaten entstehen!

Gezielte Vorratshaltung!

Für das Nachkochen der Rezepte empfiehlt es sich, folgende Grund- und Gewürzzutaten neben Mehl und Zucker etc. im Vorratsschrank zu haben. Sie halten lange und sind sofort griffbereit.

Salz & Gewürze

- naturbelassenes Meersalz oder Steinsalz, Fleur de Sel
- schwarze und weiße Pfefferkörner von bester Qualtität (für die Pfeffermühle), z. B. indischer Tellicherrypfeffer, indischer weißer Peryjar-Pfeffer
- Pfeffermischung »Melange Noir« von Ingo Holland / altes Gewürzamt (Malabar-, Kubeben- und langer Pfeffer)
- Piment d'Espelette (fruchtig-pikante Chilipulver aus dem französischen Baskenland)
- Safranfäden
- Currypulver je nach Belieben (z. B. »Anapurna«-Currypulver, »Madras«-Currypulver)
- Vanillestange

Öl & Essig

- natives Olivenöl von bester Qualtiät
- Nussöl nach Belieben (z. B. Haselnussöl)
- geröstetes Sesamöl
- Rapsöl zum Braten

- weißer Aceto balsamico
- alter Aceto balsamico
- heller Reisessig

Saucen & Fonds

- helle Sojasauce
- Sake (Reiswein)
- Mirin (gesüßter japanischer Reiswein)
- Chicken-Chili-Sauce
- passierte Tomaten
- mittelscharfer Senf
- Gemüsebrühe (tiefgekühlt, siehe Grundrezepte)
- Geflügelbrühe (tiefgekühlt, siehe Grundrezepte)

Sonstiges

- weiße und schwarze Sesamsaat
- Pinien- oder Zedernusskerne
- frisches Zitronengras (Tiefkühlprodukt, in den Zutatenlisten »TK-Produkt«)
- Kaffirlimettenblätter (Tiefkühlprodukt)
- Wan-Tan-Blätter (Tiefkühlprodukt)
- Kokosmilch (Konserve)
- weiße Blattgelatine
- Sojalecithin
- Xanthan

Spezielle Küchengeräte & -utensilien!

Neben der Grundausstattung an guten Töpfen, Pfannen, Messern etc. benötigt man für das Nachkochen der Rezepte folgende Küchengeräte und -utensilien:

- Microplane-Reiben: Die Klingen dieser Reiben sind aus Edelstahl gefertigt und werden sehr präzise aus einem Material geätzt und nicht, wie bei herkömmlichen Reiben üblich, lediglich gestanzt. Dadurch sind die Klingen so extrem scharf und schnitthaltig, dass sie alles Schneidgut tatsächlich schneiden und nicht zerreiben. Die Aromen und Vitamine z. B. von Zitrusschalen, die in großen Flocken oder Zesten abgeschnitten werden, entfalten ihren vollen Geschmack erst beim Kochen oder Backen und nicht schon vorher, wenn man die Schale abreibt. Zwei Reiben unterschiedlicher Breite reichen aus. Ohne Krafteinsatz – ein optimales, lockeres Ergebnis!

- Silpat-Matte: Die hitzebeständige Arbeitsfolie ist eine Silikon-Backmatte mit Glasfaserverstärkung. Diese Folie bietet Doppelnutzen – Teige, Marzipan, Dekormasse lassen sich darauf sehr gut und gleichmäßig ausrollen. Außerdem kann darauf gebacken werden, ohne dass etwas kleben bleibt.

- Espumaflasche aus Edelstahl: Die Espumaflasche hat die Fähigkeit, luftig leckere Mousses und Schäume (ob süß oder pikant, kalt oder warm) zuzubereiten, die unübertroffen locker und intensiv im Geschmack sind. Die Espumazutaten vorbereiten, einfüllen, mit Kapseln bestücken, schütteln und schäumen, fertig. Eine Flasche mit einer maximalen Einfüllmenge von 500 ml ist optimal. (Die nachfolgenden Rezepte beziehen sich darauf.) Die Espumazubereitung bleibt gekühlt in dem Siphon einige Tage frisch.

- Digital-Küchenthermometer: Das Digital-Küchenthermometer ermöglicht eine schnelle Temperaturanzeige in wenigen Sekunden. Unerlässlich zur Zubereitung von kurzgebratenem Fleisch, die Kerntemperatur kann genau gemessen und der Garzustand klar ermittelt werden. Hilfreich auch bei der Zubereitung von Eismassen (Temperaturermittlung beim Aufschlagen »zur Rose«).

- Digital-Küchenwaage: in 0,1-Grammschritten, unerlässlich bei der Zubereitung von Desserts

- Manuelle Nudelmaschine: Es geht nichts über hausgemachte Pasta. Versuchen Sie es mal selber! Frisch hergestellte, gefüllte Pasta z. B. Ravioli, Tortelloni, Agnolotti, kann problemlos ungegart eingefroren werden, bei Bedarf gefroren ins sprudelnd kochende Salzwasser gleiten lassen, aufkochen und genießen!

- Eismaschine: Cremiges, selbstgemachtes Eis ist unübertroffen! Es muss nicht eine Gastronomie-Eismaschine sein, eine aus dem Haushaltswarenhandel reicht völlig aus – die Eismasse gut vorkühlen, den gefrorenen Kühlakku einsetzen, 20–30 Minuten gefrieren lassen und genießen.

- Blender: Ein Standmixer bietet optimale Ergebnisse für die Zubereitung mit Eiswürfeln (z. B. von Smoothies)

EMPFEHLUNGEN VON ROLAND TRETTL & BEZUGSQUELLEN

- Salz & Gewürze von
  Ingo Holland, Altes Gewürzamt GmbH
  erhältlich bei www.bosfood.de oder www.ingo-holland-shop.de

- Schokoladen & Kuvertüren von
  Valrhona
  Erhältlich im Feinkosthandel oder bei www.bosfood.de

- Fruchtpürees von
  Boiron

Die Tiefkühlfruchtpürees sind von höchster Qualität, sie enthalten weder Farb- noch Konservierungsstoffe und bewahren so den wahren und unverfälschten Geschmack der reif geerneten Früchte. Die benötigte Menge kann im gefrorenen Zustand mit einem Messer problemlos abgeschnitten werden, und der Rest kann wieder eingefroren werden. Die Fruchtpürees von Boiron sind zu 10 Prozent gesüßt. Erhältlich im Feinkosthandel oder bei www.bosfood.de.

* Daikon-, Shiso-, Rucolakresseblättchen usw. von
  Koppert Cress
  erhältlich im Feinkosthandel

Die Gewürze und Salze von Ingo Holland, Fruchtpürees von Boiron, Schokoladen von Valhrona, Microplane-Reiben, Silpat-Matten und sonstige Spezialküchengeräte und -utensilien erhalten Sie bei:

Bosfood GmbH
Grünstraße 24c
D–40667 Meerbusch
www.bosfood.de

Bezugsquelle für »Carpe Diem«-Produkte:

Carpe Diem GmbH
Am Brunnen 1
A–5330 Fuschl am See
www.carpediem.com

BRAIN FOOD

Essen, das klug macht: »Brain Food« sind Nahrungsmittel, deren Inhaltsstoffe sich positiv auf das Gehirn auswirken. »Brain Food« soll Konzentrationsschwierigkeiten, Müdigkeitsattacken und Leistungseinbrüchen vorbeugen. Schließlich dient ein Viertel unserer täglich aufgenommenen Nahrung nur dazu, das Gehirn zu versorgen. Nur wer richtig isst, versorgt also seine »grauen Zellen« mit allem, was nötig ist, um geistig Topleistungen zu erbringen. Es lohnt sich wirklich, »Brain Food« zu versuchen, denn über kaum ein anderes Ernährungsthema existieren so viele Studien und Untersuchungen wie über die Zusammenhänge zwischen der Gehirnleistung und der Ernährung!

Wie das funktioniert? Ein optimales »Brain Food-Gericht« ist leicht verdaulich und hat einen niedrigen glykämischen Index, wodurch es einerseits lange satt macht, andererseits aber auch die Konzentration und die geistige Leistungsfähigkeit steigert. Rinderfilet ist eine hervorragende Quelle des essenziellen Spurenelements Eisen. Eisen ist als Baustein des roten Blutfarbstoffs Hämoglobin für den Sauerstofftransport im Organismus verantwortlich. Somit ist es unabdingbar für die Gehirnleistung – bei einem Eisenmangel leidet sofort die Konzentration. Lachs wiederum versorgt die grauen Zellen mit Omega-3-Fettsäuren. Das Gehirn besteht zu rund einem Fünftel aus Omega-3-Fettsäuren – sie sind Bestandteil der äußeren Membran der Gehirnzellen. Omega-3-Fettsäuren schützen zudem das Nervensystem vor altersbedingten Schäden. Und Eier enthalten Acetylcholin, einen der wichtigsten Neurotransmitter im menschlichen Organismus. Acetylcholin steigert die Leistung des Kurzzeitgedächtnisses messbar.

Der dazu passende frische Smoothie versorgt die grauen Zellen mit zahlreichen Vitaminen wie Vitamin C und bioaktiven Pflanzenstoffen, die unter anderem die Durchblutung des Gehirns fördern. Aber auch wer die Teevariante wählt, wird nicht enttäuscht. Grüner Tee beispielsweise hat eine beruhigende und gleichzeitig anregende Wirkung auf die Psyche und hält dabei noch schlank. Wer täglich vier bis fünf Tassen davon trinkt, hat eine schmalere Taille als Leute, die keinen grünen Tee trinken. Das haben einige Studien bewiesen. Ganz nebenbei liefert Grüntee antioxidativ wirksame Flavonoide, welche den Körper und das Gehirn vor Krankheiten schützen und die Alterung verzögern.

Lachsforellentatar mit pochiertem Ei, Dillgurken und Pumpernickel

Pochiertes Ei

4 Eier
2 l Wasser
5 EL weißer Aceto balsamico

Dillgurken

1 Salatgurke
Meersalz
2 EL geschnittene frische Dillspitzen
etwas frisch gepresster Zitronensaft
frisch gemahlener weißer Pfeffer

Pumpernickel

100 g Pumpernickel

Lachsforellentatar

200 g frisches Lachsforellenfilet
1 EL natives Olivenöl
1 unbehandelte Limette
Meersalz
frisch gemahlener weißer Pfeffer

Anrichten

Lachskaviar nach Belieben
einige frisch gezupfte Dillspitzen

Pochiertes Ei

Die Eier 30 Minuten vor der Zubereitung aus dem Kühlschrank nehmen. Das Wasser in einem breiten Topf aufkochen und den weißen Aceto balsamico hineinrühren.
Ein Ei aufschlagen und vorsichtig in eine Tasse gleiten lassen. (Das Eigelb darf dabei nicht verletzt werden.) Das aufgeschlagene Ei so nah wie möglich an der Wasseroberfläche vorsichtig in das siedende Wasser gleiten lassen. (Das Wasser darf nicht mehr kochen.) Das Ei 2 Minuten pochieren, anschließend mit einer Schaumkelle aus dem Wasser heben und auf Küchenkrepp abtropfen lassen. Die restlichen Eier auf dieselbe Weise nacheinander pochieren, dabei nach jedem Vorgang das Wasser erneut aufkochen.

Dillgurken

Die Salatgurke schälen, längs halbieren und mit einem Löffel entkernen. Die Salatgurkenhälften in feinste Streifen (Julienne) schneiden und in eine Schüssel geben, leicht salzen und locker vermengen. Die Salatgurkenstreifen 5 Minuten ziehen lassen, dann die Dillspitzen unterheben und mit etwas frisch gepresstem Zitronensaft, weißem Pfeffer und erneut etwas Meersalz abschmecken.

Pumpernickel

Den Pumpernickel in Würfel schneiden und im elektrischen Universal-Zerkleinerer zu Bröseln zerhacken.

Lachsforellentatar

Das Lachsforellenfilet von der Haut befreien, entgräten und säubern. Das Lachsforellenfilet in kleine Würfel schneiden (½ cm Kantenlänge) und in eine Schüssel geben. Das Tatar mit Olivenöl und mit den fein geriebenen Limettenzesten vermengen und mit Meersalz und frisch gemahlenem weißen Pfeffer abschmecken.

Anrichten

Den Lachsforellentatar auf 4 Gläser verteilen. Darauf je ein pochiertes Ei setzen und mit Pumpernickelbröseln bestreuen. Die Dillgurkenstreifen locker darauf verteilen und nach Belieben mit etwas Lachskaviar und einigen Dillspitzen garnieren.

GURKEN BESTEHEN ZU 97 PROZENT AUS WASSER UND SIND DESHALB EIN IDEALER DURSTLÖSCHER. WARUM DAS INTERESSANT IST? FLÜSSIGKEITSMANGEL MACHT UNKONZENTRIERT UND VERRINGERT DIE GEDÄCHTNISLEISTUNG.

Salat von Thunfisch, Udon, Algen und Daikonkresse

Algen
20 g getrocknete Wakame-Algen

Soja-Ingwer-Vinaigrette
2 EL helle Sojasauce
2 EL Traubenkernöl
1 EL frisch gepresster Limettensaft

Udon-Nudeln
100 g japanische Udon-Nudeln
Meersalz
1 TL geröstetes Sesamöl
etwas Soja-Ingwer-Vinaigrette (siehe Teilrezept)

Marinierter Thunfisch
160 g frischer Thunfisch (Blue-fin-Tuna, Sushi-Qualität oder frisches Gelbflossenmakrelenfilet)
etwas Soja-Ingwer-Vinaigrette (siehe Teilrezept oben)

Anrichten
40 g Daikonrettich, in hauchdünne Scheiben gehobelt
1 EL weiße Sesamkörner, geröstet
1 EL Schwarzkümmelsamen
einige Daikonkresseblättchen
einige rote Shisokresseblättchen

Algen
Die Wakame-Algen in eine Schüssel geben und mit reichlich kaltem Wasser bedecken und 24 Stunden wässern. Die gewässerten Algen aus dem Einweichwasser nehmen und separat voneinander in kochend heißem Wasser ohne Salzzugabe blanchieren, dann in Eiswasser abschrecken und auf Küchenkrepp abtropfen lassen.

Soja-Ingwer-Vinaigrette
Die Sojasauce, das Traubenkernöl und den frisch gepressten Limettensaft in einer kleinen Schüssel zu einer Vinaigrette verrühren.

Udon-Nudeln
Reichlich Wasser in einem Topf zum Kochen bringen, salzen und die Udon-Nudeln nach Packungsanweisung kochen. Anschließend abgießen, kurz unter fließendem kalten Wasser abschrecken und mit dem Sesamöl vermischen. Kurz vor dem Servieren mit etwas Soja-Ingwer-Vinaigrette beträufeln.

Marinierter Thunfisch
Den Thunfisch in feine Streifen schneiden und in einer Schüssel mit etwas Soja-Ingwer-Vinaigrette beträufeln.

Anrichten
Die Udon-Nudeln auf 4 Gläser verteilen. Die Gläser schichtweise mit dem marinierten Thunfisch, den Rettichscheiben und den Algen befüllen (je 2 Schichten). Mit den gerösteten Sesamkörnern und den Schwarzkümmelsamen bestreuen und mit Daikonkresseblättchen und roten Shisokresseblättchen garnieren.

DIE IN OMEGA-3-FETTSÄUREN ENTHALTENEN EICOSAPENTAEN- UND DOCOSAHEXAENSÄUREN SIND EIN WICHTIGER BAUSTEIN DER ZELLMEBRANEN. LOGISCH, DASS EIN MANGEL DARAN UNSERE LEISTUNGSFÄHIGKEIT SCHMÄLERT. EBENSO WIE FISCH ENTHALTEN AUCH ALGEN JEDE MENGE OMEGA-3-FETTSÄUREN.

Vitello tonnato mit Rucola und Oreganocroûtons

Kalbfleisch
300 g Kalbsrücken
1 EL Rapsöl
Meersalz
frisch gemahlener weißer Pfeffer
2 Schalotten, geschält und in Ringe geschnitten
6 rote Kirschtomaten
1 Zweig Rosmarin
1 Zweig Thymian
1–2 EL natives Olivenöl

Thunfischespuma
50 ml natives Olivenöl
1 rote Zwiebel, geschält und gewürfelt
1 Knoblauchzehe, geschält und gewürfelt
150 g rote Kirschtomaten, halbiert
320 g in Olivenöl eingelegter Thunfisch (aus der Dose)
3 EL Thunfischöl (aus der Dose)
150 g grüne Oliven mit Sardellenfüllung (mit der Lake, aus dem Glas)
1 TL getrocknete Kräuter der Provence
½ TL getrockneter Oregano
1 Msp. geschrotete Melange Noir (Pfeffermischung von Ingo Holland)
30 g Ketjab Manis
30 g eingelegte Kapern, gehackt
60 g Ketchup
30 g passierte Tomaten
3 Blatt weiße Gelatine
Meersalz
Piment d'Espelette
etwas natives Olivenöl zum Abschmecken

Dashi-Gelee
2 g getrocknete Kombu-Algen
200 ml Wasser
6 g Bonitoflakes (erhältlich im Asialaden)
5 g Tamari-Sojasauce
2 g Fischsauce
1 ¼ Blatt weiße Gelatine

Oreganocroûtons
1 Vollkornsemmel vom Vortag
3 EL natives Olivenöl
feines Meersalz
1 TL frisch gehackter Oregano

Thunfisch
200 g frischer Thunfisch (Bluefin-Tuna, Sushiqualität oder frisches Gelbflossenmakrelenfilet)
2 EL Minikapern
Meersalz
frisch gemahlener weißer Pfeffer
50 ml natives Olivenöl

Anrichten
einige Rucolaspitzen
8 Kapernfrüchte mit Stiel (aus dem Glas)

Kalbfleisch
Den Kalbsrücken 30 Minuten vor der Zubereitung aus dem Kühlschrank nehmen.
Das Rapsöl in einer Pfanne erhitzen und den Kalbsrücken darin von allen Seiten goldbraun anbraten, anschließend mit Meersalz und weißem Pfeffer würzen.
Die Schalotten schälen und in Ringe schneiden, die roten Kirschtomaten halbieren.
Die Schalotten und die Kirschtomaten mit dem Rosmarinzweig und dem Thymianzweig zu dem Kalbsrücken in die Pfanne geben. Die Schalotten und die Kirschtomaten mit anbraten.
Den Kalbsrücken in kurzen Abständen wenden, dabei die Pfanne rütteln und schwenken. Dann die Pfanne vom Herd nehmen und die Schalottenringe, die Kirschtomaten, den Rosmarinzweig und den Thymianzweig auf den Kalbsrücken legen. Die Pfanne in den auf 90 °C vorgeheizten Backofen geben und das Fleisch mithilfe eines Bratenthermometers auf eine Kerntemperatur von 54 °C garen. (Die exakte Garzeit richtet sich nach der Dicke des Fleischs).
Die Pfanne aus dem Ofen nehmen und das Fleisch abkühlen lassen. Den Kalbsrücken mit den Aromaten mindestens 12 Stunden in den Kühlschrank stellen.
Den Kalbsrücken vor dem Anrichten von den Aromaten befreien und mit der Aufschnittmaschine in dünne Scheiben schneiden. Die Kalbsrückenscheiben mit Meersalz und weißem Pfeffer würzen und leicht mit Olivenöl beträufeln.

Thunfischespuma
Das Olivenöl in einem Topf erhitzen und die Zwiebel- und Knoblauchwürfel darin glasig anschwitzen. Die halbierten Kirschtomaten zugeben und anschwitzen. Den Thunfisch abtropfen lassen, dabei das Olivenöl, in dem er eingelegt war, in einer Schüssel auffangen.
Den Thunfisch zerpflücken und mit 3 EL dieses aufgefangenen Olivenöls in den Topf geben. Die grünen Oliven abtropfen lassen, dabei die Lake in einer Schüssel auffangen. Die Oliven grob schneiden und mit der Lake in den Topf geben. Die Kräuter der Provence, den Oregano, die Pfeffermischung, das Ketjab Manis, die Kapern, das Ketchup und die passierten Tomaten zugeben und alles bei milder Hitze 15 Minuten köcheln lassen. Anschließend durch ein Sieb passieren und 500 ml abmessen. Die passierte Mischung in eine Metallschüssel umfüllen.

Die Gelatine 5 Minuten in kaltem Wasser einweichen. Die ausgedrückte Gelatine in die noch heiße passierte Mischung rühren. Die Metallschüssel auf Eiswasser setzen und die Mischung mit einem Schneebesen kalt rühren. Alles mit Meersalz, Piment d'Espelette und etwas nativem Olivenöl abschmecken. Die Mischung in eine Espumaflasche füllen, diese mit 2 Kapseln bestücken und mindestens 2 Stunden in den Kühlschrank stellen.

DASHI-GELEE

Die Kombu-Algen in einem Topf mit 200 ml Wasser aufkochen. Die Bonitoflakes zugeben, aufkochen und sofort durch ein Sieb in eine Schüssel passieren.
Die Tamari-Sojasauce und die Fischsauce zugeben und verrühren.
Die Gelatine 5 Minuten in kaltem Wasser einweichen. Die ausgedrückte Gelatine in den Dashi-Fond rühren und auflösen. Den noch warmen Dashi-Fond in ein kleines Blech oder in eine Auflaufform füllen. (Das Blech sollte ca. 2 mm dick gefüllt werden, ggf. mehrere Formen verwenden.) Anschließend mindestens 30 Minuten abkühlen lassen, bis der Dashi-Fond geliert ist. Das Dashi-Gelee in Streifen von ca. 2 ½ cm Breite schneiden.

OREGANO-CROÛTONS

Die Vollkornsemmel in ½ cm große Würfel schneiden. Das Olivenöl in einer Pfanne erhitzen, die Vollkornsemmelwürfel dazugeben und unter Rühren goldbraun und knusprig rösten. Die Croûtons leicht salzen und den frisch gehackten Oregano unterrühren. Dann aus der Pfanne nehmen und auf Küchenkrepp abtropfen lassen.

THUNFISCH

Den Thunfisch in Würfel von ½ cm Kantenlänge schneiden und in eine Schüssel geben. Die Minikapern (Menge nach Belieben) unterheben und mit Meersalz und frisch gemahlenem weißen Pfeffer abschmecken. Mit einem Löffel das Olivenöl unterrühren und sofort servieren.

ANRICHTEN

Je 2 Streifen Dashi-Gelee vertikal an die Glasinnenseiten von 4 Gläsern legen. Den Thunfisch auf die Gläser verteilen und mit reichlich Thunfischespuma bedecken. Die Kalbsrückenscheiben in die Gläser geben und mit Rucolaspitzen und je 2 Kapernfrüchten garnieren.

RUCOLA ENTHÄLT REICHLICH FOLSÄURE, EIN VITAMIN DER B-GRUPPE. DIE FOLSÄURE IST FÜR ZAHLREICHE STOFFWECHSELPROZESSE WICHTIG, AUSSERDEM FÜR DAS ZELLWACHSTUM UND DIE ZELLTEILUNG SOWIE FÜR DIE PRODUKTION DER WEISSEN UND ROTEN BLUTKÖRPERCHEN. DIE LETZTGENANNTEN DIENEN DEM SAUERSTOFFTRANSPORT – UND DAMIT AUCH DER LEISTUNGSFÄHIGKEIT DES GEHIRNS.

Lauwarmer Wildreissalat mit Grillgemüse, Mozzarella und Pinienkernen

Wildreis

120 g Wildreis
2 EL kleinblättriges griechisches Basilikum, gezupft
1 EL natives Olivenöl
Meersalz

Grillgemüse

½ rote Paprika
½ gelbe Paprika
½ Zucchini
¼ Aubergine
8 rote Kirschtomaten
1 EL natives Olivenöl
Meersalz
frisch gemahlener weißer Pfeffer

Anrichten

250 g Büffelmozzarella, in Stücke geschnitten
20 g Pinienkerne, ohne Fettzugabe geröstet
einige frische Rucolaspitzen
etwas kleinblättriges griechisches Basilikum

Wildreis

1 l Wasser in einem Topf zum Kochen bringen, den Wildreis zugeben und leicht salzen. Den Wildreis bei milder Hitze ca. 45 Minuten gar köcheln lassen. Den Wildreis abgießen und etwas abkühlen lassen. Den Wildreis mit dem gezupften Basilikum vermengen und mit Olivenöl und Meersalz abschmecken. Den Wildreis später lauwarm servieren.

Grillgemüse

Die rote und die gelbe Paprika von den Kernen befreien, waschen, trocken tupfen und in jeweils 3 Stücke schneiden. Die Zucchini waschen, trocken tupfen und in dünne längliche Scheiben schneiden (ca. ½ mm). Die Aubergine waschen, trocken tupfen und in ½ mm dicke Scheiben schneiden. Die Kirschtomaten waschen, trocken tupfen und halbieren. Die Gemüse auf dem Grill oder in einer Grillpfanne von allen Seiten grillen, dabei gelegentlich mit wenig Olivenöl betupfen. Das Gemüse vom Grill nehmen. Die Paprika nach Belieben von der Haut befreien und in Streifen schneiden. Die Auberginenscheiben vierteln und die Zucchinistreifen in mundgerechte Stücke schneiden. Das Grillgemüse mit Meersalz und frisch gemahlenem weißen Pfeffer würzen.

Anrichten

Die Hälfte des lauwarmen Wildreises auf 4 Gläser verteilen. Darauf jeweils die Hälfte des gemischten Grillgemüses geben. Das Grillgemüse mit den Büffelmozzarellawürfeln belegen. Den restlichen lauwarmen Wildreis und das restliche gemischte Grillgemüse in die Gläser füllen. Mit gerösteten Pinienkernen, frischen Rucolaspitzen und wenig griechischem Basilikum garnieren.

WILDREIS IST EIGENTLICH KEIN
REIS, SONDERN DER SAMEN EINES
WILD WACHSENDEN WASSERGRASES.
WILDREIS LIEFERT – WAS FÜR DAS GEHIRN
WICHTIG IST – WESENTLICH MEHR EIWEISS,
KALIUM UND MAGNESIUM ALS REIS. PINI-
ENKERNE SIND REICH AN EISEN, WELCHES
ALS BAUSTEIN DER ROTEN BLUTKÖRPERCHEN
FÜR DIE SAUERSTOFFVERSORGUNG DES OR-
GANISMUS (UND DAMIT NATÜRLICH AUCH
DES GEHIRNS) SORGT. AUCH ENTHALTEN
PINIENKERNE WICHTIGE B-VITAMINE,
DIE FÜR DIE NERVEN WICHTIG SIND.

Matjes mit roter Bete und Joghurt-Meerrettich-Espuma

Meerrettich enthält etwa doppelt so viel Vitamin C wie die gleiche Menge Zitronen. Die scharfe Wurzel fördert also die Durchblutung des Gehirns ungemein. Daneben liefert Meerrettich wichtige B-Vitamine – für starke Nerven – sowie beruhigendes Magnesium.

Rote Bete
3 rote Beten (oder 3 vorgegarte, vakuumierte rote Beten)
1 EL Kümmelsamen
Meersalz

Rote-Bete-Marinade
250 ml Rote-Bete-Saft (aus der Flasche)
2 EL Rotweinessig
Meersalz
frisch gemahlener schwarzer Pfeffer

Rote-Bete-Vinaigrette
100 ml Rote-Bete-Marinade (siehe Teilrezept oben)
25 ml Rotweinessig
25 ml Weizenkeimöl
25 ml Traubenkernöl
Meersalz
frisch gemahlener schwarzer Pfeffer

Joghurt-Meerrettich-Espuma
2 Blatt weiße Gelatine
300 g Naturjoghurt (0,1 % Fettgehalt)
50 g Sahnemeerrettich (aus dem Glas)
½ unbehandelte Zitrone
Meersalz
Zucker

Matjes
160 g Matjesfilets

Anrichten
etwas frisch geriebener Meerrettich
einige Brunnenkresseblättchen

Rote Bete
Die roten Beten waschen und die Wurzel nicht entfernen.
In einem Topf reichlich Wasser zum Kochen bringen, gut salzen und die Kümmelsamen zugeben. Die roten Beten in dem sprudelnd kochenden Wasser ca. 30–60 Minuten (je nach Größe der Knollen) bissfest garen.
Die roten Beten aus dem Kochwasser nehmen, lauwarm abkühlen lassen und vorsichtig schälen.

Rote-Bete-Marinade
Den Rote-Bete-Saft, den Rotweinessig, etwas Meersalz und frisch gemahlenen schwarzen Pfeffer in einer Schüssel verrühren. Die geschälten, ganzen roten Beten in die Marinade legen und mindestens 24 Stunden marinieren lassen.
Kurz vor dem Servieren die roten Beten aus der Marinade nehmen, abtropfen lassen und in längliche Spalten schneiden. Von der Marinade 100 ml abmessen und für die Rote-Bete-Vinaigrette beiseitestellen.

Rote-Bete-Vinaigrette
Die Rote-Bete-Marinade, den Rotweinessig, das Weizenkeimöl und das Traubenkernöl in einer Schüssel zu einer Vinaigrette verrühren. Diese mit Meersalz und frisch gemahlenem schwarzen Pfeffer abschmecken. Die vorbereiteten Rote-Bete-Spalten vorsichtig mit der Vinaigrette vermengen und 5 Minuten marinieren.

JOGHURT-MEERRETTICH-ESPUMA

Die Gelatine 5 Minuten in kaltem Wasser einweichen. Den Naturjoghurt und den Sahnemeerrettich in einer Schüssel verrühren.
Von der Zitrone feine Zesten abreiben und unter die Meerrettich-Joghurt-Creme rühren.
Den Saft der Zitrone auspressen und in einen kleinen Topf geben.
Die eingeweichte Gelatine gut ausdrücken und zu dem Zitronensaft in den Topf geben. Den Topf auf den Herd stellen und die Gelatine bei geringer Hitze unter Rühren auflösen.
Dann 2 EL Joghurt-Meerrettich-Creme unterrühren und sofort mit der restlichen Joghurt-Meerrettich-Creme vermengen. Mit Meersalz und wenig Zucker abschmecken. Die Joghurt-Meerrettich-Creme in eine Espumaflasche füllen, diese mit 2 Kapseln bestücken und bis zum Anrichten kühl stellen.

MATJES

Die Matjesfilets gründlich säubern, die Schwanzenden und eventuell vorhandene feine Gräten entfernen. Die Matjesfilets längs halbieren und zu kleinen Röllchen formen.

ANRICHTEN

Die Rote-Bete-Spalten aus der Vinaigrette nehmen und auf 4 Gläser verteilen. Mit den Matjesröllchen belegen und mit etwas gut gekühlter Joghurt-Meerrettich-Espuma bedecken. Nach Belieben mit Rote-Bete-Vinaigrette beträufeln. Die Gläser mit frisch geriebenem Meerrettich und Brunnenkresseblättchen garnieren.

Sardinen-Tomaten-Suppe mit mediterranem Quinoa und Pinienkernen

Sardinen-Tomaten-Suppe

250 g frische Sardinen
15 g natives Olivenöl
2 Schalotten, geschält und fein gewürfelt
½ Knoblauchzehe, geschält und fein gewürfelt
12 rote Kirschtomaten
2 EL Tomatenketchup
15 g weißer Aceto balsamico
175 g passierte Tomaten
250 ml Geflügelbrühe (siehe Grundrezept Seite 275)
100 ml Vollmilch (3,5 % Fettgehalt)
1 Zweig Basilikum
1 Zweig Thymian
25 g Sauerrahm
Meersalz
Piment d'Espelette

Mediterranes Gemüse

1 Schalotte
40 g gelbe Paprika
40 g rote Paprika
40 g Zucchini
30 g Aubergine
1 EL natives Olivenöl
10 g ungeröstete Pinienkerne
½ unbehandelte Limette
Meersalz
frisch gemahlener weißer Pfeffer

Mediterraner Quinoa

100 g Quinoa
mediterrane Gemüsemischung (siehe Teilrezept)
Meersalz
frisch gemahlener weißer Pfeffer

Anrichten

etwas griechisches Basilikum

Sardinen-Tomaten-Suppe

Die frischen Sardinen von den Innereien befreien, die Köpfe und Schwanzflossen entfernen und die Sardinen unter fließendem Wasser gründlich säubern, dann abtropfen lassen.
Das Olivenöl in einem großen Topf erhitzen, die Schalotten- und die Knoblauchwürfel zugeben, leicht salzen und glasig anschwitzen.
Die gesäuberten Sardinen zugeben und mit anschwitzen.
Die Kirschtomaten halbieren und ebenfalls anschwitzen. Das Ketchup unterrühren, mit dem weißen Balsamico ablöschen und mit den passierten Tomaten, der Geflügelbrühe und der Milch aufgießen. Die Suppe aufkochen, den Basilikumzweig und den Thymianzweig zugeben und bei milder Hitze ca. 20 Minuten leicht köcheln lassen.
Den Sauerrahm unterrühren und die Suppe durch ein feines Sieb passieren. Mit Meersalz und Piment d'Espelette abschmecken und mit dem Pürierstab schaumig aufmixen.

Mediterranes Gemüse

Die Schalotte schälen und fein würfeln.
Die gelbe Paprika, die rote Paprika, die Zucchini und die Aubergine in feine Würfel schneiden.
Das Olivenöl in einer Pfanne erhitzen, die Gemüsewürfel zugeben und anschwitzen, dann bei milder Hitze bissfest garen.
Die Pfanne vom Herd nehmen, die Pinienkerne untermengen und das Gemüse mit etwas feinen Limettenzesten, Meersalz und frisch gemahlenem weißen Pfeffer abschmecken.

Mediterraner Quinoa

Den Quinoa in kaltem Wasser waschen und abtropfen lassen.
1 l Wasser in einem Topf zum Kochen bringen, salzen und den Quinoa zugeben. Den Quinoa bei milder Hitze ca. 20 Min. bissfest garen, abgießen und mit dem gegarten mediterranen Gemüse vermengen. Mit Meersalz und frisch gemahlenem weißen Pfeffer abschmecken.

Anrichten

Den mediterranen Quinoa auf 4 Gläser verteilen und mit der schaumig aufgemixten Sardinen-Tomaten-Suppe aufgießen.
Mit etwas frischem griechischen Basilikum garnieren und sofort servieren.

Sardinen enthalten reichlich Omega-3-Fettsäuren, die für eine gute Funktion von Nerven und Gehirn unerlässlich sind. Ein Mangel führt zu neurologischen Störungen – Omega-3-Fettsäuren sind also wichtige Bestandteile von »Brain Food«. Quinoa hat einen niedrigen glykämischen Index, er lässt den Blutzuckerspiegel also nur moderat ansteigen. Das ist gut so, denn starke Blutzuckerschwankungen machen uns müde und unkonzentriert.

Geräucherte Entenbrust mit Feldsalatmousse, Apfel und Wasabinüssen

Entenbrust liefert wie jedes Geflügel reichlich Aminosäuren, Zink und B-Vitamine. Im Vergleich zu Hähnchenbrust enthält Entenbrust aber wesentlich mehr Eisen, das als Baustein des Hämoglobins in den roten Blutkörperchen für den Sauerstofftransport im Körper unabdingbar ist. Feldsalat wirkt, da er botanisch mit Baldrian verwandt ist, leicht beruhigend, mildert daher Stresssymptome. Nüsse wiederum liefern stressdämpfendes Magnesium.

Feldsalatpaste
200 g frischer Feldsalat

Feldsalatmousse
2 Blatt weiße Gelatine
100 g Soja-Naturjoghurt
100 g Feldsalatpaste (siehe Teilrezept)
Meersalz

Apfelkugeln
1 Apfel (Granny Smith oder eine andere süßsäuerliche Sorte)
50 ml Apfelsaft
etwas frisch gepresster Zitronensaft

Geräucherte Entenbrust
2 geräucherte, gepökelte Entenbrüste (à ca. 160 g)
1 EL dunkler Aceto balsamico
1 EL Walnussöl

Anrichten
50 g Wasabinüsse, grob zerstoßen (aus dem Feinkostladen)
etwas Feldsalat
etwas Apfelschale, in feine Streifen geschnitten (Julienne)

Feldsalatpaste
Den Feldsalat putzen, waschen und gut abtropfen lassen. In einem Topf reichlich Wasser zum Kochen bringen. Den Feldsalat in dem sprudelnd kochenden Wasser kurz blanchieren, dann mit Eiswasser abschrecken. Den blanchierten Feldsalat aus dem Eiswasser nehmen und gründlich ausdrücken. Den Feldsalat anschließend auf einem kleinen Blech oder einem großen Teller verteilen und im Gefrierschrank anfrieren lassen. Den halbgefrorenen Feldsalat in den Mixer geben und zu einer sehr feinen Paste pürieren.

Feldsalatmousse
Die Gelatine 5 Minuten in kaltem Wasser einweichen.
Von dem Sojajoghurt 2 EL abnehmen und beiseitestellen. Den restlichen Sojajoghurt in einen Mixbecher geben, die Feldsalatpaste (siehe oben) hinzufügen und mit dem Pürierstab aufmixen.
Die eingeweichte Gelatine gut ausdrücken, in einen kleinen Topf geben und bei milder Hitze auflösen, dann mit den restlichen 2 EL Sojajoghurt verrühren und die Mischung sofort unter die Joghurt-Feldsalat-Masse mixen. Die Feldsalatcreme mit Meersalz abschmecken und in kleine Kunststoffröllchen oder eine Schüssel füllen. Die Feldsalatmousse mindestens 4 Stunden im Kühlschrank erstarren lassen. Die Feldsalatmousse anschließend aus den Röllchen lösen und in Scheiben schneiden oder mit einem Teelöffel kleine Nocken abstechen.

APFELKUGELN

Aus dem ganzen, ungeschälten Apfel mithilfe eines Kugelausstechers einige Apfelkugeln ausstechen. Die Apfelkugeln sofort in eine kleine Schüssel geben und mit dem Apfelsaft und dem frisch gepressten Zitronensaft bedecken. Die Kugeln kurz vor dem Servieren aus der Marinade nehmen und etwas abtropfen lassen.

GERÄUCHERTE ENTENBRUST

Die geräucherten Entenbrüste auf der Aufschnittmaschine gegen die Faser in dünne Scheiben schneiden. Die Entenbrustscheiben auf einen Teller legen und leicht mit Aceto balsamico und Walnussöl beträufeln.

ANRICHTEN

Jeweils 4 Gläser locker mit marinierten Apfelkugeln, geräucherten Entenbrustscheiben und Feldsalatmousse befüllen. Alles mit grob zerstoßenen Wasabinüssen bestreuen und mit etwas Feldsalat und Apfelschalenjulienne dekorieren.

Entensuppe mit Couscous und Quitte

Entensuppe
- 2 Entenkeulen (à ca. 250 g)
- 2 EL Rapsöl
- 700 g Entenkarkassen, grob gehackt
- 2 rote Zwiebeln
- 100 g Radicchio, geschnitten
- 250 ml »Carpe Diem Kombucha Classic«
- 120 ml Rote-Bete-Saft (aus dem Glas)
- 1 l Wasser
- 2 ganze Sternanis
- ½ Zimtstange
- ½ Vanilleschote
- Meersalz
- frisch gemahlener schwarzer Pfeffer

Quittenwürfel
- 1 Quitte
- 150 ml Apfelsaft
- 150 ml Wasser

Couscous
- 60 g Couscous
- 120 ml Wasser
- Meersalz

Radicchio
- ½ kleiner Kopf Radicchio
- 1 TL Kristallzucker

Anrichten
- 4 Zweige Thymian

Entensuppe
Die Entenkeulen leicht salzen. Das Rapsöl in einem Topf erhitzen und die Entenkeulen darin von allen Seiten goldbraun anbraten, dann aus dem Topf nehmen und beiseitestellen.
Die Entenkarkassen zugeben und goldbraun anrösten.
Die roten Zwiebeln schälen und in grobe Würfel schneiden, in den Topf geben und kurz anbraten.
Dann den Radicchio zugeben und mit dem »Carpe Diem Kombucha Classic«, 1 l Wasser und dem Rote-Bete-Saft aufgießen. Den Sternanis, die Zimtstange und die aufgeschlitzte Vanilleschote zugeben. Die angebratenen Entenkeulen in die Suppe legen und die Flüssigkeit aufkochen. Die Suppe bei milder Hitze 2 Stunden köcheln lassen. Die Entenkeulen aus der Suppe nehmen und auf einem Teller abkühlen lassen. Die Entensuppe durch ein feines Sieb passieren und mit Meersalz und frisch gemahlenem schwarzen Pfeffer abschmecken.
Die abgekühlten Entenkeulen von Haut und Knochen befreien, das Fleisch mit der Hand fein zerzupfen und beiseitestellen.
Die Suppe kurz vor dem Servieren aufkochen.

Quittenwürfel
Die Quitte vorsichtig schälen, in Würfel von 1 cm Kantenlänge schneiden und in einen Topf geben. Den Apfelsaft und das Wasser über die Quittenwürfel geben. Die Quittenwürfel im geschlossenen Topf bei mittlerer Hitze ca. 30 Minuten schmoren. (Die Quittenwürfel sollen durchgegart sein, aber noch Biss haben, die Garzeit richtet sich nach dem Reifegrad der rohen Quitte.) Den Topf vom Herd nehmen und die Quittenwürfel im Sud abkühlen lassen. Die Quittenwürfel vor dem Servieren abtropfen lassen.

Couscous
Das Wasser in einem Topf aufkochen, leicht salzen und das Couscous einrieseln lassen. Das Couscous bei ausgeschalteter Herdplatte und im geschlossenen Topf ca. 10 Minuten quellen lassen. Dann mit einer Gabel leicht auflockern.

DANK SEINES HOHEN GEHALTS AN HOCHWERTIGEN UNGESÄTTIGTEN FETTSÄUREN IST ENTENFLEISCH LEICHT VERDAULICH UND VIEL GESÜNDER ALS FLEISCH MIT ANDEREN ANTEILEN AN FETTSÄUREN. NEBEN 19 GRAMM HOCHWERTIGEM EIWEISS LIEFERT DIESE SUPPE AUCH VIELE B-VITAMINE – »NERVENVITAMINE«. RADICCHIO SCHMECKT BITTER UND DAMIT ZEHNTAUSENDMAL INTENSIVER, ALS WENN ER SÜSS WÄRE. ER HÄLT SCHLANK, DENN »BITTER« BREMST DIE LUST AUF SÜSSES.

RADICCHIO

Die Radicchioblätter vom Strunk trennen und in reichlich lauwarmes Wasser legen. Den Zucker hinzufügen und die Blätter ca. 10 Minuten darin liegen lassen. (Das lauwarme Zuckerwasser entzieht dem Radicchio Bitterstoffe.) Anschließend die Radicchioblätter 2 Minuten in Eiswasser legen, abgießen und trocken tupfen. Die kleineren Blätter ganz lassen, die restlichen Blätter in feine Streifen schneiden.

ANRICHTEN

Das Couscous auf 4 Gläser verteilen, dann mit dem gezupften Entenkeulenfleisch und den geschnittenen Radicchiostreifen belegen. Die abgetropften Quittenwürfel darübergeben und jedes Glas mit heißer Entensuppe aufgießen. Die Gläser mit den ganzen Radicchioblättern und je 1 Thymianzweig dekorieren.

Topinambur-Radicchio-Gröstl mit schwarzen Nüssen und Vollkornbrot

Vollkornbrotchips
2 kleine Vollkornbrötchen vom Vortag
natives Olivenöl zum Beträufeln

Topinambur-Radicchio-Gröstl
6–8 gleich große Topinamburknollen (ca. 280–350 g)
80 g Radicchio Rosso di Treviso Tardivo
1 EL Traubenkernöl
200 ml Gemüsebrühe (siehe Grundrezept Seite 274)
Meersalz
frisch gemahlener weißer Pfeffer

Topinambur-Schaum
100 g Topinambur
300 ml Wasser
100 ml »Carpe Diem Kombucha Classic«
feines Meersalz
2 g Sojalecithin

Radicchiopesto
100 g Radicchio rosso
1 TL Kristallzucker
½ schwarze Walnuss, in Sirup eingelegt (erhältlich im Feinkosthandel)
200 ml Traubenkernöl
50 ml »Carpe Diem Kombucha Classic«
50 g frisch geriebener Parmesan
Meersalz
frisch gemahlener weißer Pfeffer

Radicchiosalat
20 g Radicchio Rosso di Treviso Tardivo (nur junge Blätter)
1 Prise feines Meersalz
etwas weißer Aceto balsamico
etwas Traubenkernöl

Anrichten
2 schwarze eingelegte Walnüsse (erhältlich im Feinkostladen), in Scheiben geschnitten

Vollkornbrot-Chips
Die Vollkornbrötchen auf der Aufschnittmaschine in feine Scheiben schneiden. Die Vollkornbrötchenscheiben nebeneinander auf ein Backblech legen und mit etwas Olivenöl beträufeln.
Das Backblech in den auf 160 °C vorgeheizten Backofen (Heißluft) geben und die Vollkornbrötchenscheiben zu knusprigen Chips rösten. Die Vollkornbrotchips aus dem Backofen nehmen und auf Küchenkrepp abtropfen lassen.

Topinambur-Radicchio-Gröstl
Die Topinambur mit einer Gemüsebürste gründlich waschen, säubern und trocken tupfen. Die Topinambur in gleichmäßig große Viertel schneiden.
Die Blätter vom Radicchio Rosso di Treviso Tardivo abtrennen, waschen und trocken tupfen.
Das Traubenkernöl in einer Schwenkpfanne erhitzen. Die Topinambur-Viertel darin von allen Seiten goldbraun anbraten. Die Gemüsebrühe zugeben und aufkochen. Die Topinambur-Viertel bei mittlerer Hitze weich schmoren, dabei die Pfanne einige Male durchschwenken und den Gemüsefond vollständig reduzieren.
Dann die Hitze erhöhen, die Radicchioblätter zu den Topinambur-Vierteln geben und anbraten. Das Topinambur-Radicchio-Gröstl mit Meersalz und frisch gemahlenem weißen Pfeffer abschmecken, kurz durchschwenken und sofort anrichten.

Topinambur-Schaum
Die Topinambur mit einer Gemüsebürste gründlich waschen, säubern und in 1 cm große Würfel schneiden.
Das Wasser in einem Topf aufkochen, die Topinambur-Würfel zugeben und den Topf mit einem Deckel verschließen. Die Topinambur-Würfel ca. 15 Minuten weich kochen, durch ein Sieb gießen und den Topinambur-Fond in einer Schüssel auffangen. Den Topinambur-Fond abkühlen lassen, dann den Kombucha zugeben und mit Meersalz abschmecken.
Kurz vor dem Anrichten das Sojalecithin zugeben und mit dem Pürierstab schaumig aufmixen. Den Topinambur-Schaum mit einem Löffel abtragen und anrichten.

Die im Radicchio reichlich enthaltenen Bitterstoffe regen die Verdauung an, und wirken so Völlegefühl und Blähungen entgegen. Vollkornbrot ist eine wunderbare Quelle für Vitamine der B-Gruppe, die als eigentliche »Nervenvitamine« gelten. Nüsse wiederum liefern Vitamin E, das der Durchblutung des Gehirns förderlich ist.

Radicchiopesto

Den Radicchio rosso vom Strunk befreien und in Streifen schneiden.
1 l lauwarmes Wasser in einer Schüssel mit dem Kristallzucker verrühren. Die Radicchiostreifen zugeben und 10 Minuten ziehen lassen. Die Radicchiostreifen dann aus dem Wasser nehmen, gut trocken tupfen und in einen Mixer geben.
Die schwarze Walnuss abtropfen lassen, in Würfel schneiden und ebenfalls in den Mixer geben. Dann das Traubenkernöl und den Kombucha zugeben und gut durchmixen. Den frisch geriebenen Parmesan kurz untermixen und mit Meersalz und frisch gemahlenem weißen Pfeffer abschmecken.

Radicchiosalat

Die Radicchioblätter waschen, trocken tupfen und in eine Schüssel geben. Mit 1 Prise feinem Meersalz, etwas weißem Balsamico und etwas Traubenkernöl marinieren und sofort anrichten.

Anrichten

Das Radicchiopesto auf 4 Gläser verteilen. Das Topinambur-Radicchio-Gröstl in die Gläser füllen und mit schwarzen Walnussscheiben belegen. Die marinierten Radicchioblätter in die Gläser stecken und mit den Vollkornbrotchips dekorieren. Mit etwas Topinambur-Schaum nappieren und sofort servieren.

Topinambur-Süppchen mit Vollkornbrotnocken und Olivenöl

Topinambur-Süppchen

- 250 g Topinambur
- 3 EL Rapsöl
- 2 Schalotten, geschält und klein gewürfelt
- 1 Knoblauchzehe, geschält und klein gewürfelt
- 400 ml Vollmilch (3,5 % Fettgehalt)
- 250 ml Geflügelbrühe (siehe Grundrezept Seite 275)
- Meersalz
- frisch gemahlener weißer Pfeffer

Vollkornbrot-nocken

- 40 g Butter
- 40 g Lauch, in feinste Würfel geschnitten (Brunoise)
- 40 g Südtiroler Speck, in feinste Würfel geschnitten
- 30 g Walnusskerne, fein gehackt
- 150 g Vollkornbrot, klein geschnitten
- 220 g Vollmilch (3,5 % Fettgehalt)
- 1 Ei, verquirlt
- Meersalz
- frisch gemahlener schwarzer Pfeffer

Gebratene Topinambur

- 4 kleine Knollen Topinambur
- 1 EL natives Olivenöl
- Meersalz

Anrichten

- 1 Frühlingszwiebel, in feine Ringe geschnitten
- etwas Feldsalat
- etwas natives Olivenöl zum Beträufeln
- einige gehobelte Topinamburscheiben, zu knusprigen Chips frittiert

Topinambur-Süppchen

Die Topinambur schälen und in Würfel (ca. 1 cm Kantenlänge) schneiden.
Das Rapsöl in einem Topf erhitzen und die Schalotten- und Knoblauchwürfel darin glasig andünsten. Die Topinamburwürfel zugeben und mitschwitzen. Mit der Vollmilch und der Geflügelbrühe aufgießen und zum Kochen bringen. Die Suppe so lange köcheln lassen, bis die Topinamburwürfel sehr weich sind. Anschließend die Suppe mit dem Pürierstab fein mixen und durch ein feines Sieb passieren. Die Suppe mit Meersalz und frisch gemahlenem Pfeffer abschmecken. Kurz vor dem Servieren erneut erhitzen und mit dem Pürierstab schaumig aufmixen.

Vollkornbrotnocken

Die Butter in einem Topf aufschäumen, die Lauch- und Speckwürfel zugeben und leicht farblos anschwitzen. Die gehackten Walnüsse zugeben und kurz mit anschwitzen. Das klein geschnittene Vollkornbrot zugeben, mit der Vollmilch auffüllen und vermengen. Den Topf vom Herd nehmen und die Mischung 10 Minuten zugedeckt quellen lassen, anschließend in eine Schüssel umfüllen.
Die abgekühlte Vollkornbrotmasse mit dem verquirlten Ei vermengen und mit Meersalz und frisch geriebenem schwarzen Pfeffer abschmecken.
Reichlich Wasser in einem großen Topf zum Kochen bringen und salzen. Von der Vollkornbrotmasse mithilfe von 2 Teelöffeln kleine Nocken abstechen und sofort ins kochende Salzwasser gleiten lassen. Die Hitze reduzieren und die Vollkornbrotnocken im leicht siedenden Salzwasser 15 Minuten gar ziehen lassen. Die Vollkornbrotnocken mit einer Schaumkelle aus dem Salzwasser heben und abtropfen lassen.

Gebratene Topinambur

Die Topinambur waschen, gut trocken tupfen und ungeschält vierteln.
Das Olivenöl in einer Pfanne erhitzen und die Topinamburspalten darin unter mehrmaligem Wenden bissfest braten. Mit Meersalz würzen.

OLIVENÖL ENTHÄLT OMEGA-3-FETTSÄUREN UND EINFACH UNGESÄTTIGTE FETTSÄUREN, DIE WICHTIGE BAUSTEINE DER GEHIRNZELLMEMBRANEN SIND. DAS EBENFALLS IM ÖL ENTHALTENE, REICHLICH VORKOMMENDE VITAMIN E SCHÜTZT DIE »GRAUEN ZELLEN« VOR VORZEITIGEM ALTERN. ABER AUFGEPASST: SYNTHETISCH HERGESTELLTES VITAMIN E WIRKT NICHT ANNÄHERND SO GUT WIE DAS NATÜRLICH IM ÖL ENTHALTENE.

ANRICHTEN

Die Topinamburspalten auf 4 Gläser verteilen und mit den abgetropften Vollkornbrotnocken belegen. Das Topinambursüppchen vorsichtig angießen und mit den Frühlingszwiebelringen, dem Feldsalat und einigen Topinamburchips garnieren. Mit etwas nativem Olivenöl beträufeln und sofort servieren.

Marinierter Lachs mit Avocado, Sojasprossen und Misoespuma

Misoespuma
2 Blatt weiße Gelatine
175 ml Magermilch (0,5 % Fettgehalt)
125 ml Sojamilch
25 ml Mirin
25 ml Sake
30 g weiße Misopaste
10 g helle Sojasauce
½ Limette

Marinierter Lachs
200 g frisches Wildlachsfilet
180 g Kefir
20 g Meersalz
10 g Zucker
1 unbehandelte Orange
1 EL frisch gehackte Dillspitzen
1 Prise Piment d'Espelette

Edamame
100 g Edamame (frische Sojabohnenkerne, TK-Produkt)
Meersalz

Avocadonocken
½ reife Avocado
1 EL natives Olivenöl
Meersalz
1 Limette

Anrichten
½ reife Avocado, geschält und in Spalten geschnitten
50 g frische Sojabohnensprossen
einige frische Friseésalatspitzen
8 kleine Schnittlauchhalme

Misoespuma
Die Gelatine 5 Minuten in kaltem Wasser einweichen.
Die Magermilch, die Sojamilch, den Mirin, den Sake, die weiße Misopaste und die helle Sojasauce in einen Mixbecher geben und mit einem Pürierstab aufmixen.
Den Saft einer Limette auspressen und in einen kleinen Topf geben. Die gut ausgedrückte Gelatine in den Limettensaft geben und bei milder Hitze unter Rühren auflösen. Die flüssige Gelatine mit 2 EL der Milchmischung verrühren und sofort unter die restliche Milchmischung mixen. Die Mischung in eine Espumaflasche füllen und diese mit 2 Kapseln bestücken. Die Espumaflasche mindestens 1 Stunde kalt stellen.

Marinierter Lachs
Das Wildlachsfilet von der Haut und eventuell noch vorhandenen Gräten befreien, dann in mundgerechte Stücke schneiden und beiseitestellen.
Den Kefir in einer Schüssel mit dem Meersalz und dem Zucker verrühren. Die Schale einer unbehandelten Orange fein abreiben und den Orangenabrieb unter den Kefir rühren. Die Orange auspressen und den Saft unter den Kefir rühren. Die Kefirmarinade mit frisch gehackten Dillspitzen und Piment d'Espelette verfeinern. Die rohen Lachsstücke 30 Minuten in der Kefirmarinade ziehen lassen.

Edamame
In einem großen Topf reichlich Wasser zum Kochen bringen und salzen.
Die aufgetauten Edamame schälen und 5 Sekunden in dem sprudelnd kochenden Salzwasser blanchieren. Anschließend abschöpfen und in Eiswasser abschrecken.
Die blanchierten Edamame aus dem Eiswasser nehmen und gut abtropfen lassen.

DIE NERVEN
UND DIE NETZHAUT
DES AUGES SIND AUF EINE
KONTINUIERLICHE VERSORGUNG
MIT OMEGA-3-FETTSÄUREN AN-
GEWIESEN – OMEGA-3-FETTSÄUREN
ÄHLEN ZU DEN ESSENZIELLEN FETT-
UREN, DIE DER MENSCHLICHE ORGANIS-
MUS NICHT SELBST HERSTELLEN KANN.
SIE KOMMEN IN FETTEM FISCH VOR,
ETWA IN LACHS. AUS DIESEM GRUND
SOLLTE WÖCHENTLICH MINDES-
TENS EINE FISCHMAHLZEIT
AUF DEM SPEISEPLAN
STEHEN.

AVOCADONOCKEN

Die Avocado schälen und vom Kern befreien. Die Avocado in eine Schüssel geben und mit einer Gabel zerdrücken. Das Avocadopüree mit Olivenöl, Meersalz und frisch gepresstem Limettensaft abschmecken.

ANRICHTEN

Von dem Avocadopüree mit einem Teelöffel 8 kleine Nocken abstechen und je 2 Avocadonocken in ein Glas geben. Die marinierten Lachsstücke aus der Kefirmarinade nehmen, kurz abtropfen lassen und auf die Avocadonocken setzen. Die Edamame darübergeben und jedes Glas mit Avocadospalten, Sojabohnensprossen, Friséesalatspitzen und je 2 Schnittlauchhalmen dekorieren. Zum Schluss mit der gut gekühlten Misoespuma vollenden.

Tataki vom Thunfisch mit gebratenem Brokkoli und Mandel-Amaranth-Vinaigrette

Sojavinaigrette
2 EL helle Sojasauce
3 EL natives Olivenöl
2 EL Wasser
etwas frisch gepresster Limettensaft

Gebratener Brokkoli
150 g frische Brokkoliröschen
1 EL Rapsöl
Meersalz

Amaranth
100 g Amaranth
1 EL blanchierte Brokkolispitzen (siehe Teilrezept)
Sojavinaigrette (siehe Teilrezept)
Meersalz
frisch gemahlener weißer Pfeffer

Tataki vom Thunfisch
240 g frischer Thunfisch (Bluefin Tuna oder Gelbflossenmakrelenfilet)
1 EL Rapsöl

Pochierte Wachteleier
8 Wachteleier
1 ½ l Wasser
50 ml Sojasauce

Anrichten
40 g geröstete Mandelsplitter
einige Daikonkresseblättchen

Sojavinaigrette
Die Sojasauce, das Olivenöl und das Wasser in einer kleinen Schüssel verrühren. Mit etwas frisch gepresstem Limettensaft abschmecken und beiseitestellen.

Gebratener Brokkoli
Reichlich Wasser in einem Topf zum Kochen bringen, salzen und die Brokkoliröschen darin bissfest blanchieren. Die Brokkoliröschen aus dem Salzwasser heben, in Eiswasser abschrecken und abtropfen lassen. Von den blanchierten Brokkoliröschen mit einem Messer vorsichtig 1 EL Brokkolispitzen abschneiden und beiseitestellen.
Kurz vor dem Servieren das Rapsöl in einer Pfanne erhitzen und die restlichen Brokkoliröschen darin von allen Seiten kurz anbraten. Mit Meersalz abschmecken.

Amaranth
Reichlich Wasser in einem Topf zum Kochen bringen, salzen, den Amaranth zugeben und unter Köcheln in ca. 20–30 Minuten bissfest garen. Den garen Amaranth abgießen und mit den beiseitegestellten blanchierten Brokkolispitzen und der beiseitegestellten Sojavinaigrette vermischen. Mit wenig Meersalz und frisch gemahlenem weißen Pfeffer abschmecken.

Tataki vom Thunfisch
Den Thunfisch in Balken (Breite 2 cm, Höhe 2 cm) schneiden. (Die Länge der Balken richtet sich nach der Länge des Thunfischstücks.)
Etwas Rapsöl in einer Pfanne erhitzen und die Thunfischbalken darin von allen Seiten kurz anbraten. (Der Thunfisch bleibt innen roh.)
Den gebratenen Thunfisch in Stücke (1½ cm) schneiden und jeweils 4 Thunfischwürfel mit den rohen Schnittflächen nach außen auf einen Bambusspieß stecken.

BROKKOLI IST EIN
ENGER VERWANDTER DES
BLUMENKOHLS – ER IST VIEL
MEHR ALS NUR EIN GESUNDES
GEMÜSE. ER ENTHÄLT DEN SEKUNDÄ-
REN PFLANZENSTOFF SULFORAPHAN,
DER DIE KÖRPERZELLEN DAZU ANREGT,
ANTIOXIDATIVE ENZYME ZU BILDEN.
ZUDEM FINDEN SICH IM BROKKOLI
DIE ANTIOXIDATIVEN STOFFE BETA-
CAROTIN, VITAMIN C, THIOCTSÄURE
UND COENZYM Q10 – SIE ALLE
MACHEN FREIE RADIKALE
UNSCHÄDLICH.

POCHIERTE WACHTELEIER

Die Wachteleier vorsichtig öffnen und einzeln in kleine Schälchen geben.
Das Wasser in einem Topf aufkochen und die Sojasauce zugeben.
4 Wachteleier vorsichtig nacheinander in das Wasser gleiten lassen, den Topf vom Herd nehmen und die Eier etwa 2 Minuten wachsweich pochieren.
Die pochierten Wachteleier mit einer Schaumkelle aus dem Topf heben und auf Küchenkrepp abtropfen lassen. Das Wasser erneut aufkochen und mit den restlichen Wachteleiern ebenso verfahren.

ANRICHTEN

In 4 Gläser den marinierten Amaranth füllen und mit den gebratenen Brokkoliröschen belegen. Jeweils 2 Wachteleier vorsichtig in die Gläser füllen und jeweils 1 Thunfischspieß hineinstecken. Mit gerösteten Mandelsplittern bestreuen und mit Daikonkresse garnieren.

Geräucherter Saibling mit Balsamicolinsen, Feldsalat und Kapernschaum

Balsamicolinsen
20 g Schalotten
100 g Wurzelgemüse (Knollensellerie, Pastinake, Karotte)
1 EL natives Olivenöl
1 frisches Lorbeerblatt
1 Zweig Thymian
100 g Belugalinsen (nicht eingeweicht)
1 TL Tomatenmark
20 ml Aceto balsamico
1 TL eingelegte kleine Kapern (aus dem Glas)
250 ml Wasser
1 Msp. mittelscharfer Senf
Meersalz
frisch gemahlener schwarzer Pfeffer
etwas Aceto balsamico zum Abschmecken
etwas natives Olivenöl zum Abschmecken

Geräucherter Saibling
240 g geräucherte Saiblingsfilets

Gemüsejulienne
40 g Pastinake
40 g Beta-Sweet-Karotte (oder Karotte)
20 g Lauch
1 TL Aceto balsamico
1 TL natives Olivenöl

Kapernschaum
100 g eingelegte Kapernfrüchte mit Stiel (aus dem Glas)
300 g Kapernwasser (Fond der Kapernfrüchte aus dem Glas)
30 g flüssiger Honig
1 g Lecithin

Anrichten
4 große Kapernfrüchte mit Stiel, halbiert
etwas Feldsalat, mit wenig Aceto balsamico und nativem Olivenöl mariniert

Balsamicolinsen
Die Schalotten und das Wurzelgemüse schälen und in sehr feine Würfel schneiden (Brunoise).
Das Olivenöl in einem Topf erhitzen und die Schalottenwürfel darin bei milder Hitze glasig schwitzen. Die Wurzelgemüsewürfel, das Lorbeerblatt und den Thymianzweig zugeben und leicht anschwitzen.
Dann die Belugalinsen (die vorher nicht eingeweicht werden müssen) hineinrühren. Das Tomatenmark unter die Linsen rühren und alles mit dem Aceto balsamico ablöschen. Die Kapern hinzufügen und mit dem Wasser aufgießen. Die Balsamicolinsen bei milder Hitze 20 Minuten leicht köcheln lassen.
Den Topf vom Herd nehmen und den Inhalt etwas abkühlen lassen. Anschließend mit dem mittelscharfen Senf, Meersalz, schwarzen Pfeffer, etwas Aceto balsamico und etwas Olivenöl abschmecken.

Geräucherter Saibling
Die Saiblingsfilets von der Haut und eventuell noch vorhandenen feinen Gräten befreien. Die Saiblingsfilets mit der Hand in einzelne Segmente zerpflücken.

Gemüsejulienne
Die Pastinake und die Beta-Sweet-Karotte schälen und in sehr feine Streifen schneiden (Julienne).
Den Lauch gründlich waschen, abtropfen lassen und ebenfalls in sehr feine Streifen (Julienne) schneiden.
Die Gemüsejulienne in eine Schüssel geben und kurz in dem Aceto balsamico und etwas Olivenöl marinieren.

LINSEN SIND DANK IHRES HOHEN PROTEIN- UND KOHLENHYDRATGEHALTS EIN WERTVOLLER NÄHRSTOFFLIEFERANT, DER ZUDEM DURCH SEINEN NIEDRIGEN GLYKÄMISCHEN INDEX DEN BLUTZUCKERSPIEGEL NICHT IN DIE HÖHE TREIBT. AUCH LIEFERN LINSEN REICHLICH MAGNESIUM, DAS DIE NERVEN STÄRKT. GEMEINSAM MIT DEN BERUHIGENDEN INHALTSSTOFFEN DES MIT DEM BALDRIAN VERWANDTEN FELDSALATS UND MIT DEN FÜR DAS GEHIRN WICHTIGEN OMEGA-3-FETTSÄUREN IM SAIBLING ERGIBT SICH HIER EIN PERFEKTES GERICHT FÜR TOPFITTE GRAUE ZELLEN.

KAPERNSCHAUM

Die eingelegten Kapernfrüchte abtropfen lassen, dabei das Kapernwasser auffangen. Die Kapernfrüchte von den Stielen befreien und in einen hohen Mixbecher geben. Das Kapernwasser und den Honig zugeben und mit dem Pürierstab sehr fein mixen. Das Lecithin zugeben und alles zu einem Schaum aufmixen.

ANRICHTEN

Die Balsamicolinsen auf 4 Gläser verteilen, dann mit den Saiblingsfiletstücken und Gemüsejulienne belegen. Mit dem marinierten Feldsalat und den halbierten Kapernfrüchten garnieren. Anschließend mit dem aufgemixten Kapernschaum vollenden.

Sautierter Tintenfisch mit Ajo-Blanco-Tuna-Mousse und Petersiliensalat

Ajo-Blanco-Tuna-Mousse

- 200 ml fettarme Milch (1,5 % Fettgehalt)
- 10 g geschälte Knoblauchzehen
- 60 g in Olivenöl eingelegter Thunfisch (aus der Dose)
- 200 ml kalter klarer Tomatenfond (siehe Grundrezept Seite 276)
- 60 g ungesüßte Mandelpaste (von Sosa)
- 30 g Mandelöl
- 15 g Marzipanrohmasse
- 4 g Meersalz
- ½ Zitrone
- frisch gemahlener weißer Pfeffer
- 2 ½ Blatt weiße Gelatine
- 50 g Sahne

Tomatensauce

- 1 reife rote Strauchtomate
- Meersalz
- frisch geriebener weißer Pfeffer
- ½ EL natives Olivenöl

Petersilienwurzelsalat

- 1 mittelgroße Petersilienwurzel
- ½ EL natives Olivenöl
- 1 EL fein geschnittene Blattpetersilienblättchen (Julienne)
- etwas frisch gepresster Zitronensaft

Tintenfisch

- 160 g frische, kleine, küchenfertige Sepien
- 1 EL natives Olivenöl
- ½ unbehandelte Zitrone
- feines Meersalz
- 1 EL fein geschnittene Blattpetersilienblättchen (Julienne)
- etwas Röstknoblauch (»Thai fried garlic«, erhältlich im Asialaden)
- etwas natives Olivenöl zum Beträufeln

Anrichten

- einige frische Blattpetersilienblättchen, in Pflanzenöl frittiert
- 4 kleine Blattpetersilienzweige

Ajo-Blanco-Tuna-Mousse

Die Milch in einem kleinen Topf aufkochen.
Die geschälten Knoblauchzehen in Scheiben schneiden und in der kochenden Milch weich blanchieren. Den Knoblauch abgießen und in einen Mixbecher geben.
Den Thunfisch abtropfen lassen und zugeben.
Den kalten klaren Tomatenfond, die ungesüßte Mandelpaste, das Mandelöl, das Marzipan, das Meersalz und den frisch gepressten Zitronensaft zugeben und mit dem Pürierstab fein pürieren. Die Mischung mit frisch gemahlenem weißen Pfeffer abschmecken und durch ein feines Sieb passieren. Von der Ajo-Blanco-Tuna-Masse 250 ml abmessen, in eine Metallschüssel füllen und beiseitestellen.
Die Gelatine 5 Minuten in kaltem Wasser einweichen, dann gut ausdrücken und in einem kleinen Topf bei milder Hitze vorsichtig auflösen. Von der beiseitegestellten Ajo-Blanco-Tuna-Masse 2 EL abnehmen und in die aufgelöste Gelatine rühren. Die Gelatinemasse sofort unter die restliche Ajo-Blanco-Tuna-Masse rühren. Die Metallschüssel auf Eiswasser stellen, bis die Masse zu gelieren beginnt.
Die Sahne halbsteif schlagen und unterheben. Die Ajo-Blanco-Tuna-Mousse mindestens 2 Stunden im Kühlschrank stocken lassen. Kurz vor dem Servieren kleine Nocken abstechen.

Tomatensauce

Die Strauchtomate waschen, den Strunk entfernen und die Tomate grob würfeln. Die Tomatenwürfel in einem Mixbecher mit dem Pürierstab fein mixen. Das Tomatenpüree in einen kleinen Topf füllen und aufkochen. Das Tomatenpüree 5 Minuten leicht köcheln lassen. Anschließend mit Meersalz, frisch geriebenem weißen Pfeffer und Olivenöl abschmecken. Die Tomatensauce lauwarm anrichten.

Petersilienwurzelsalat

Die Petersilienwurzel schälen und in hauchfeine Scheiben hobeln. Die Petersilienwurzelscheiben mit dem Olivenöl und den Blattpetersilien-Julienne vermengen und mit etwas frisch gepresstem Zitronensaft abschmecken.

Tintenfisch enthält wertvolle Proteine und die Vitamine D, E, B12 sowie das Spurenelement Selen, zudem noch reichlich Omega-3-Fettsäuren. Deren Inhaltsstoffe sind wichtiger Bestandteil der Zellmembranen und daher wichtig für die Regeneration von Gehirn- und Nervenzellen.

Sautierter Tintenfisch

Die Sepien in gleichmäßig dünne Scheiben schneiden.
Eine Pfanne auf dem Herd sehr stark erhitzen.
Das Olivenöl in die Pfanne geben und die geschnittenen Sepien darin sofort kurz und sehr scharf anbraten, dann einmal durchschwenken. Die sautierten Sepien sofort zum Abtropfen in ein Sieb geben. Die abgetropften Sepien in eine Schüssel geben und mit etwas frisch geriebener Zitronenschale, etwas frisch gepresstem Zitronensaft und feinem Meersalz würzen. Die Blattpetersilien-Julienne unterrühren und nach Belieben mit etwas zerriebenem Röstknoblauch abschmecken. Etwas Olivenöl darüberträufeln, kurz vermengen und sofort anrichten.

Anrichten

Die lauwarme Tomatensauce auf 4 Gläser verteilen und mit dem sautierten Tintenfisch belegen. Die Ajo-Blanco-Tuna-Mousse-Nocken vorsichtig auf dem sautierten Tintenfisch platzieren. Zum Schluss den Petersilienwurzelsalat in die Gläser geben und mit frittierten Blattpetersilienblättchen und je 1 kleinen Blattpetersilienzweig garnieren.

Orangen-Galangal-Safran-Suppe mit Fenchel

Orangen-Galangal-Safran-Suppe
50 g natives Olivenöl
70 g Schalotten, geschält und fein gewürfelt
250 g Fenchelknolle, geputzt und in Würfel geschnitten
4 grüne Kardamomkapseln
120 g Orange, geschält und in Würfel geschnitten
120 g Grapefruit, geschält und in Würfel geschnitten
10 Safranfäden
10 g frischer Galangal, geschält und in feine Würfel geschnitten
30 g Palmzucker
200 ml Wasser
200 ml »Carpe Diem Botanic Water belebend«
20 g frisch gepresster Limettensaft
10 g Zitronen-Oliven-Öl
Meersalz

Orangenfilets
1 große Orange

Geschmorter Fenchel
1 Fenchelknolle
1 EL natives Olivenöl
5 Safranfäden
200 ml Gemüsebrühe (siehe Grundrezept Seite 274)
Meersalz

Roh marinierter Fenchel
1 Fenchelknolle
Orangensaft vom Filetieren der Orangen (siehe Teilrezept)
1 EL natives Olivenöl

Anrichten
etwas unbehandelte Orangenschale, in feinste Streifen geschnitten (Julienne)
einige fein geschnittene Frühlingszwiebelringe
einige Fenchelgrünspitzen

Orangen-Galangal-Safran-Suppe
Das Olivenöl in einem Topf erhitzen und die Schalottenwürfel darin glasig schwitzen.
Dann die Fenchelwürfel und die grünen Kardamomkapseln zugeben und unter Rühren farblos anschwitzen. Die Orangen-, die Grapefruitwürfel, die Safranfäden, den Galangal und den Palmzucker zugeben und verrühren. Alles mit dem Wasser, dem »Carpe Diem Botanic Water belebend« und dem frisch gepressten Limettensaft auffüllen und aufkochen.
Die Suppe bei milder Hitze ca. 20 Minuten leicht köcheln lassen, bis die Gemüsewürfel weich sind. Anschließend die Suppe mit einem Pürierstab mixen und durch ein feines Sieb passieren. Die Orangen-Galangal-Safran-Suppe mit Zitronen-Oliven-Öl und Meersalz abschmecken und anschließend schaumig aufmixen.

Orangenfilets
Die Orange großzügig mit einem Messer von der Schale und den weißen Häuten befreien. Mit einem Messer vorsichtig die einzelnen Filets aus der Orange schneiden, dabei den abtropfenden Orangensaft auffangen und für den roh marinierten Fenchel beiseitestellen.

Geschmorter Fenchel
Die Fenchelknolle längs halbieren, von dem Strunk und den Stängelansätzen befreien und in Spalten von ca. 1 cm Dicke schneiden. Das Olivenöl in einer Pfanne erhitzen. Die Fenchelspalten und die Safranfäden zugeben und bei milder Hitze farblos anschwitzen. Mit der Gemüsebrühe aufgießen und die Fenchelspalten köchelnd bissfest schmoren, dabei die Gemüsebrühe um die Hälfte reduzieren. Anschließend mit Meersalz abschmecken.

SOWOHL ORANGEN ALS AUCH FENCHEL ENTHALTEN VITAMIN C, DAS ALS ANTIOXIDANS VOR FREIEN RADIKALEN SCHÜTZT UND AN DER SYNTHESE EINIGER NEUROTRANSMITTER, BEISPIELSWEISE DES DOPAMINS, BETEILIGT IST. WER UNTER STRESS STEHT, LEIDET HÄUFIG UNTER MAGEN- ODER DARMBESCHWERDEN. DAGEGEN HILFT THAI-INGWER – GALANGAL –, DER DIE VERDAUUNG POSITIV BEEINFLUSST.

ROH MARINIERTER FENCHEL

Die Fenchelknolle längs halbieren, vom Strunk und den Stängelansätzen befreien. Den Fenchel hauchdünn hobeln und mit dem Orangensaft und dem Olivenöl marinieren.

ANRICHTEN

Die Orangenfilets und den geschmorten Fenchel auf 4 Gläser verteilen. Die schaumig aufgemixte Orangen-Galangal-Safran-Suppe vorsichtig angießen. Etwas roh marinierten Fenchel in die Mitte der Gläser geben und mit Orangen-Julienne, Frühlingszwiebelringen und frischen Fenchelgrünspitzen garnieren.

Pot-au-feu von Rindfleisch, roter Bete und Meerrettich

Pot-au-feu

1 l Rinderbrühe
250 ml Rote-Bete-Saft (aus dem Glas)
2 frische rote Beten
1 weiße Zwiebel
500 g Rinderbrustkern
4 Essiggurken
½ EL Rotweinessig
Meersalz
frisch gemahlener schwarzer Pfeffer

Schnittlauch-Crème-fraîche

60 g Crème fraîche
1 EL Schnittlauchröllchen
Meersalz
etwas frisch gepresster Zitronensaft

Anrichten

2 Essiggurken, in feine Streifen geschnitten
8 EL Backerbsen
1 Frühlingszwiebel, in feine Ringe geschnitten
etwas frisch geriebener Meerrettich

Pot-au-feu

Die Rinderbrühe und den Rote-Bete-Saft in einen hohen Topf geben und das Gemisch zum Kochen bringen.
Die roten Beten und die weiße Zwiebel schälen, vierteln und zusammen mit dem Rinderbrustkern in die kochende Rinderbrühe geben.
Den Pot-au-feu nochmals aufkochen, die Hitze reduzieren und 2 Stunden leicht simmern lassen.
Die Essiggurken vierteln und mit dem Rotweinessig in den Topf geben. Den Pot-au-feu weitere 1–2 Stunden simmern lassen, bis der Rinderbrustkern sehr weich ist. (Sticht man das Fleisch mit einer Fleischgabel an, darf kaum Widerstand zu spüren sein. Die exakte Garzeit richtet sich nach der Beschaffenheit des Fleischs.)
Den Topf vom Herd nehmen und alles abkühlen lassen, dann mindestens 8 Stunden kühl stellen. (Kühlt das Fleisch in der Suppe ab, lässt es sich besser schneiden, es trocknet nicht aus und bleibt somit saftiger.)
Den Rinderbrustkern und die Rote-Bete-Viertel dann aus der Suppe nehmen, in feine Streifen schneiden und bis zum Anrichten beiseitestellen. Die Suppe durch ein feines Sieb in einen Topf passieren, aufkochen und mit Meersalz und frisch gemahlenem schwarzen Pfeffer abschmecken.

Schnittlauch-Crème fraîche

Die Crème fraîche in einer kleinen Schüssel mit einem Schneebesen glatt rühren. Die Schnittlauchröllchen unterrühren und die Creme mit Meersalz und etwas frisch gepresstem Zitronensaft abschmecken.

Anrichten

In die Mitte von jeweils 4 Gläsern abwechselnd Essiggurken-, Rindfleisch- und Rote-Bete-Streifen schichten und mit kochend heißer Pot-au-feu-Suppe angießen. Mit den Backerbsen, den Frühlingszwiebelringen und etwas frisch geriebenem Meerrettich bestreuen. Mit etwas Schnittlauch-Crème-fraîche garnieren und sofort servieren.

DIE ROTE BETE IST EIN GEMÜSE, DAS SICH STEIGENDER BELIEBTHEIT ERFREUT. SIE ENTHÄLT DEN ROTEN FARBSTOFF BETAMIN, EIN FLAVONOID UND DAMIT WICHTIGES ANTIOXIDANS. ROTE BETE LIEFERT ZUDEM REICHLICH VITAMINE DER B-GRUPPE, ALSO »NERVEN-VITAMINE«, SOWIE KALIUM UND EISEN.

Sautierte Lammfilets mit geräucherter Forelle, Bulgur und Nüssen

Geräucherte Forellenfilets

120 g geräuchertes Forellenfilet

Nussvinaigrette

1 eingelegte schwarze Walnuss (erhältlich im Feinkostladen)
3 EL gemischte gehackte Nüsse (Erdnuss-, Haselnuss-, Mandelkerne)
30 g weißer Aceto balsamico
50 ml Haselnussöl
50 ml Traubenkernöl
etwas Einlegefond der schwarzen Walnüsse (aus dem Glas)
Meersalz
frisch gemahlener schwarzer Pfeffer

Bulgur

100 g Bulgur
Meersalz
Nussvinaigrette (siehe Teilrezept)

Sautierte Lammfilets

4 Lammfilets (à ca. 70 g)
1 EL natives Olivenöl
Meersalz
frisch gemahlener schwarzer Pfeffer
100 g gemischte Nüsse nach Belieben (z.B. Haselnuss-, Walnuss-, Mandelkerne, Zedernnüsse)

Anrichten

3 EL gemischte Nüsse (Erdnuss-, Haselnuss-, Mandelkerne, Zedernnüsse)
2 eingelegte schwarze Walnüsse (erhältlich im Feinkosthandel)
etwas Feldsalat
4 gelbe Spitzen vom Stangenselleriegrün

Woher wohl »Studentenfutter« seinen Namen hat? Von den vielen Nüssen, die darin sind. Diese versorgen unter anderem das Gehirn mit Lezithin, welches für die Synthese des Neurotransmitters Acetylcholin wichtig ist; daneben mit vielen Mineralstoffen, B-Vitaminen und hochwertigem Eiweiß.

Geräucherte Forellenfilets

Das Forellenfilet von der Haut und eventuell noch vorhandenen feinen Gräten befreien, anschließend mit der Hand in einzelne Segmente zerpflücken.

Nussvinaigrette

Die eingelegte schwarze Walnuss abtropfen lassen, in sehr feine Würfel schneiden (Brunoise) und in eine kleine Schüssel geben. Mit den gemischten gehackten Nüssen, dem weißen Balsamico, dem Haselnussöl und dem Traubenkernöl zu einer Vinaigrette verrühren. Die Nussvinaigrette mit etwas Einlegefond von den schwarzen Walnüssen, Meersalz und frisch gemahlenem schwarzen Pfeffer abschmecken.

Bulgur

Reichlich Wasser in einem Topf zum Kochen bringen und salzen. Den Bulgur in das kochende Wasser einrieseln lassen und ca. 10 Minuten bissfest kochen, anschließend abgießen und mit der Nussvinaigrette vermengen. (Der Bulgur sollte anschließend eine dickflüssige Konsistenz aufweisen.)

SAUTIERTE LAMMFILETS

Das Olivenöl in einer Pfanne erhitzen und die Lammfilets darin von allen Seiten kurz und scharf anbraten, anschließend mit Meersalz und frisch gemahlenem schwarzen Pfeffer würzen. Die Lammfilets auf das Backofengitter legen und im auf 90 °C vorgeheizten Backofen (Ober-/Unterhitze) ca. 10–15 Minuten auf eine Kerntemperatur von 51 °C garen. (Dazu ein Fleischthermometer zu Hilfe nehmen.) Die gemischten Nüsse in einem Universal-Zerkleinerer sehr fein mixen, anschließend auf einem Teller verteilen. Die Lammfilets aus dem Ofen nehmen, sofort in den gemahlenen Nüssen wälzen und quer zur Faser in 1 cm dicke Tranchen schneiden.

ANRICHTEN

Den marinierten Bulgur auf 4 Gläser verteilen. Mit den Forellenfiletsegmenten und den Lammfilettranchen belegen. Die Nüsse grob hacken und auf das Fleisch streuen. Die schwarzen Walnüsse abtropfen lassen und in Scheiben schneiden. Die Gläser mit Walnussscheiben, etwas Feldsalat und je einer Spitze Stangenselleriegrün dekorieren.

Pastinakensuppe mit Rehravioli und Walnüssen

Raviolifüllung

200 g Rehkeule, am Stück und ohne Knochen (ersatzweise Rehschulter)
1 EL natives Olivenöl
1 mittelgroße Pastinake
2 rote Zwiebeln
400 ml dunkler Fleischfond oder kräftige Rinderbrühe
Meersalz
frisch gemahlener schwarzer Pfeffer

Raviolteig

100 g Weizenmehl (Type 405)
100 g Semola di grano duro
2 Eier
20 g natives Olivenöl
1 Prise feines Meersalz

Tipp: Statt den Ravioliteig selbst zu machen, können Sie auch fertige Wan-Tan-Blätter aus dem Asialaden verwenden.

Fertigstellen der Ravioli

1–2 Eiweiß
etwas Semola di grano duro zum Ausrollen des Nudelteigs
Meersalz für das Nudelwasser

Pastinakensuppe

3 mittelgroße Pastinaken
¼ weiße Zwiebel
5 g natives Olivenöl
1 l Wasser
250 ml Vollmilch (3,5 % Fettgehalt)
Meersalz
frisch gemahlener weißer Pfeffer
etwas frisch gepresster Zitronensaft

Gedünstete Pastinaken

1 mittelgroße Pastinake
1 EL natives Olivenöl
Meersalz

Anrichten

4 El grob gehackte Walnusskerne
2 EL frisch geriebener Parmesan

Wildbret ist besonders gesundes – da naturbelassenes – Fleisch, denn die Tiere werden nicht mit Antibiotika oder Wachstumsförderern gefüttert. Wild ernährt sich, anders als Masttiere, von grünen Kräutern – das Fleisch ist also Biofleisch im besten Sinne.

Raviolifüllung

Die Rehkeule von allen Seiten leicht mit Meersalz würzen.
Das Olivenöl in einem kleinen Bräter erhitzen und die Rehkeule darin von allen Seiten anbraten.
Die Pastinake und die Zwiebeln schälen, in grobe Würfel schneiden und mit anbraten.
Mit dem dunklen Fleischfond auffüllen und aufkochen. Den Bräter in den auf 180 °C vorgeheizten Backofen (Ober-/Unterhitze) stellen und die Rehkeule 1 ½ Stunden garen. Den Bräter dann aus dem Backofen nehmen und die Rehkeule mit dem Gemüse im Bratenfond abkühlen lassen. Anschließend mindestens 12 Stunden in den Kühlschrank stellen.
Die erkaltete Rehkeule aus dem Bratenfond nehmen, in sehr kleine Würfel schneiden und beiseitestellen. Die Pastinakenstücke aus dem Bratenfond nehmen, ebenfalls fein würfeln und beiseitestellen.
Den Bratenfond durch ein Sieb in einen kleinen Topf passieren. Den Bratenfond mindestens auf ⅓ reduzieren, bis er eine sirupartige Konsistenz annimmt.
Die Rehfleisch- und Pastinakenwürfel in eine Schüssel geben und mit so viel reduziertem Bratenfond vermischen, bis eine kompakte, leicht cremige Masse entsteht. Diese Rehfüllung mit Meersalz und frisch gemahlenem schwarzen Pfeffer abschmecken, abkühlen lassen und bis zur Weiterverarbeitung in den Kühlschrank stellen.

Raviolteig

Das Mehl und das Semola di grano duro in die Mitte eines großen Bretts geben. In die Mitte eine Mulde drücken und die Eier, das Olivenöl und 1 Prise feines Meersalz hineingeben. Mit einer Gabel die Eier verquirlen, bis sie etwas Mehl aufgenommen haben. Anschließend die Zutaten mit den Händen ca. 5–10 Minuten lang zu einem festen Teig mit glatter, leicht glänzender Oberfläche kneten. Den Nudelteig in Klarsichtfolie wickeln und bei Zimmertemperatur 1 Stunde ruhen lassen.

Fertigstellen der Ravioli

Den Nudelteig aus der Folie nehmen und mit der Nudelmaschine portionsweise zu dünnen Teigbahnen ausrollen. Diese immer wieder mit Semola di grano duro bestreuen.
Auf die Hälfte der Teigbahnen jeweils im Abstand von ca. 4 cm 1 TL Raviolifüllung setzen.

Die frei bleibenden Teigränder mit leicht verquirltem Eiweiß bestreichen, jede Teigbahn mit einer ungefüllten Teigbahn bedecken und die Freiräume zwischen den Füllungsklecksen gut andrücken. Dann mit dem Teigrad kleine Ravioli ausschneiden. Die Teigränder jedes Raviolos nochmals prüfen und bei Bedarf andrücken.
Ein Holzbrett mit etwas Semola di grano duro bestreuen. Die Ravioli bis zur Weiterverarbeitung darauflegen.
In einem großen Topf reichlich Wasser aufkochen, gut salzen und die Ravioli in dem sprudelnd kochenden Wasser in ca. 2 Minuten bissfest garen. Die fertigen Ravoli mit einer Schaumkelle aus dem Salzwasser heben, gut abtropfen lassen und sofort anrichten. (Falls nicht alle Ravioli benötigt werden, können diese ungegart eingefroren und später gefroren in sprudelnd kochendes Salzwasser gelegt und bissfest gegart werden.)

PASTINAKENSUPPE

Die Pastinaken waschen, trocken tupfen und schälen. Die Pastinakenschalen mit 250 ml Wasser in einen Topf geben, diesen mit einem Deckel verschließen und das Wasser langsam aufkochen. Die Herdplatte ausschalten und den Pastinakenschalenfond 30 Minuten ziehen lassen.
Die Pastinaken in ca. 1 cm große Würfel schneiden.
Die Zwiebel schälen und fein würfeln.
Das Olivenöl in einem Topf erhitzen und die Zwiebelwürfel darin glasig schwitzen. Die Pastinakenwürfel zugeben und unter Rühren farblos anschwitzen. 750 ml Wasser und die Milch zugeben und aufkochen. Die Pastinakensuppe ca. 20 Minuten leicht köcheln lassen, bis die Pastinakenwürfel weich sind.
Die Pastinakensuppe mit dem Pürierstab fein mixen und durch ein Sieb in einen Topf passieren.
Den Pastinakenschalenfond durch ein Sieb in eine Schüssel gießen. Die Pastinakensuppe nochmals erhitzen und mit dem Pastinakenschalenfond auf die gewünschte Konsistenz verdünnen. Anschließend mit Meersalz, frisch gemahlenem weißen Pfeffer und etwas frisch gepresstem Zitronensaft abschmecken. Die Pastinakensuppe mit dem Pürierstab schaumig aufmixen und servieren.

GEDÜNSTETE PASTINAKE

Die Pastinake schälen und nach Belieben in kleine Halbmonde oder Stäbchen schneiden. Das Olivenöl in einem Topf erhitzen und die Pastinakenstücke darin von allen Seiten farblos anschwitzen. Die Pastinakenstücke leicht salzen und so viel Wasser angießen, dass sie ca. ⅓ mit Wasser bedeckt sind. Die Pastinakenstücke bei mittlerer Hitze bissfest dünsten, dabei die Flüssigkeit etwas reduzieren. (Die Garzeit richtet sich nach der Form der Pastinakenstücke.) Die bissfest gegarten Pastinakenstücke nochmals mit Meersalz abschmecken.

ANRICHTEN

Je 4 Rehravioli in die Mitte von 4 Gläsern geben. Die gedünsteten Pastinakenstücke an die Glasinnenseiten setzen. Die Pastinakensuppe in die Gläser füllen und mit Walnusskernen und frisch geriebenem Parmesan bestreuen.

Gebratener Seeteufel mit Cornflakes, Spargel, Mais und Weizenkeimmayonnaise

Weizen
40 g Weizenkörner
Meersalz

Spargel
8 Stangen frischer weißer Spargel
8 Stangen frischer grüner Spargel
1 EL Rapsöl
Meersalz
frisch gemahlener weißer Pfeffer

Mais
1–2 Maiskolben (je nach Größe und Belieben)
1 EL Weizenkeimöl
100 ml Gemüsebrühe (siehe Grundrezept Seite 274)
Meersalz

Seeteufel
240 g frisches, küchenfertiges Seeteufelfilet
Meersalz
frisch gemahlener weißer Pfeffer
50 g Weizenmehl (Type 405)
2 Eier
150 g ungesüßte Cornflakes
50 ml Rapsöl

Weizenkeim-Mayonnaise
1 Ei
1 EL mittelscharfer Senf
220 ml Weizenkeimöl
feines Meersalz
Piment d'Espelette

Anrichten
etwas frischer Kerbel

Weizen
Reichlich Wasser in einem Topf zum Kochen bringen und mit Meersalz abschmecken. Die Weizenkörner zugeben und ca. 45–60 Minuten weich kochen, anschließend abgießen, unter fließendem kalten Wasser abschrecken und abtropfen lassen.

Spargel
In 2 Töpfen jeweils reichlich Wasser zum Kochen bringen und salzen.
Die Spargelstangen schälen und separat in Salzwasser bissfest blanchieren. Die bissfest gegarten Spargelstangen aus dem Salzwasser heben, in Eiswasser abschrecken, abtropfen lassen und in längliche Stücke schneiden.
Kurz vor dem Anrichten das Rapsöl in einer Schwenkpfanne erhitzen, die Spargelstücke zugeben und bei mittlerer Hitze unter Schwenken erhitzen. Die Spargelstücke mit Meersalz und weißem Pfeffer abschmecken.

Mais
Reichlich Wasser in einem Topf zum Kochen bringen und salzen. Die Maiskolben so lange in dem sprudelnd kochenden Salzwasser kochen, bis die Körner weich sind. Die Maiskolben aus dem Salzwasser nehmen und die Maiskörner mit einem Messer von den Kolben schneiden.
Das Weizenkeimöl in einer Schwenkpfanne erhitzen, die Maiskörner zugeben und unter Schwenken leicht anschwitzen. Mit der Gemüsebrühe ablöschen und bei milder Hitze sämig einkochen lassen. Die Maiskörner mit Meersalz abschmecken.

Seeteufel
Das frische Seeteufelfilet in Würfel (Kantenlänge 2 cm) schneiden. Die Seeteufelwürfel mit Meersalz und frisch gemahlenem weißen Pfeffer würzen.
Das Weizenmehl in eine kleine Schüssel oder einen tiefen Teller geben.
Die Eier in eine kleine Schüssel schlagen und mit 1 Prise Meersalz mit einer Gabel verquirlen.
Die Cornflakes mit den Fingerspitzen zerbröseln und in eine kleine Schüssel geben.

DIE WEIZENKEIME SIND DAS EIGENTLICHE »NÄHRSTOFF-RESERVOIR« DES WEIZENKORNS: SIE BEINHALTEN ALLE FÜR DAS AUSKEIMEN NÖTIGEN INHALTSSTOFFE. DIESE SIND AUCH FÜR UNS GESUND, ZUM BEISPIEL DAS REICHLICH IM WEIZENKEIM ENTHALTENE MAGNESIUM. WER AUSREICHEND MIT MAGNESIUM VERSORGT IST, KOMMT BESSER MIT CHRONISCHEM STRESS KLAR.

Die gewürzten Seeteufelwürfel nacheinander zuerst in dem Weizenmehl, dann in den verquirlten Eiern und zum Schluss in den zerbröselten Cornflakes panieren.
Das Rapsöl in einer Pfanne erhitzen und die panierten Seeteufelwürfel darin von allen Seiten goldbraun ausbacken. (Der Fisch soll innen noch glasig sein.) Die gegarten Seeteufelwürfel aus der Pfanne nehmen und auf Küchenkrepp abtropfen lassen.

WEIZENKEIMMAYONNAISE

Das aufgeschlagene Ei, den Senf, das Weizenkeimöl, etwas feines Meersalz und 1 Prise Piment d'Espelette in einen hohen Mixbecher geben. Die Zutaten mit dem Pürierstab vom Mixbecherboden ausgehend mit leichten Hin- und Herbewegungen nach oben hin durchmixen, bis eine cremige Mayonnaise entstanden ist. Mit feinem Meersalz und Piment d'Espelette abschmecken.

ANRICHTEN

Die Spargelstücke auf 4 Gläser verteilen. Die Maiskörner einfüllen und mit kleinen Klecksen Weizenkeimmayonnaise bedecken. Die gebratenen Seeteufelwürfel in die Mitte der Gläser setzen und mit den gekochten Weizenkörnern bestreuen. Die Gläser mit frischem Kerbel garnieren.

Heilbuttpflanzerl mit Kürbiskernen, geschmorten Gurken und Tomaten

Kürbiskernemulsion

- 40 g frisch entsafteter Gurkensaft
- 1 EL weißer Aceto balsamico
- ½ Zitrone
- ½ g Xanthan
- 20 g Trockeneiweißpulver (von Sosa)
- 60 ml Traubenkernöl
- 60 ml Kürbiskernöl
- feines Meersalz

Tomaten

- 8 rote Kirschtomaten
- feines Meersalz

Heilbuttpflanzerl

- 400 g frisches, küchenfertiges Heilbuttfilet (oder Zanderfilet)
- 100 g gemischtes Wurzelgemüse (Staudensellerie, Karotte, gelbe Rübe, Lauch)
- 1 Eiweiß
- 1 EL gehackte Blattpetersilie
- Meersalz
- frisch gemahlener weißer Pfeffer
- 1 EL natives Olivenöl

Geschmorte Gurken

- ½ Salatgurke
- 10 g Butter
- feines Meersalz

Anrichten

- 2 EL geröstete Kürbiskerne
- etwas Daikonkresseblättchen
- 4 lange Bambusspieße

Kürbiskernemulsion

In einem Mixbecher den frisch entsafteten Gurkensaft, den weißen Balsamico, den Saft von ½ Zitrone und das Xanthan mit dem Pürierstab aufmixen.
Das Trockeneiweißpulver zugeben und untermixen.
Das Traubenkernöl und das Kürbiskernöl während des Mixens in einem dünnen Strahl zugeben und die Mischung zu einer Emulsion aufmixen. Die Kürbiskernemulsion mit feinem Meersalz abschmecken und mindestens 30 Minuten beiseitestellen.

Tomaten

Reichlich Wasser in einem Topf zum Kochen bringen.
Mit einem kleinen spitzen Messer vorsichtig den Strunk der Kirschtomaten ausschneiden. Die Kirschtomaten kurz in dem sprudelnd kochenden Wasser blanchieren, dann in Eiswasser abschrecken. Die Kirschtomaten aus dem Eiswasser nehmen und abtropfen lassen. Mit einem spitzen Messer die Haut abziehen, die Tomaten halbieren und leicht salzen.

Heilbuttpflanzerl

Das Heilbuttfilet durch den Fleischwolf drehen und in eine Schüssel geben.
Das gesamte Wurzelgemüse waschen, bei Bedarf schälen und in sehr feine Würfel (Brunoise) schneiden.
Reichlich Wasser in einem Topf zum Kochen bringen, salzen, die Wurzelgemüse-Brunoise kurz darin blanchieren und in Eiswasser abschrecken. Die Wurzelgemüse-Brunoise aus dem Eiswasser nehmen, gut abtropfen lassen und zu dem Heilbuttfleisch geben.
Das Eiweiß und die gehackte Blattpetersilie zugeben und locker vermengen. Die Pflanzerlmasse mit Meersalz und frisch gemahlenem weißen Pfeffer abschmecken. Mit nassen Händen walnussgroße Pflanzerl formen.
Das Olivenöl in einer Pfanne erhitzen und die Heilbuttpflanzerl darin bei milder Hitze unter mehrmaligem Wenden goldgelb ausbacken. Die ausgebackenen Heilbuttpflanzerl aus der Pfanne nehmen, kurz auf Küchenkrepp abtropfen lassen und sofort anrichten.

HEILBUTT ENTHÄLT VIEL EIWEISS, JOD, VITAMIN D SOWIE REICHLICH OMEGA-3-FETTSÄUREN. DIESE SENKEN DEN BLUTFETTSPIEGEL UND WIRKEN GERINNUNGSHEMMEND, SIE UNTERSTÜTZEN ALSO DIE DURCHBLUTUNG UND DAMIT DIE FUNKTION DER GEHIRNZELLEN.

GESCHMORTE GURKEN

Die ungeschälte Salatgurke längs halbieren und mit einem Löffel von den Kernen befreien. Die ungeschälte Salatgurke in 2 cm große Halbmonde schneiden.
Die Butter in einer Pfanne zerlassen, die Gurkenstücke zugeben und darin farblos anschwitzen, bis aus den Gurkenstücken Wasser austritt. Die Gurkenstücke dann mit feinem Meersalz würzen und kurz durchschwenken.

ANRICHTEN

Die Kürbiskernemulsion gleichmäßig auf den Boden von 4 Gläsern geben. Die Heilbuttpflanzerl abwechselnd mit geschmorten Gurken und halbierten Kirschtomaten auf 4 lange Bambusspieße stecken. Die Spieße in die Gläser geben. Mit gerösteten Kürbiskernen bestreuen und mit Daikonkresseblättchen garnieren.

Teriyaki vom Lachs mit gebratenem Wildreis, Kaiserschoten und Shiitakepilzen

Lachsmarinade
100 ml Sojasauce
50 ml Sweet-Chili-Sauce für Geflügel
30 g Hoisin-Sauce
30 g Mizkan-Reisessig
30 g Fischsauce
1 Limette
2 Stängel Zitronengras
2 frische rote Chilischoten
30 g frischer Ingwer

Teriyaki vom Lachs
320 g frischer Lachs
Lachsmarinade (siehe Teilrezept oben)
4 lange Bambusspieße

Wildreis
150 g Wildreis
Meersalz
1 EL Rapsöl

Wokgemüse
8 Frühlingszwiebeln
50 g weißer Rettich
12 frische Shiitakepilze
100 g frische Kaiserschoten
1 EL Rapsöl
Meersalz
frisch gemahlener weißer Pfeffer

Anrichten
einige Daikonkresseblättchen
einige rote Shisokresseblättchen

Lachsmarinade
Die Sojasauce, die Sweet-Chili-Sauce, die Hoisin-Sauce, den Mizkan-Reisessig und die Fischsauce in eine Schüssel geben und verrühren.
Die Limette schälen, in kleine Würfel schneiden und unterrühren.
Das Zitronengras mit einem Hammer zerklopfen, in grobe Stücke schneiden und unterrühren.
Die Chilischoten längs aufschlitzen, entkernen, in Würfel schneiden und unterrühren.
Den Ingwer schälen, in kleine Würfel schneiden und ebenfalls unterrühren.
Diese Marinade 24 Stunden kühl stellen.

Teriyaki vom Lachs
Den frischen Lachs von der Haut und von allen Gräten befreien. Den Lachs in 1 cm dicke Scheiben schneiden und in eine Schüssel geben.
Die Lachsmarinade darübergeben und 12 Stunden im Kühlschrank ziehen lassen.
Die Lachsscheiben kurz vor dem Anrichten aus der Marinade nehmen und wellenartig auf je 4 lange Bambusspieße stecken.
Die Lachspieße bei starker Hitze kurz auf beiden Seiten grillen und sofort anrichten.

Wildreis
1 l Wasser in einem Topf zum Kochen bringen, den Wildreis zugeben und leicht salzen. Den Wildreis bei milder Hitze ca. 45 Minuten köcheln lassen. Den garen Wildreis abgießen, unter fließendem kalten Wasser abspülen und gründlich abtropfen lassen.
Kurz vor dem Anrichten einen Wok stark erhitzen, das Rapsöl hineingeben und sofort den Wildreis zugeben. Den Wildreis unter Rühren kurz und scharf anrösten. Mit Meersalz abschmecken und sofort anrichten.

DIE FÜR DEN MENSCHLICHEN ORGANISMUS ÜBERAUS WICHTIGEN OMEGA-3-FETTSÄUREN SIND VOR ALLEM IN FISCH VORHANDEN. MERKE: JE KÄLTER DAS WASSER, AUS DEM DER FISCH STAMMT, DESTO REICHER IST ER AN OMEGA-3-FETTSÄUREN. DENN SIE SORGEN DAFÜR, DASS DIE ZELLEN DER FISCHE BEWEGLICH UND ELASTISCH BLEIBEN. GENAU DAS BEWIRKT DER VERZEHR VON FISCH BEI UNSEREN »GRAUEN ZELLEN«.

WOKGEMÜSE

Die Frühlingszwiebeln putzen, der Länge nach halbieren und in 5–6 cm große Stücke schneiden.
Den weißen Rettich schälen und in 2 mm dicke Streifen schneiden.
Die Shiitakepilze putzen und die Hälfte in Scheiben schneiden, die restlichen Shiitakepilze halbieren.
Die Kaiserschoten putzen und längs halbieren. Einen Wok stark erhitzen, das Rapsöl hineingeben und sofort die halbierten Shiitakepilze zugeben und unter ständigem Rühren anbraten. Die restlichen Shiitakepilze, die Rettichstreifen, die Frühlingszwiebeln zugeben und weiterbraten. Zum Schluss die Kaiserschoten zugeben und unter ständigem Rühren anbraten. Das bissfeste Wokgemüse mit Meersalz und frisch gemahlenem weißen Pfeffer abschmecken.

ANRICHTEN

Den angerösteten Wildreis auf 4 Gläser verteilen und mit dem Wokgemüse bedecken. Je einen Teriyakispieß in die Gläser stecken und mit Daikonkresse- und roten Shisokresseblättchen garnieren.

Wrap mit Maishühnchen, Joghurt, Romanasalat und Cashewkernen

Maishühnchen-Marinade
100 g Natur-Sojajoghurt
10 g Meersalz
1 Prise Piment d'Espelette
1 EL Madras-Currypulver
1 unbehandelte Limette
½ Knoblauchzehe
1 EL frisch geschnittenes Koriandergrün

Maishühnchen
4 kleine Maishuhnbrüste mit Haut (à 70 g)
Maishühnchenmarinade (siehe Teilrezept)

Gurken-Avocado-Joghurt
125 g Naturjoghurt (3,5 % Fettgehalt)
½ Salatgurke
1 reife Avocado
1 Limette
½ frische rote Chilischote (nach Belieben)
Meersalz

Gebratene Paprika
½ rote Paprika
½ gelbe Paprika
1 EL natives Olivenöl
Meersalz

Wrap
4 Weizentortillas (20 cm Durchmesser, erhältlich im Feinkosthandel)
2 kleine Romanasalatherzen
gegrillte Maishühnchenstreifen (siehe Teilrezept oben)
gebratene Paprikastreifen (siehe Teilrezept)
Gurkenjoghurt (siehe Teilrezept)
¼ Bund Schnittlauchhalme
30 g geröstete, gesalzene Cashewkerne

Anrichten
¼ reife Avocado
12 kleine rote Mini-Datteltomaten oder 4 rote Kirschtomaten, geviertelt
einige frische rote Chilifäden, sehr fein geschnitten

Maishühnchen-Marinade
Den Natur-Sojajoghurt, das Meersalz, den Piment d'Espelette und das Madras-Currypulver in eine Schüssel geben und verrühren. Die Schale der Limette fein abreiben und unterrühren. Den Saft einer halben Limette auspressen und ebenfalls unterrühren. Die Knoblauchzehe schälen, sehr fein hacken und mit dem Koriandergrün in die Marinade rühren.

Maishühnchen
Die rohen Maishuhnbrüste mit der Marinade vermengen und zugedeckt 12 Stunden im Kühlschrank marinieren.
Kurz vor dem Anrichten die Maishuhnbrüste aus der Marinade nehmen, kurz abschütteln, dabei darauf achten, dass noch etwas Marinade am Fleisch haften bleibt.
Einen Grill vorheizen. Die Maishuhnbrüste von beiden Seiten bei guter Hitze gar grillen. Die gegrillten Maishuhnbrüste an den Grillrand legen und ziehen lassen. (Das Fleisch muss komplett durchgegart sein.) Die Maishuhnbrüste in Streifen schneiden und sofort anrichten.

Gurken-Avocado-Joghurt
Den Naturjoghurt in eine Schüssel geben.
Die ungeschälte Salatgurke waschen und längs halbieren, dann mit einem Löffel entkernen. Das ungeschälte Gurkenfleisch in ½ cm große Würfel schneiden und unter den Naturjoghurt rühren.
Die Avocado schälen und vom Kern befreien. Das Avocadofruchtfleisch in 1 cm große Würfel schneiden und mit dem Joghurt vermengen.
Die Schale der Limette fein abreiben und unterrühren. Die Limette auspressen.
Die Chilischote längs aufschlitzen, die Kerne entfernen und die Schote in sehr feine Würfel (Brunoise) schneiden.
Den Gurkenjoghurt mit Meersalz, dem frisch gepressten Limettensaft und den Chiliwürfeln nach Belieben abschmecken.
Den Gurkenjoghurt bis zum Anrichten kalt stellen.

DER CASHEWKERN
IST KEINE NUSS, SONDERN
DER KERN DER FRUCHT DES
TROPISCHEN KASCHUBAUMS. DIESE
KERNE BEFINDEN SICH NICHT IN DER
FRUCHT, SONDERN AM STIEL DER FRUCHT.
CASHEWKERNE ENTHALTEN VITAMIN B_1,
AS WICHTIG FÜR DEN KOHLENHYDRATSTOFF-
VECHSEL IST, ABER AUCH KALIUM, KALZIUM,
PHOSPHOR UND NIACIN. LETZTERES IST AN
ÜBER 200 STOFFWECHSELREAKTIONEN BETEI-
LIGT, UNTER ANDEREM AN DER SYNTHESE
VON FETTSÄUREN UND CHOLESTERIN.
ES IST ALSO AUCH FÜR DIE GEISTIGE
LEISTUNGSFÄHIGKEIT
UNABDINGBAR.

GEBRATENE PAPRIKA

Die Paprika waschen, von den Kernen und Scheidewänden befreien und in Streifen schneiden.
Das Olivenöl in einer Schwenkpfanne erhitzen, die Paprikastreifen zugeben und farblos anbraten. Die Paprikastreifen mehrmals durchschwenken, mit Meersalz abschmecken und sofort anrichten.

WRAP

Die Weizentortillas nebeneinanderlegen.
Die Romanasalatherzen in breite Streifen schneiden. Die Romanasalatstreifen, die gegrillten Maishühnchenstreifen und die gebratenen Paprikastreifen locker auf den Weizentortillas verteilen.
Kleine Kleckse von dem Gurken-Avocado-Joghurt daraufsetzen.
Die Schnittlauchhalme in 2 cm große Stücke schneiden. Die belegten Weizentortillas mit Schnittlauchstücken und Cashewkernen bestreuen und einzeln zu Wraps einrollen.

ANRICHTEN

Je 1 Wrap vorsichtig in 4 hohe Gläser stellen. Die Avocado schälen, vom Kern befreien und in Spalten schneiden. Die Wraps mit Avocadospalten, Tomaten und Chilifäden nach Belieben garnieren.

Faschierte Kalbslaibchen mit knuspriger Rollgerste, Paprikagemüse und Weizenkeimölsud

Rollgerste

50 g Rollgerste (Gerstengraupen)
Meersalz
300 ml neutrales Pflanzenöl zum Frittieren

Weizenkeimölsud

25 ml Weizenkeimöl
200 ml klarer Tomatenfond (siehe Grundrezept Seite 276)
100 ml Mozzarella-Lake (Abtropfwasser von eingelegtem Mozzarella)
1 Msp. mittelscharfer Senf
feines Meersalz
Piment d'Espelette
etwas frisch gepresster Limettensaft
2 g Xanthan

Kalbslaibchen

500 g Hackfleisch aus der Kalbsoberschale
1 weiße Zwiebel
100 g Wurzelgemüse (Karotte, Knollensellerie, Petersilienwurzel)
2 EL Rapsöl
2 Zweige Blattpetersilie
80 g trockenes Weißbrot
150 ml Vollmilch (3,5 % Fettgehalt)
1 Ei
1 Msp. mittelscharfer Senf
etwas frisch geriebene Muskatnuss
Meersalz
frisch gemahlener weißer Pfeffer

Paprikagemüse

½ rote Paprikaschote
½ gelbe Paprikaschote
½ grüne Paprikaschote
160 g frische Perlzwiebeln
50 g natives Olivenöl
200 ml Wasser
Meersalz
frisch gemahlener weißer Pfeffer
1 Zweig Basilikum

Anrichten

einige griechische Basilikumblättchen

Rollgerste

Reichlich Wasser in einem Topf zum Kochen bringen und leicht salzen. Die Rollgerste zugeben und 20 Minuten kochen lassen. Die Rollgerste abgießen und unter fließendem kalten Wasser abschrecken.
Ein Blech mit Küchenkrepp auslegen und die gekochte Rollgerste darauf verteilen. Die Rollgerste mit einer Lage Küchenkrepp bedecken und trocken tupfen. Das Küchenkrepp entfernen und die Rollgerste mindestens 12 Stunden auf dem Blech trocknen lassen.
Das Pflanzenöl in einem Topf erhitzen und die angetrocknete Rollgerste darin portionsweise kurz ausbacken, dann aus dem Frittierfett nehmen und auf Küchenkrepp abtropfen lassen.

Weizenkeimölsud

Das Weizenkeimöl, den klaren Tomatenfond und die Mozzarella-Lake (den Mozzarella anderweitig verwenden) in einer Schüssel verrühren.
Die Mischung mit dem Senf, feinem Meersalz, Piment d'Espelette und etwas frisch gepresstem Limettensaft abschmecken.
Zum Schluss das Xanthan mit einem Schneebesen unterrühren und alles 5 Minuten ruhen lassen.

Kalbslaibchen

Das Kalbshackfleisch in eine Schüssel geben.
Die Zwiebel schälen und in feine Würfel schneiden.
Das Wurzelgemüse waschen, schälen und in sehr feine Würfel schneiden (Brunoise).
1 EL Rapsöl in einer kleinen Pfanne erhitzen. Die Zwiebelwürfel und die Wurzelgemüse-Brunoise darin farblos anschwitzen.
Die Blattpetersilienzweige waschen, gut trocken tupfen und mit den Stängeln klein hacken. Die gehackte Blattpetersilie in die Pfanne geben und kurz anschwitzen.
Die Pfanne vom Herd nehmen, den Pfanneninhalt in eine Schüssel umfüllen und abkühlen lassen.
Das Weißbrot entrinden, in Würfel schneiden und in eine weitere Schüssel geben.
Die Milch in einem Topf leicht erhitzen und über die Weißbrotwürfel gießen. Die Weißbrotwürfel 10 Minuten ziehen lassen.

EISENMANGEL BEEINTRÄCHTIGT DIE PHYSISCHE UND PSYCHISCHE LEISTUNGSFÄHIGKEIT – DENN EISEN IST ALS BAUSTEIN DES HÄMOGLOBINS IN DEN ERYTHROZYTEN UNERLÄSSLICH FÜR DEN SAUERSTOFFTRANSPORT IM KÖRPER. WEIZENKEIMÖL IST DAS VITAMIN-E-REICHSTE SPEISEÖL. ES SCHMECKT FEIN-NUSSIG UND FÖRDERT DIE DURCHBLUTUNG DES GEHIRNS.

Die eingeweichten Weißbrotwürfel ausdrücken und zu dem Kalbshackfleisch geben. Die abgekühlten Wurzelgemüsewürfel, das Ei, den Senf, etwas frisch geriebene Muskatnuss, etwas Meersalz und etwas frisch geriebenen weißen Pfeffer zugeben und alles zu einem glatten Hackfleischteig verkneten. Nochmals mit Meersalz und weißem Pfeffer abschmecken. Aus dem Hackfleischteig mit in kaltem Wasser befeuchteten Händen kleine Laibchen formen.
Das restliche Rapsöl in einer Pfanne erhitzen und die Kalbslaibchen darin unter mehrmaligem Wenden bei milder Hitze goldbraun braten. Die garen Kalbslaibchen aus der Pfanne nehmen und kurz auf Küchenkrepp abtropfen lassen.

PAPRIKAGEMÜSE

Die Paprikaschoten von den Kernen befreien, waschen, trocken tupfen und in 1 ½ cm dicke Spalten schneiden.
Die Perlzwiebeln schälen.
Das Olivenöl in einer Schwenkpfanne erhitzen, die Paprikaspalten und die Perlzwiebeln zugeben und farblos anschwitzen. Das Wasser hinzufügen und aufkochen. Das Wasser reduzieren, bis eine sämige Sauce entsteht, dabei die Pfanne mehrmals schwenken. Das Paprikagemüse mit Meersalz und weißem Pfeffer abschmecken.
Die Basilikumblätter vom Zweig abzupfen, zu dem Paprikagemüse geben und kurz durchschwenken.

ANRICHTEN

Das Paprikagemüse und die Kalbslaibchen abwechselnd in 4 Gläser füllen. An der Glasinnenseite den Weizenkeimölsud angießen, alles mit knuspriger Rollgerste bestreuen und mit griechischem Basilikum garnieren.

Gedämpftes Rinderfilet mit Wurzelgemüsedip und Brunnenkresse

Wurzelgemüsedip
200 g Karotten
50 g gelbe Rüben
50 g Knollensellerie
100 g Stangensellerie
1 Msp. mittelscharfer Senf
1 Msp. geriebener Meerrettich (aus dem Glas)
1 Spritzer Weißweinessig
Meersalz
1 EL Schnittlauchröllchen

Gemüsespaghetti
160 g gemischtes Wurzelgemüse (Karotte, gelbe Rübe, Knollensellerie)
Wurzelgemüsedip (siehe Teilrezept)

Gedämpftes Rinderfilet
320 g Rinderfilet
1–2 EL geschrotete schwarze Pfefferkörner (Malabar-, Kubeben- und langer Pfeffer)
Abschnitte von Karotte, gelber Rübe und Knollensellerie (siehe Teilrezept »Gemüsespaghetti«)
500 ml Wasser
4–5 Stängel Petersilie
1 frisches Lorbeerblatt
Fleur de Sel

Anrichten
etwas Brunnenkresse

Wurzelgemüsedip
Die Karotten, die gelben Rüben und den Knollensellerie schälen und in grobe Würfel schneiden.
Den Stangensellerie putzen und in Stücke schneiden.
Das Gemüse in einem Elektroentsafter entsaften.
Den Rohkostsaft mit Senf, Meerrettich, Weißweinessig und Meersalz abschmecken. Dann die Schnittlauchröllchen unterrühren.

Gemüsespaghetti
Das Wurzelgemüse waschen und schälen. Die Enden mit dem Messer gerade abschneiden. Die Schalen und Abschnitte für das gedämpfte Rinderfilet beiseitestellen (siehe Teilrezept unten). Das geschälte rohe Wurzelgemüse einzeln in einen Spiralschneider spannen und unter Drehen in feine Gemüsespaghetti schneiden. Die Gemüsespaghetti in eine Schüssel geben, sofort mit dem Wurzelgemüsedip vermengen und kurz ziehen lassen.

Gedämpftes Rinderfilet
Das Rinderfilet 30 Minuten vor der Zubereitung aus dem Kühlschrank nehmen.
Das Rinderfilet in 1 ½ cm große Würfel schneiden, diese von allen Seiten mit der geschroteten Pfeffermischung würzen und nebeneinander auf einen Gittereinsatz legen.
Die Wurzelgemüseabschnitte in kleine Stücke schneiden und in einen breiten Topf geben.
Die ganzen Petersilienstängel, das Lorbeerblatt und das Wasser zugeben und aufkochen.
Den Gittereinsatz in den Topf stellen, dabei darauf achten, dass die Rinderfiletwürfel nicht die kochende Rinderbrühe berühren, den Topf sofort mit einem Deckel verschließen und die Rinderfiletwürfel 2–3 Minuten dämpfen.
Die Rinderfiletwürfel aus dem Topf nehmen, mit Fleur de Sel würzen und sofort anrichten.

Anrichten
Die Gemüsespaghetti in 4 gleiche Portionen teilen und auf je 2 nebeneinanderliegenden Stäbchen zu einer Gemüsespaghetthirolle drehen. Je eine Gemüsespaghettirolle mit den Stäbchen vorsichtig in ein Glas stellen. Mit dem Wurzelgemüsedip beträufeln. Die gedämpften Rinderfiletstücke in die Gläser schichten und mit Brunnenkresse garnieren.

RINDFLEISCH ENTHÄLT REICHLICH VITAMIN B6 (PYRIDOXIN). EIN MANGEL AN VITAMIN B6 MACHT UNKONZENTRIERT, MÜDE UND REIZBAR, DENN ES IST EIN BAUSTEIN ZAHLREICHER NEUROTRANSMITTER IM GEHIRN. AUSSERDEM IST DAS VITAMIN B6 AM HOMOCYSTEINSTOFFWECHSEL BETEILIGT: ES HILFT, DAS UNERWÜNSCHTE – DA HERZ- UND BLUTGEFÄSSE SCHÄDIGENDE – STOFFWECHSELPRODUKT HOMOCYSTEIN IN DAS UNGEFÄHRLICHE CYSTEIN UMZUWANDELN. DANEBEN IST FLEISCH EINE VITAMIN-B12-QUELLE. DIESES VITAMIN FÖRDERT DEN AUFBAU VON NERVENZELLEN, EIN MANGEL KANN UNTER ANDEREM NEUROLOGISCHE SCHÄDIGUNGEN UND GEDÄCHTNISPROBLEME VERURSACHEN.

Gebratene Bisonfiletspitzen mit Buchweizennudeln und schwarzer Trüffel

Buchweizennudeln
250 g japanische Soba-Nudeln
Meersalz

Pak Choi
8 Baby-Pak-Choi
1 EL Traubenkernöl
Meersalz
frisch gemahlener weißer Pfeffer

Bisonfiletspitzen
250 g frisches Bisonfilet (oder frisches Rinderfilet)
1 El Rapsöl
Meersalz
frisch gemahlener schwarzer Pfeffer

Trüffelsauce
25 g frische schwarze Trüffel
50 ml Kalbsjus
200 ml Sojamilch
Meersalz
frisch gemahlener schwarzer Pfeffer

Anrichten
einige frische Kerbelspitzen

Buchweizennudeln
Reichlich Wasser in einem Topf zum Kochen bringen und salzen. Die Soba-Nudeln laut Packungsanweisung darin gar kochen, abgießen und sofort anrichten.

Pak Choi
Die Baby-Pak-Choi waschen, trocken tupfen und der Länge nach vierteln.
Das Traubenkernöl in einer Schwenkpfanne erhitzen, den Baby-Pak-Choi zugeben und kurz sautieren. Den Baby-Pak-Choi mit Meersalz und frisch gemahlenem weißen Pfeffer würzen und 2–3-mal durchschwenken.

Bisonfiletspitzen
Das Bisonfilet entgegen der Faser in feine Scheiben schneiden.
Das Rapsöl in einer Pfanne erhitzen, die Bisonfiletscheiben in die Pfanne geben und kurz und sehr scharf anbraten. Dabei 2–3-mal durchschwenken.
Das Fleisch aus der Pfanne nehmen, mit Meersalz und frisch gemahlenem schwarzen Pfeffer würzen und sofort anrichten.

Trüffelsauce
Die frische Trüffel säubern und in sehr feine Streifen schneiden (Julienne).
Die Kalbsjus, die Sojamilch und die Trüffel-Julienne in einen Topf geben und einmal aufkochen. Die Trüffelsauce mit Meersalz und frisch gemahlenem schwarzen Pfeffer abschmecken.

Anrichten
Die gebratenen Bisonfiletscheiben und die gekochten Soba-Nudeln abwechselnd in 4 Gläser schichten und mit der Trüffelsauce beträufeln. Den Baby-Pak-Choi darauf platzieren und mit frischem Kerbel garnieren.

DER TRÜFFEL WERDEN APHRODISIERENDE KRÄFTE NACHGESAGT, WAS ABER NICHT BEWIESEN IST. ERWIESEN IST HINGEGEN, DASS SIE ANTIBIOTISCH WIRKSAME SUBSTANZEN ENTHÄLT, WODURCH SIE UNS HILFT, GESUND DURCH DEN WINTER ZU KOMMEN. SCHLIESSLICH NÜTZT DER INTELLIGENTESTE KOPF WENIG, WENN MAN KRANK IM BETT LIEGT. BISONFILET IST EIN OPTIMALER EISENLIEFERANT – EISENMANGEL FÜHRT ZU EINER SCHLECHTEREN VERSORGUNG DES ORGANISMUS MIT SAUERSTOFF. DAS SETZT DEN »GRAUEN ZELLEN« ARG ZU UND BEHINDERT DIE KONZENTRATIONS- UND LEISTUNGSFÄHIGKEIT.

Gebratener Hirschkalbsrücken mit Sellerie, Birne und schwarzen Nüssen

Gebratener Hirschkalbsrücken

400 g ausgelöster Hirschkalbsrücken
1 EL Rapsöl
Meersalz
frisch gemahlener schwarzer Pfeffer
8 lange Fleischspieße

Selleriegemüse

6 Stangen Staudensellerie
1 EL natives Olivenöl
200 ml Wasser
Meersalz
frisch gemahlener weißer Pfeffer

Birnen-Sellerie-Salat

2 Stangen Staudensellerie
1 reife feste Birne
1 EL Birnenbalsamessig
1 El natives Olivenöl

Anrichten

2 eingelegte schwarze Walnüsse (erhältlich im Feinkostladen)
50 ml Wildjus
einige Spitzen Staudenselleriegrün

Gebratener Hirschkalbsrücken

Den Hirschkalbsrücken 30 Minuten vor der Zubereitung aus dem Kühlschrank nehmen. Das Rapsöl in einer Pfanne erhitzen und den Hirschkalbsrücken darin von allen Seiten anbraten. Das angebratene Fleisch aus der Pfanne nehmen und mit Meersalz und frisch gemahlenem schwarzen Pfeffer würzen. Den angebratenen Hirschkalbsrücken auf das Backofengitter setzen und im auf 90 °C vorgeheizten Backofen (Ober-/Unterhitze) ca. 30 Minuten auf eine Kerntemperatur von 54 °C garen. (Dazu ein Fleischthermometer zu Hilfe nehmen.) Das Fleisch aus dem Ofen nehmen und gegen die Faser in dünne Scheiben schneiden. Die Fleischscheiben auf je 2 parallel nebeneinander gesetzte Spieße stecken, anschließend nochmals leicht salzen und pfeffern.

Selleriegemüse

Den Staudensellerie waschen, die Fäden mit einem Messer abziehen und den Sellerie in 3 cm lange Rauten schneiden.
Das Olivenöl in einer Schwenkpfanne erhitzen. Die Sellerierauten zugeben und darin farblos anschwitzen, dann mit dem Wasser aufgießen und aufkochen. Die Sellerierauten so lange schmoren lassen, bis die Flüssigkeit fast verkocht ist und eine sämige Sauce entstanden ist. Dabei die Pfanne immer wieder schwenken. (Die Sellerierauten sollen bissfest gegart sein.)
Das Selleriegemüse mit Meersalz und frisch gemahlenem weißen Pfeffer abschmecken.

Birnen-Sellerie-Salat

Den Staudensellerie waschen, die Fäden mit einem Messer abziehen und den Sellerie in 7–8 cm lange Stücke schneiden. Die Stangen mit einem Gemüseschäler längs in dünne Streifen schneiden und in eine Schüssel geben.
Die Birne schälen und mit einem Gemüseschäler längs in dünne Streifen schneiden, dabei das Kerngehäuse nicht mit abschälen. Die Birnenstreifen zu den Selleriestreifen geben und sofort mit Birnenbalsamessig und Olivenöl marinieren.

Anrichten

Je einen Hirschkalbsrückenspieß in 4 Gläser stecken. Das Selleriegemüse auf die Gläser verteilen und mit etwas heißer Wildjus aufgießen. Den Birnen-Sellerie-Salat auf dem Selleriegemüse platzieren. Die schwarzen Walnüsse abtropfen lassen und in feine Scheiben schneiden. Die Gläser mit schwarzen Walnussscheiben und Staudenselleriegrün dekorieren.

WILDBRET WIE ZUM BEISPIEL
HIRSCHFLEISCH ENTHÄLT WENI-
GER FETT UND DAMIT KALORIEN,
DAFÜR MEHR FÜR DIE NERVEN WICH-
TIGE B-VITAMINE ALS KALB-, RIND- ODER
SCHWEINEFLEISCH. BIRNEN SIND REICH
AN VITAMIN C, DAS DER DURCHBLUTUNG
DES GEHIRNS GUTTUT. ZUDEM FÖR-
DERN DIE IN BIRNEN REICHLICH VOR-
HANDENEN BALLASTSTOFFE UND
PEKTINE DIE VERDAUUNG.

Sugo vom Maibock mit Haselnuss-Vollkornspätzle und Selleriesalat

Sugo vom Maibock

- 2 reife rote Strauchtomaten
- 500 g Maibockschulter
- 20 Pimentkörner
- 20 Wacholderbeeren
- 20 schwarze Pfefferkörner
- 1 TL Koriandersamen
- 2 EL Rapsöl
- 1 rote Zwiebel
- 1 Knoblauchzehe
- 1 getrocknetes Lorbeerblatt
- 10 ml junger Aceto balsamico
- 1 l passierte Tomaten
- Meersalz

Haselnuss-Vollkorn-Spätzle

- 50 g Weizenvollkornmehl
- 75 g doppelgriffiges Weizenmehl (Dunstmehl)
- 125 g sehr fein gemahlene Haselnusskerne
- 4 Eier
- 50 g Sauerrahm
- 50 g ganze Haselnusskerne zum Reiben
- 1 EL Haselnussöl
- 50 g gemahlene, geröstete Haselnusskerne
- Meersalz
- frisch geriebener weißer Pfeffer

Selleriesalat

- 2 Stangen Staudensellerie
- 125 ml frisch entsafteter Staudenselleriesaft
- 125 ml kalte Gemüsebrühe (siehe Grundrezept Seite 274)
- 25 g frisch gepresster Zitronensaft
- 25 g Haselnussöl
- Meersalz
- frisch gemahlener weißer Pfeffer
- 1 Prise frisch geriebene Muskatnuss

Anrichten

- 2 EL gehobelte Haselnusskerne, ohne Fettzugabe geröstet
- etwas Stangenselleriegrün
- einige kleine Schnittlauchhalme

Sugo vom Maibock

1 l Wasser in einem Topf zum Kochen bringen.
Die Strauchtomaten vom Strunk befreien und auf der gegenüberliegenden Seite kreuzweise einritzen. Die Strauchtomaten in dem sprudelnd kochenden Wasser blanchieren, dann in Eiswasser abschrecken und häuten. Die Strauchtomaten in kleine Würfel schneiden und beiseitestellen.
Die Maibockschulter in grobe Stücke schneiden und durch den Fleischwolf drehen (oder beim Fachhändler vorbestelltes Maibockhackfleisch verwenden).
Die Pimentkörner, die Wacholderbeeren, die schwarzen Pfefferkörner und die Koriandersamen ohne Fettzugabe in einer Pfanne rösten, bis sie anfangen zu duften. Die gerösteten Gewürze in einen Universalzerkleinerer geben, fein zerhacken und beiseitestellen.
Das Rapsöl in einem Topf erhitzen und das Maibockhackfleisch darin portionsweise von allen Seiten mit wenig Farbe anbraten, anschließend leicht salzen.
Die rote Zwiebel und die Knoblauchzehe schälen, in feine Würfel schneiden und mit anbraten.
Die gemahlene Gewürzmischung und das Lorbeerblatt zugeben und unterrühren. Mit dem Aceto balsamico ablöschen und die Flüssigkeit reduzieren. Dann die passierten Tomaten und die Strauchtomatenwürfel zugeben und aufkochen. Den Maibocksugo bei milder Hitze 1 Stunde leicht köcheln lassen. Dann mit Meersalz abschmecken.

Haselnuss-Vollkornspätzle

Das Weizenvollkornmehl, das doppelgriffige Weizenmehl und die sehr fein gemahlenen Haselnusskerne in einer Schüssel vermischen. In die Mitte eine Mulde drücken. Die Eier, den Sauerrahm und 1 Prise Meersalz hineingeben und alles mit dem Kochlöffel oder mithilfe der Küchenmaschine zu einem glatten Teig schlagen. (Der Spätzleteig sollte glänzen und beim Schlagen leichte Blasen werfen.)
Die ganzen Haselnusskerne mit einer feinen Microplane-Reibe sehr fein reiben und gut mit dem Spätzleteig vermengen. Die Schüssel mit Klarsichtfolie abdecken und den Spätzleteig 30 Minuten ruhen lassen.

HASELNÜSSE ENTHALTEN REICHLICH VITAMIN E, DAS DIE DURCHBLUTUNG FÖRDERT UND DAMIT EINES DER WICHTIGSTEN »GEHIRNVITAMINE« IST. 50 G HASELNÜSSE DECKEN BEREITS DEN HALBEN TAGESBEDARF AN VITAMIN E. VOLLKORNGETREIDE ENTHÄLT ZAHLREICHE »NERVENVITAMINE« AUS DER B-GRUPPE, DIE DIE GEISTIGE LEISTUNGSFÄHIGKEIT STEIGERN.

Reichlich Wasser in einem großen Topf zum Kochen bringen und gut salzen. Den Haselnuss-Vollkornspätzle-Teig in das sprudelnd kochende Salzwasser schaben oder mithilfe eines Spätzlehobels in das Salzwasser gleiten lassen. Die Haselnuss-Vollkornspätzle umrühren und ca. 3 Minuten bissfest kochen.
Das Haselnussöl in einer Pfanne erhitzen. Die bissfest gekochten Haselnuss-Vollkornspätzle mit einem Schaumlöffel aus dem Salzwasser schöpfen, kurz abtropfen lassen und in die heiße Pfanne geben. Die gerösteten gemahlenen Haselnusskerne zugeben und durchschwenken.

SELLERIESALAT

Den Staudensellerie putzen und von den Fäden befreien. Den Staudensellerie in lange Stücke schneiden und längs in sehr dünne Späne hobeln. Die Staudenselleriespäne 5 Minuten in Eiswasser legen. Den frisch entsafteten Staudenselleriesaft, die Gemüsebrühe, den frisch gepressten Zitronensaft und das Haselnussöl in einem Mixbecher mit dem Pürierstab aufmixen.
Diese Marinade mit Meersalz, frisch gemahlenem weißen Pfeffer und 1 Prise frisch geriebener Muskatnuss abschmecken. Die Staudenselleriespäne aus dem Eiswasser nehmen und abtropfen lassen, anschließend in einer Schüssel mit der Marinade vermischen und 5 Minuten ziehen lassen.

ANRICHTEN

Die Haselnuss-Vollkornspätzle auf 4 große Gläser verteilen und mit dem Maibocksugo bedecken. Den marinierten Selleriesalat auf den Maibocksugo geben und mit gehobelten Haselnusskernen bestreuen. Die Gläser mit Stangenselleriegrün und kleinen Schnittlauchhalmen garnieren.

Birchermüsli mit Granatapfelespuma und Pistazieneis

Birchermüsli
100 g Haferflocken
400–500 ml Magermilch (0,1 % Fettgehalt)
200 g Naturjoghurt (3,5 % Fettgehalt)
20 g geröstete, gehackte Haselnüsse
1 süß-säuerlicher Apfel (z. B. Braeburn)
1 reife, feste Birne
40 g weiße Trauben
40 g blaue Trauben
½ Banane
etwas flüssiger Honig

Granatapfelespuma
5 Blatt weiße Gelatine
430 g Granatapfelsaft

Pistazieneis
100 g Vollmilch (3,5 % Fettgehalt)
100 g Sahne
50 g Kristallzucker
20 g ganze grüne Pistazienkerne
50 g Eigelb
25 g Pistazienpaste

Gemischte Früchte
80 g gemischte frische Beeren (je nach Saison, z. B. Himbeeren, Erdbeeren, Heidelbeeren)
1 Mandarine
40 g weiße Trauben
40 g blaue Trauben
4 EL Granatapfelkerne

Anrichten
4 EL gepoppte Weizen- oder Dinkelkörner, leicht gesüßt (erhältlich im Reformhaus)

Birchermüsli
Die Haferflocken und 400 ml Magermilch in einer Schüssel vermengen. Die Schüssel abdecken und die Haferflocken 12 Stunden im Kühlschrank quellen lassen. Dann den Naturjoghurt und die Haselnüsse unter die Haferflocken rühren.
Den Apfel und die Birne waschen, von den Kerngehäusen befreien und ungeschält auf der Rohkostreibe grob raspeln. Die Apfel- und Birnenraspeln sofort unter die Haferflocken-Joghurt-Mischung geben.
Die Trauben waschen, vierteln, von den Kernen befreien und untermischen.
Die Banane schälen, in Würfel schneiden und unterheben.
Ist das Birchermüsli zu fest, noch etwas Milch unterrühren.
Das Birchermüsli mit Honig abschmecken.

Granatapfelespuma
Die weiße Blattgelatine 5 Minuten in kaltem Wasser einweichen.
50 ml Granatapfelsaft in einen kleinen Topf geben und erwärmen, dann die gut ausgedrückte Blattgelatine zugeben und unter Rühren auflösen.
Den restlichen Granatapfelsaft in einen Mixbecher geben, die warme Gelatinemasse zugeben und durchmixen.
Die Flüssigkeit in eine Espumaflasche füllen und diese mit 2 Kapseln bestücken. Die Espuma mindestens 4 Stunden im Kühlschrank durchkühlen lassen.

Pistazieneis
Die Milch, die Sahne und 20 g Kristallzucker in einen Topf geben und aufkochen.
Die Pistazienkerne zugeben, den Topf vom Herd nehmen und zugedeckt 10 Minuten ziehen lassen.
Das Eigelb und den restlichen Zucker in einer Metallrührschüssel zu einer cremig-weißlichen Masse aufschlagen.
Die Pistazienmilch in einen Mixer geben und gut durchmixen.
Die heiße gemixte Pistazienmilch sofort unter die Eiermasse rühren.
In einem Topf etwas Wasser für ein Wasserbad aufkochen. Die Metallrührschüssel auf das Wasserbad stellen und unter stän-

WER GESTRESST IST UND VIEL LEISTEN MUSS, HAT NICHT SELTEN GEGEN EINEN HOHEN CHOLESTERINSPIEGEL ZU KÄMPFEN. DER HAFER IM MÜSLI SCHAFFT HIER ABHILFE, DENN SEINE BALLASTSTOFFE BINDEN BLUTFETTE UND DAS BETA-GLUCAN STÄRKT DAS IMMUNSYSTEM.

digem Rühren bei milder Hitze auf 82 °C erhitzen. (Dabei ein digitales Küchenthermometer zu Hilfe nehmen.) Wichtig: Die Metallrührschüssel darf das heiße Wasser nicht berühren. Die Metallrührschüssel anschließend auf eine mit Eiswürfeln gefüllte Schüssel stellen.
Die Pistazienpaste in die Eismasse rühren und die Eismasse mit dem Schneebesen kalt rühren. Die Eismasse mindestens 2 Stunden in den Kühlschrank stellen. Anschließend in eine Eismaschine geben und zu cremigem Eis gefrieren.

GEMISCHTE FRÜCHTE

Die Beeren verlesen und gegebenenfalls in Würfel schneiden.
Die Mandarine schälen und von allen weißen Häutchen befreien, in einzelne Filets teilen und diese in Würfel schneiden.
Die Trauben waschen, vierteln und von den Kernen befreien. Die Früchte in eine Schüssel geben und mit den Granatapfelkernen mischen.

ANRICHTEN

Das Birchermüsli in 4 Gläser füllen. Die gemischten Früchte darüberverteilen und mit etwas Granatapfelespuma bedecken. Von dem Pistazieneis Nocken abstechen und auf die gemischten Früchte geben. Mit gepoppten Weizen- oder Dinkelkörnern bestreuen.

Latte-Macchiato-Gelee
mit Kakaobiskuit und Schokoladenschaum

Kakaobiskuit
- 70 g Eiweiß
- 40 g Kristallzucker
- 40 g Eigelb
- 25 g Maisstärke
- 10 g Weizenmehl (Type 405)
- 10 g Kakaopulver

Schokoladenespuma
- 450 g Vollmilch (3,5 % Fettgehalt)
- 25 g Glucosepulver
- 25 g Trimoline
- 125 g dunkle Edelbitterschokolade (80 % Kakaoanteil)
- 60 g flüssiges Eiweiß

Latte-Macchiato-Gelee
- 1 Vanilleschote
- 200–230 g Vollmilch (3,5 % Fettgehalt)
- 10 g ganze Espressobohnen
- ½ Blatt weiße Gelatine
- 5 g Kristallzucker
- 1 g Nescafé-Pulver
- 15 g halbsteif geschlagene Sahne

Anrichten
- 4 EL aufgeschäumte Vollmilch (3,5 % Fettgehalt)
- 12 dünne Schokoladenstäbchen

KAFFEEKONSUM WIRKT SICH POSITIV AUF DIE KONZENTRATION AUS, DA ER DIE PRODUKTION VON ADRENALIN UND DOPAMIN ANREGT. LETZTERES FÖRDERT DIE KONZENTRATIONSFÄHIGKEIT, WESHALB DER STOFF AUCH IN STIMULANZIEN UND MEDIKAMENTEN EINGESETZT WIRD. DAS STRESSHORMON ADRENALIN SCHEINT DIE DENKFÄHIGKEIT LEICHT ZU BREMSEN. WER WENIG KAFFEE TRINKT, DÜRFTE VON EINER VERBESSERTEN DENKFÄHIGKEIT PROFITIEREN, WER MEHR ALS SECHS TASSEN TÄGLICH TRINKT, KANN WAHRSCHEINLICH SEHR KOMPLEXE AUFGABEN NICHT GANZ SO GUT LÖSEN WIE EIN »KAFFEE-VERWEIGERER«.

Kakaobiskuit
Das Eiweiß in einer Schüssel mit einem Schneebesen anschlagen, dann den Kristallzucker einrieseln lassen und mit dem Schneebesen zu steifem Schnee schlagen. Dann das flüssige Eigelb unter den Eischnee rühren.
Die Maisstärke, das Weizenmehl und das Kakaopulver in einer kleinen Schüssel vermischen und auf die Eischneemasse sieben. Die Mehlmischung vorsichtig unterheben.
Eine kleine Springform (20 cm Durchmesser) oder ein kleines Blech mit hohem Rand mit Backpapier auskleiden. Den Biskuitteig hineinfüllen und im auf 200 °C vorgeheizten Backofen (Heißluft) ca. 10 Minuten backen, dabei einen Holzkochlöffel zwischen Backofen und Backofentüre klemmen. Die Form aus dem Backofen nehmen, den fertigen Kakaobiskuit aus der Form lösen und abkühlen lassen.
Den abgekühlten Kakaobiskuit in 1 cm große Würfel schneiden. Die Hälfte der Biskuitwürfel auf ein Kuchengitter setzen und 12 Stunden trocknen lassen. Die restlichen Biskuitwürfel im Tiefkühlfach gefrieren lassen.

Schokoladenespuma
Die Milch mit dem Glucosepulver und der Trimoline in einem Topf verrühren und aufkochen. Den Topf vom Herd nehmen, die gehackte Schokolade portionsweise zugeben und unter Rühren auflösen, bis die Masse emulgiert.
Die Schokoladenemulsion kurz abkühlen lassen, dann mit einem Pürierstab das flüssige Eiweiß untermixen.
Die Schokoladenmasse in eine Espumaflasche füllen und diese mit 2 Kapseln bestücken. Die Espumaflasche mindestens 6 Stunden im Kühlschrank durchkühlen lassen.

Latte-Macchiato-Gelee
Die Vanilleschote längs aufschlitzen und das Mark auskratzen. (Das Vanillemark wird nicht benötigt und kann anderweitig verwendet werden.)
100 g Milch mit der ausgekratzten Vanilleschote in einen Topf geben und aufkochen. Den Topf vom Herd nehmen und die ganzen Espressobohnen in die Vanillemilch rühren. Den Topf schließen und das Gemisch 10 Minuten ziehen lassen.

Die Gelatine 5 Minuten in kaltem Wasser einweichen.
Die Vanille-Espresso-Milch durch ein feines Sieb in eine Metallschüssel passieren und abwiegen.
In einem Topf die restliche Milch erwärmen. Die Vanille-Espresso-Milch mit so viel heißer Milch auffüllen, bis eine Menge von 200 g erreicht ist. Den Kristallzucker und das Nescafé-Pulver in die Vanille-Espresso-Milch rühren und auflösen. Die ausgedrückte Blattgelatine zugeben und unter Rühren auflösen.
Die Metallschüssel auf eine mit Eiswürfel gefüllte Schüssel stellen und abkühlen lassen. Wenn die Kaffeemilch zu gelieren beginnt, die vorsichtig halbsteif geschlagene Sahne unterheben.
Die Latte-Macchiato-Mischung gleichmäßig auf 4 Gläser verteilen und im Kühlschrank mindestens 1 Stunde vollständig gelieren lassen.

ANRICHTEN

Die vorbereiteten Gläser aus dem Kühlschrank nehmen. Das Latte-Macchiato-Gelee mit den angetrockneten Kakaobiskuitwürfeln belegen und mit der Schokoladenespuma bedecken. Die gefrorenen Kakaobiskuitwürfel aus dem Tiefkühlfach nehmen und mit einer feinen Reibe zu feinen Bröseln reiben. Die Kakaobiskuitbrösel auf der Schokoladenespuma verteilen und mit aufgeschäumter Milch nappieren. Die Gläser mit feinen Schokoladenstäbchen garnieren.

Dunkle Schokoladenmousse mit Erdbeergranité und Milchschaum

Milchespuma

1 Vanilleschote
500 g Vollmilch (3,5 % Fettgehalt)
50 g Vollmilchpulver
40 g Agavensirup
2 Blatt weiße Gelatine

Dunkle Schokoladenmousse

1 ½ Blatt weiße Gelatine
50 g Vollmilch (3,5 % Fettgehalt)
60 g dunkle Edelbitterschokolade (72 % Kakaoanteil)
100 g halbsteif geschlagene Sahne

Erdbeergranité

200 g frisches Erdbeerpüree
30–50 g Puderzucker (je nach Süße des Erdbeerpüree)

Schokoladenspäne

40 g dunkle Edelbitterschokolade (72 % Kakaoanteil)

Anrichten

4 frische Erdbeeren, in Scheiben geschnitten

Milchespuma

Die Vanilleschote längs mit einem Messer aufschlitzen und das Mark herauskratzen.
(Das Vanillemark wird nicht benötigt und kann anderweitig verwendet werden.)
Die Milch mit der ausgekratzten Vanilleschote in einen Topf geben und aufkochen. Den Topf vom Herd nehmen und das Vollmilchpulver und den Agavensirup in die Milch rühren.
Die Blattgelatine 5 Minuten in kaltem Wasser einweichen, gut ausdrücken und in der noch heißen Vanillemilch auflösen.
Die Vanilleschote entfernen, die Vanillemilch abkühlen lassen und in eine Espumaflasche füllen. Die Espumaflasche mit 2 Kapseln bestücken und mindestens 4 Stunden in den Kühlschrank stellen.

Dunkle Schokoladenmousse

Die Blattgelatine 5 Minuten in kaltem Wasser einweichen.
Die Milch in einem Topf aufkochen und vom Herd nehmen.
Die gehackte Schokolade vorsichtig unterrühren, bis die Schokoladenmasse emulgiert.
Die eingeweichte Blattgelatine gut ausdrücken und unter Rühren in der noch warmen Schokoladenmasse auflösen. Die Schokoladenmasse auf 50 °C abkühlen lassen, dann die halbsteif geschlagene Sahne unterheben.
Die Schokoladenmousse in einen Spritzbeutel füllen und gleichmäßig auf 4 Gläser verteilen. Die Gläser mindestens 4 Stunden in den Kühlschrank stellen.

Erdbeergranité

Das Erdbeerpüree in einer Schüssel mit dem Puderzucker verrühren. (Die Puderzuckermenge richtet sich nach der Süße des Erdbeerpürees.) Die Masse in eine Gefrierbox füllen und mindestens 4 Stunden im Tiefkühlfach gefrieren lassen.

VERGESSEN SIE DAS MÄRCHEN, SCHOKOLADE VERURSACHE VERSTOPFUNG. 100 G DUNKLE SCHOKOLADE ENTHALTEN 10 G BALLASTSTOFFE, DIE ORGANISCHE SUBSTANZEN WIE ZUM BEISPIEL CHOLESTERIN AN SICH BINDEN UND DAMIT DEN CHOLESTERINSPIEGEL SENKEN. DANEBEN ENTHÄLT SCHOKOLADE THEOBROMIN, WELCHES ÄHNLICH WIE DAS KOFFEIN LEICHT, ABER DAUERHAFT ANREGEND UND ZUSÄTZLICH STIMMUNGSAUFHELLEND WIRKT.

SCHOKOLADENSPÄNE

Die gehackte Schokolade in eine Metallschüssel geben.
In einem Topf Wasser aufkochen und den Topf vom Herd nehmen. Die Metallschüssel auf das Wasserbad stellen. Dabei darauf achten, dass die Metallschüssel das Wasserbad nicht berührt. Die gehackte Schokolade unter Rühren behutsam schmelzen. Die flüssige Schokolade dünn auf ein Blech streichen und abkühlen lassen. Dann mit einer Metallteigkarte oder einem Messer feine Späne abschaben.

ANRICHTEN

Die mit dunkler Schokoladenmousse gefüllten Gläser aus dem Kühlschrank nehmen. Die Milchespuma in die Gläser spritzen. Das Erdbeergranité aus dem Tiefkühlfach nehmen und mit einem Löffel feine Granitéflocken abschaben. Die Granitéflocken auf der Milchespuma platzieren, mit Schokoladenspänen bestreuen und mit Erdbeerscheiben garnieren.

Aprikosen-Panna-Cotta mit Karamell und Schokoladengranité

Aprikosen-Panna-Cotta

230 g Vollmilch (3,5 % Fettgehalt)
10 g Kristallzucker
7 g süße Aprikosenkerne (Keimling aus dem Aprikosenstein, erhältlich im Reformhaus)
1 Blatt weiße Gelatine
50 g flüssige Sahne
100 g gesüßtes Aprikosenpüree (TK-Produkt von Boiron)

Karamellschaum

1 Vanilleschote
500 g Vollmilch (3,5 % Fettgehalt)
50 g Kristallzucker
2 Blatt weiße Gelatine

Schokoladengranité

140 g Wasser
30 g Kristallzucker
5 g Dextrose
20 g dunkle Edelbitterschokolade (80 % Kakaoanteil)

Anrichten

100 g gesüßtes Aprikosenpüree (TK-Produkt von Boiron)
12 Weichkaramellen

Aprikosen-Panna-Cotta

55 g Milch und den Zucker in einem Topf aufkochen.
Den Topf vom Herd nehmen und die Aprikosenkerne zugeben. Den Topf verschließen und 10 Minuten ziehen lassen.
Die Gelatine 5 Minuten in kaltem Wasser einweichen.
Die Aprikosenkernmilch durch ein feines Sieb in eine Schüssel passieren und abwiegen. In einem weiteren Topf die restliche Milch erwärmen.
Die Aprikosenkernmilch mit so viel heißer Milch auffüllen, bis eine Menge von 200 g erreicht ist.
Die ausgedrückte Blattgelatine zugeben und unter Rühren darin auflösen. Dann die Sahne und das aufgetaute Aprikosenpüree unterrühren. Die Masse in 4 Gläser füllen und mindestens 6 Stunden kühl stellen.

Karamellschaum

Die Vanilleschote längs aufschlitzen und das Mark herauskratzen. (Das Vanillemark wird nicht mehr benötigt und kann anderweitig verwendet werden.)
Die Milch mit der ausgekratzten Vanilleschote in einen Topf geben, aufkochen und beiseitestellen.
In einen weiteren Topf gleichmäßig den Kristallzucker einstreuen und bei mittlerer Hitze zu Karamell schmelzen lassen, dann sofort mit der heißen Vanillemilch ablöschen und die Vanillestange entfernen.
Die Vanillemilch so lange köcheln lassen, bis sich der Karamell vollständig vom Topfboden gelöst hat, anschließend den Topf vom Herd nehmen und etwas abkühlen lassen.
Die Blattgelatine 5 Minuten in kaltem Wasser einweichen, gut ausdrücken und in der noch heißen Karamellmilch auflösen. Die Karamellmilch abkühlen lassen und in eine Espumaflasche füllen. Die Espumaflasche mit 2 Kapseln bestücken und mindestens 4 Stunden in den Kühlschrank stellen.

Schokoladengranité

Das Wasser mit dem Kristallzucker und der Dextrose in einen Topf geben und aufkochen.
Den Topf vom Herd nehmen und die Flüssigkeit etwas abkühlen lassen.
Die gehackte Schokolade portionsweise zugeben und unter Rühren auflösen, bis die Masse emulgiert.
Diese Granité-Masse in eine kleine Gefrierbox füllen und mindestens 4 Stunden im Tiefkühlfach gefrieren lassen.

SOWOHL KAFFEE ALS AUCH SCHOKOLADE ENTHALTEN KOFFEIN, EIN ALKALOID, DAS ÜBERAUS ANREGEND WIRKT. BEIDES BESCHLEUNIGT ALSO UNSER ARBEITSTEMPO UND MACHT UNS MUNTER. DIE ANREGENDE WIRKUNG TRITT ETWA EINE HALBE STUNDE NACH DEM VERZEHR EIN. ÜBRIGENS WIRKT KAFFEE NICHT, WIE FRÜHER BEHAUPTET, ENTWÄSSERND – DAS KONNTEN ENTSPRECHENDE STUDIEN MITTLERWEILE WIDERLEGEN.

ANRICHTEN

Die mit der Aprikosen-Panna-Cotta gefüllten Gläser aus dem Kühlschrank nehmen und mit dem aufgetauten Aprikosenpüree bedecken. Den Karamellschaum in die Gläser füllen. Die Schokoladengranitémasse aus dem Tiefkühlfach nehmen, mit einem Löffel Granitéflocken abschaben und auf den Karamellschaum geben. Mit den Weichkaramellen garnieren und sofort servieren.

Stracciatellamousse mit Pflaumenkompott und Bratapfeleis

Bratapfeleis

500 g süß-säuerliche Äpfel (z. B. Boskop)
1 Zimtstange
40 g ganze Haselnusskerne
45 g Kristallzucker
25 g Butter
½ Vanilleschote
25 g Eigelb
55 g Vollmilch (3,5 % Fettgehalt)
35 g Sahne

Pflaumenkompott

10 reife, feste Pflaumen
100 g Apfelsaft
40 g Agavensirup
1 Prise gemahlener Zimt
½ Vanilleschote

Stracciatellamousse

1 ½ Blatt weiße Gelatine
50 g Eier (Vollei)
50 g Eigelb
45 g Kristallzucker
300 g Sahne
10 g Schokoraspeln

Anrichten

4 kleine Zimtstangen
4 kleine handgefertigte Marzipanäpfel nach Belieben
2 frische feste Pflaumen, die spiralförmig geschälte Schale separat gelegt

Bratapfeleis

Die Äpfel waschen, vierteln und vom Kerngehäuse befreien. Die ungeschälten Apfelviertel nebeneinander in eine Auflaufform schichten.
Die Zimtstange in grobe Stücke brechen und auf den Apfelvierteln verteilen.
Die Haselnusskerne grob hacken, mit 30 g Kristallzucker vermischen und über die Apfelviertel streuen.
Die Butter in einem kleinen Topf bei milder Hitze zerlassen.
Die Vanilleschote längs aufschlitzen und das Vanillemark herauskratzen. Die ausgekratzte Vanilleschote für die Eismasse bereitstellen. Das Vanillemark unter die flüssige Butter rühren und die Vanillebutter auf die Apfelviertel träufeln.
Die Auflaufform mit einer Alufolie bedecken und die Äpfel im auf 165 °C vorgeheizten Backofen (Ober-/Unterhitze) ca. 20–45 Minuten sehr weich schmoren. (Die Garzeit richtet sich nach der Größe und der Sorte der Äpfel.)
Das Eigelb mit 10 g Zucker in eine Schüssel geben und mit einem Schneebesen verrühren.
Die Milch, die Sahne, 5 g Kristallzucker und die ausgekratzte Vanilleschote in einen Topf geben und aufkochen. Die erhitzte Milch sofort vom Herd nehmen, die Vanilleschote entfernen und den Topfinhalt unter die Ei-Zucker-Mischung rühren. Die Eier-Milch-Mischung zurück in den Topf geben und unter Rühren auf 82 °C erhitzen, anschließend den Topf sofort vom Herd nehmen.
Die Auflaufform aus dem Backofen nehmen, den gesamten Inhalt in einen Mixer geben und fein mixen. Das heiße Bratapfelpüree durch ein Sieb passieren und sofort unter die noch warme Eier-Milch-Mischung rühren. Die Bratapfelmasse abkühlen lassen und mindestens 12 Stunden im Kühlschrank durchziehen lassen.
Vor dem Servieren die Bratapfelmischung in eine Eismaschine füllen und zu cremigem Eis gefrieren.

Pflaumenkompott

Die Pflaumen waschen, entsteinen und vierteln. Die Pflaumenviertel nebeneinander in eine Auflaufform schichten.
Den Apfelsaft, den Agavensirup und den Zimt in einer kleinen Schüssel verrühren.
Die Vanilleschote längs aufschlitzen, das Vanillemark herauskratzen und unter den Apfelsaft rühren. (Die ausgekratzte Vanilleschote wird nicht mehr benötigt und kann anderweitig verwendet werden, z. B. für Vanillezucker.) Die Apfelsaftmischung gleichmäßig über die Pflaumenviertel gießen.
Die Auflaufform mit Alufolie verschließen und im auf 165 °C vorgeheizten Backofen (Ober-/Unterhitze) ca. 15–30 Minuten sehr weich schmoren. (Die Garzeit richtet sich nach dem Reifegrad der Pflaumen.) Die Auflaufform aus dem Backofen nehmen und die Pflaumen abkühlen lassen.

MILCH UND MILCHPRODUKTE LIEFERN VIELE WICHTIGE AMINOSÄUREN, AUS DENEN ZUM BEISPIEL DAS KÖRPEREIGENE GLÜCKSHORMON SEROTONIN SOWIE ANDERE NEUROTRANSMITTER GEBILDET WERDEN, DIE GUTE LAUNE MACHEN UND DIE KONZENTRATIONSFÄHIGKEIT STEIGERN. SCHOKOLADE IST REICH AN POLYPHENOLEN, DIE FREIE RADIKALE UNSCHÄDLICH MACHEN UND SO DAS GEHIRN SCHÜTZEN.

STRACCIATELLAMOUSSE

Die Blattgelatine mindestens 5 Minuten in kaltem Wasser einweichen.

Die Eier, das Eigelb und den Zucker in eine Metallschlagschüssel geben und über einem heißen Wasserbad mit einem Schneebesen aufschlagen. (Die Metallschlagschüssel darf dabei das Wasser nicht berühren.) Die Eiermasse zur Rose abziehen, dabei mit einem Küchenthermometer die Temperatur prüfen (78 °C).

Die Metallschlagschüssel dann sofort vom Wasserbad nehmen, die gut ausgedrückte Gelatine unterrühren und auflösen.

Die Metallschlagschüssel auf ein Eisbad stellen und die Eiercreme mit dem Schneebesen kalt schlagen.

Die Sahne in einer Schüssel halbsteif schlagen und vorsichtig unter die kalte Eiercreme ziehen. Zum Schluss die Schokoraspeln unterheben.

Die Stracciatellamousse dann mindestens 2 Stunden in den Kühlschrank stellen.

ANRICHTEN

Je 1 große Nocke Stracciatellamousse an den Innenrand von 4 Gläsern setzen. Das Pflaumenkompott neben die Stracciatellamousse setzen. Von dem Bratapfeleis 4 Nocken abstechen und auf dem Pflaumenkompott platzieren. Die Marzipanäpfel auf Zimtstangen stecken. Die Gläser mit je 1 Marzipanapfel-Zimtstange und etwas spiraliger Pflaumenschale garnieren.

Weisse Kaffeemousse mit Apfelragout und Zimteis

Apfelchips
1 süß-säuerlicher Apfel (z. B. Braeburn)
100 ml Läuterzucker
1 g Ascorbinsäure

Weisse Kaffeemousse
1 Blatt weiße Gelatine
65 g Vollmilch (3,5 % Fettgehalt)
7 g ganze Kaffeebohnen
1 g Nescafé-Pulver
65 g weiße Kuvertüre (35 % Kakaobutter)
75 g halbsteif geschlagene Sahne

Apfelragout
400 g süß-säuerliche Äpfel (z. B. Braeburn)
20 g Kristallzucker
100 g Apfelsaft
20 g frisch gepresster Zitronensaft
1 Zimtstange
1 Vanilleschote

Zimteis
200 g Vollmilch (3,5 % Fettgehalt)
200 g Sahne
70 g Kristallzucker
1 Zimtstange
100 g Eigelb
2 g gemahlener Zimt

Anrichten
20 dünne, entkernte, ungeschälte Apfelspalten, in etwas Läuterzucker mariniert

Apfelchips
Den ganzen Apfel (ungeschält, nicht entkernt) auf der Aufschnittmaschine in sehr dünne Scheiben schneiden.
Den Läuterzucker in einer Schüssel mit der Ascorbinsäure mischen. Die einzelnen Apfelscheiben kurz in den Läuterzucker tauchen, dann nebeneinander in einen großen Vakuumierbeutel legen. Zum Schluss den Läuterzucker in den Vakuumierbeutel träufeln, die Apfelscheiben vakuumieren und 2 Stunden ruhen lassen.
Den Vakuumierbeutel öffnen, die einzelnen Apfelscheiben entnehmen und nebeneinander auf eine Silpatmatte legen. Die Silpatmatte auf den Gitterrost des Backofens legen und die Apfelscheiben im auf 50 °C vorgeheizten Backofen (Ober-/Unterhitze) ca. 12 Stunden trocknen lassen. Die Backofentür dabei einen Spalt offen lassen.

Weisse Kaffeemousse
Die Blattgelatine 5 Minuten in kaltem Wasser einweichen.
Die Milch in einem Topf aufkochen. Den Topf vom Herd nehmen, die ganzen Kaffeebohnen zugeben und die Milch im abgedeckten Topf 10 Minuten ziehen lassen. Die Kaffeemilch anschließend durch ein Sieb in eine Schüssel gießen.
Das Nescafé-Pulver und die gut ausgedrückte Gelatine unterrühren und auflösen. Die gehackte weiße Kuvertüre unter Rühren hinzufügen, bis die Masse emulgiert. Die Masse auf 35 °C abkühlen lassen, anschließend die halbsteif geschlagene Sahne vorsichtig unterheben. Die Mousse in 4 Gläser füllen und mindestens 2 Stunden in den Kühlschrank stellen.

Apfelragout
Die Äpfel schälen, vom Kerngehäuse befreien und in 1 cm große Würfel schneiden.
Den Kristallzucker in einem Topf goldgelb karamellisieren. Den Karamell mit dem Apfelsaft und dem frisch gepressten Zitronensaft ablöschen, dann so lange köcheln lassen, bis sich der Karamell vollständig gelöst hat.
Die Apfelwürfel und die Zimtstange zugeben.
Die Vanilleschote längs aufschlitzen und das Vanillemark mit einem Messer herauskratzen. Das Vanillemark und die ausgekratzte Vanilleschote zugeben und aufkochen. Den Topf mit einem Deckel verschließen und die Apfelwürfel weich dünsten. (Die Garzeit richtet sich nach der Sorte und der Konsistenz der Äpfel.) Den Topf vom Herd nehmen und das Apfelragout in eine Schüssel umfüllen. Das Apfelragout abkühlen lassen, dann die Zimtstange und die ausgekratzte Vanilleschote entfernen.
Das Apfelragout durch ein Sieb gießen, dabei den Apfelsud in einer Schüssel auffangen. Die Apfelwürfel unter den Apfelsud mischen und 30 Minuten ruhen lassen.

Zimteis
Die Milch, die Sahne und 30 g Kristallzucker in einen Topf geben und aufkochen. Den Topf vom Herd nehmen, die Zimtstange zugeben, den Topf mit einem Deckel verschließen und die Mischung 10 Minuten ziehen lassen.

KAFFEE ENTHÄLT KOFFEIN, UND DAS FÖRDERT DIE KONZENTRATION UND DIE MOTIVATION. DAS NÜTZT VOR ALLEM DEN KURZZEITGEDÄCHTNIS – UNTERSUCHUNGEN IM MAGNETRESONANZTOMOGRAPHEN HABEN DAS ERWIESEN. ÜBRIGENS BEEINFLUSSEN VIELE ÜBER DEN TAG VERTEILTE KLEINE MENGEN KAFFEE DIE GEISTIGE LEISTUNGSFÄHIGKEIT POSITIVER ALS EINE GROSSE TASSE KAFFEE AM MORGEN.

Etwas Wasser in einem Topf für ein Wasserbad aufkochen.
Die Eigelb mit dem restlichen Kristallzucker in einer Metallrührschüssel cremig aufschlagen, bis die Eiercreme weißlich wird.
Die Zimtstange aus der Milch nehmen und die Zimt-Sahne-Milch unter Rühren in die Eiercreme rühren. Die Metallschlagschüssel auf das Wasserbad stellen und die Mischung bei milder Hitze unter ständigem Rühren auf 82 °C erhitzen. (Dazu ein Küchenthermometer zu Hilfe nehmen. Die Metallrührschüssel darf das Wasser nicht berühren.) Die Metallrührschüssel vom Wasserbad nehmen und auf eine mit Eiswürfel gefüllte Schüssel setzen. Den gemahlenen Zimt unterrühren und die Eismasse mit dem Schneebesen kalt schlagen. Die abgekühlte Eismasse 1 Stunde in den Kühlschrank stellen.
Vor dem Servieren die Eismasse in eine Eismaschine geben und zu cremigem Eis gefrieren.

ANRICHTEN

Die mit Kaffeemousse gefüllten Gläser aus dem Kühlschrank nehmen. Das Apfelragout in die Gläser füllen und mit je 2 kleinen Nocken Zimteis belegen. Je 5 marinierte Apfelspalten auf einen Bambusspieß stecken. Die Gläser abschließend mit je 1 Apfelspieß und 1 Apfelchip garnieren.

Zwetschgenragout mit Mandelmousse und Schokoladeneis

Schokoladeneis

200 g Vollmilch (3,5 % Fettgehalt)
10 g Vollmilchpulver
20 g Kristallzucker
20 g Trimoline
50 g dunkle Edelbitterschokolade (68 % Kakaoanteil)

Mandelmousse

1 Blatt weiße Gelatine
25 g Eier (Vollei)
25 g Eigelb
25 g Kristallzucker
40 g ungesüßte weiße Mandelpaste
150 g Sahne

Zwetschgenragout

12 reife, feste Zwetschgen
50 ml Apfelsaft
50 ml Zwetschgensaft (aus der Flasche)
1 Prise Zitronensäure
1 Prise gemahlener Zimt
½ Vanilleschote
1–2 EL Kristallzucker
1–2 EL Zwetschgenmus (aus dem Glas)

Anrichten

20 g blanchierte, geröstete Mandelkerne
etwas Schokoladendekor nach Belieben
etwas essbares Blattsilber nach Belieben

Schokoladeneis

Die Milch in einem Topf auf 25 °C erwärmen. (Dazu ein digitales Küchenthermometer zu Hilfe nehmen.)
Das Vollmilchpulver unterrühren und die Milch auf 35 °C erwärmen.
Dann 15 g Kristallzucker und die Trimoline unterrühren und die Milch auf 40 °C erwärmen.
Anschließend die gehackte Schokolade unterrühren und die Mischung unter Rühren auf 45 °C erwärmen.
Zum Schluss den restlichen Zucker unterrühren. Die Schokoladenmasse unter Rühren auf 85 °C erwärmen, in eine Schüssel umfüllen, abkühlen lassen und 12 Stunden in den Kühlschrank stellen. Vor dem Servieren die Schokoladeneismasse in eine Eismaschine geben und zu cremigem Eis gefrieren.

Mandelmousse

Die Blattgelatine 5 Minuten in kaltem Wasser einweichen.
Das Vollei, das Eigelb und den Kristallzucker in eine Metallrührschüssel geben und über einem heißen Wasserbad mit einem Schneebesen aufschlagen. (Die Metallrührschüssel darf das Wasser nicht berühren.) Die Eiermasse zur Rose abziehen, dabei mit einem Küchenthermometer die Temperatur prüfen (78 °C).
Die Metallrührschüssel dann sofort vom Wasserbad nehmen, die gut ausgedrückte Blattgelatine unter die Creme rühren und auflösen. Die Metallrührschüssel auf eine Schüssel mit Eiswürfeln stellen und die Eiercreme mit dem Schneebesen kalt schlagen.
Die Mandelpaste unterrühren. Die Sahne halbsteif schlagen und unterheben. Die Mandelmousse auf 4 Gläser verteilen und mindestens 2 Stunden in den Kühlschrank stellen.

VITAMIN E IST WICHTIG FÜR DIE DURCHBLUTUNG DES GEHIRNS, VITAMIN B2 FÜR DIE NERVEN UND MAGNESIUM FÜR DIE ENTSPANNUNG. WIE VERSORGT MAN SICH MIT MAGNESIUM? DIE ANTWORT HEISST: MANDELN ESSEN. AM BESTEN IN KOMBINATION MIT ANREGENDER UND BEGLÜCKENDER SCHOKOLADE.

ZWETSCHGENRAGOUT

Die Zwetschgen waschen, halbieren, entsteinen und in Achtel schneiden.

Den Apfelsaft, den Zwetschgensaft, die Zitronensäure und den Zimt in einer Schüssel verrühren.

Die Vanilleschote längs aufschlitzen, das Vanillemark mit einem Messer herauskratzen und unter die Saftmischung rühren. (Die ausgekratzte Vanilleschote wird nicht mehr benötigt und kann anderweitig verwendet werden, z. B. für Vanillezucker.)

Die Marinade mit den Zwetschgen vermischen und mit Kristallzucker abschmecken. Die Zwetschgen mit der Marinade in eine Auflaufform geben und mit Alufolie verschließen.

Die Zwetschgen im auf 150 °C vorgeheizten Backofen (Ober-/Unterhitze) ca. 18 Minuten weich schmoren. Die Auflaufform dann aus dem Backofen nehmen. Das Zwetschgenragout mit etwas Zwetschgenmus abschmecken und abkühlen lassen.

ANRICHTEN

Die mit Mandelmousse gefüllten Gläser aus dem Kühlschrank nehmen. Das Zwetschgenragout in die Gläser füllen und je eine Nocke Schokoladeneis daraufsetzen. Die Oberflächen mit den gerösteten ganzen Mandelkernen bestreuen und nach Belieben mit Schokoladendekor und Blattsilber verzieren.

Pralinémousse mit Balsamico-Feigen und Cassissorbet

Pralinémousse

1 Blatt weiße Gelatine
125 g Vollmilch (3,5 % Fettgehalt)
65 g dunkle Edelbitterschokolade (72 % Kakaoanteil)
75 g Knuspernougat (von Valrhona, »Lingot«-Praliné, gefüllt mit Gianduja)
250 g halbsteif geschlagene Sahne

Balsamicofeigen

125 g frische Feigen
1 Vanilleschote
50 g Kristallzucker
1 EL alter Aceto balsamico
100 g Cassispüree (TK-Produkt von Boiron)
etwas flüssiger Honig
etwas frisch gepresster Zitronensaft
etwas alter Aceto balsamico zum Abschmecken

Cassissorbet

50 g Kristallzucker
15 g Glucosepulver
15 g Dextrosepulver
115 g Wasser
200 g Cassispüree (TK-Produkt von Boiron)
10 g frisch gepresster Zitronensaft

Anrichten

etwas alter Aceto balsamico
etwas Schokoladendekor nach Belieben

Pralinémousse

Die Blattgelatine 5 Minuten in kaltem Wasser einweichen.
Die Milch in einem Topf aufkochen. Den Topf vom Herd nehmen und portionsweise die gehackte Schokolade unterrühren, bis die Masse emulgiert.
Den Knuspernougat in kleine Stücke schneiden und unterrühren, bis sich der Nougat aufgelöst hat und eine glatte, glänzende Pralinémasse entstanden ist. Die Pralinémasse auf 50 °C abkühlen lassen.
Die halbsteif geschlagene Sahne unterheben, das Pralinémousse in 4 Gläser füllen und mindestens 2 Stunden in den Kühlschrank stellen.

Balsamicofeigen

Die Feigen schälen, in 1 cm große Würfel schneiden und beiseitestellen.
Die Vanilleschote längs aufschlitzen, das Vanillemark mit einem Messer auskratzen. (Das Vanillemark wird nicht benötigt und kann anderweitig verwendet werden.) Die ausgekratzte Vanilleschote beiseitestellen.
Den Kristallzucker in einem Topf karamellisieren, den Karamell mit dem Aceto balsamico und dem aufgetauten Cassispüree ablöschen. Die ausgekratzte Vanilleschote zugeben und so lange köcheln lassen, bis sich der Karamell vollständig gelöst hat. Den Topf vom Herd nehmen, die Feigenwürfel unterheben und abkühlen lassen.
Die Balsamicofeigen bei Bedarf mit wenig Wasser verdünnen und mit etwas Honig, frisch gepresstem Zitronensaft und etwas altem Aceto balsamico abschmecken. Anschließend abkühlen lassen.

DIE SCHWARZEN JOHANNISBEEREN ENTHALTEN WASSER, KOHLENHYDRATE, FETTSÄUREN, PROTEINE UND MINERALSTOFFE. ZUDEM LIEFERN SIE DIE ZU DEN FLAVONOIDEN ZÄHLENDEN PFLANZENFARBSTOFFE ANTHOCYANE, DIE ANTIOXIDATIV, ENTZÜNDUNGSHEMMEND UND GEFÄSSSCHÜTZEND WIRKEN. AUCH DURCHBLUTUNGSFÖRDERNDES VITAMIN C UND VERDAUUNGSFÖRDERNDES SOWIE CHOLESTERINSENKENDES PEKTIN FINDET SICH IN DEN BEEREN. IN KOMBINATION MIT DEN ANREGENDEN INHALTSSTOFFEN DER DUNKLEN SCHOKOLADE IST DIESE MOUSSE ALSO EIN FESTESSEN FÜR DAS GEHIRN!

CASSISSORBET

Den Kristallzucker, das Glucosepulver und das Dextrosepulver in einer Schüssel vermischen.
Das Wasser in einem Topf aufkochen und die Zuckermischung unterrühren. Den Topf vom Herd nehmen.
Das aufgetaute Cassispüree und den frisch gepressten Zitronensaft unterrühren. Die Sorbetmasse 1 Stunde in den Kühlschrank stellen. Anschließend in eine Sorbetiere oder Eismaschine geben und zu Sorbet gefrieren.

ANRICHTEN

Die mit Pralinémousse gefüllten Gläser aus dem Kühlschrank nehmen. Die Balsamicofeigen in die Gläser füllen und mit je 1 Nocke Cassissorbet belegen. Mithilfe einer Pipette etwas alten Aceto balsamico an die Glasinnenränder träufeln. Die Gläser nach Belieben mit Schokoladendekor garnieren.

Schokoladenfondue mit Erdbeeren, Birnen und Physalis

Birnen
1 reife, feste Birne
150 ml Birnensaft
(aus der Flasche)

Erdbeeren
8 große, frische Erdbeeren

Physalis
8 Physalis

Schokoladensauce
150 g Vollmilch
(3,5 % Fettgehalt)
75 g Glucosesirup
260 g dunkle Edelbitterschokolade
(66 % Kakaoanteil)

Anrichten
einige frisch geriebene, blanchierte Mandelkerne
4 lange Spieße

Birnen
Die Birne halbieren, das Kerngehäuse und den Stiel entfernen und das ungeschälte Fruchtfleisch in mundgerechte Stücke oder Spalten schneiden.
Den Birnensaft in einem Topf aufkochen und die Birnenstücke zugeben. Den Topf verschließen und die Birnenstücke weich, aber noch bissfest pochieren. (Die Garzeit richtet sich nach der Sorte und dem Reifegrad der Birne.) Den Topf vom Herd nehmen und die Birnenstücke mit dem Birnensud in eine Schüssel füllen und abkühlen lassen.

Erdbeeren
Die Erdbeeren waschen und vom Blütenansatz befreien. Die Erdbeeren je nach Größe halbieren oder vierteln.

Physalis
Den laternenförmigen Blütenkelch der Pyhsalis segmentartig einreißen, sodass die Fruchtbeere sichtbar ist.

Schokoladensauce
Die Milch in einem Topf einmal aufkochen. Den Topf vom Herd nehmen und den Glucosesirup unterrühren.
Die gehackte Schokolade portionsweise unterrühren, bis die Masse emulgiert und glänzt. Die Schokoladensauce warm servieren.

Anrichten
Die warme Schokoladensauce in 4 kleine Gläser füllen. Die blanchierten Mandelkerne mit einer feinen Reibe zu feinen Flocken reiben und auf die Schokoladensauce streuen. Die Erdbeerwürfel, die Birnenwürfel und die Physalis abwechselnd auf 4 lange Spieße stecken und sofort servieren.

DIE PHYSALIS, AUCH KAP-
STACHELBEERE GENANNT, IST
REICH AN VITAMIN C (CA. 11 MG
PRO 100 G) – DAS DIE DURCHBLUTUNG
FÖRDERT –, B1, PROVITAMIN A UND
EISEN. DAS PEKTIN – EIN LÖSLICHER
BALLASTSTOFF – DER BIRNE BINDET
CHOLESTERIN UND SENKT SO DEN
CHOLESTERINSPIEGEL.

Grüntee mit Minze, Himbeeren, Kumquats und »Carpe Diem Botanic Water harmonisierend«

150 ml gekühlter japanischer Grüntee (Sencha)
100 ml gekühltes »Carpe Diem Botanic Water harmonisierend«
5 frische Minzeblättchen
3–4 frische Himbeeren
3–4 frische Heidelbeeren
4–5 Eiswürfel
6 dünne Scheiben Kumquats
1 Zweig frische Minze

Die Eiswürfel in ein Glas geben und mit dem gekühlten Grüntee und dem gekühlten »Carpe Diem Botanic Water harmonisierend« auffüllen. Die frischen Minzeblättchen, die frischen Himbeeren und die frischen Heidelbeeren in das Glas geben und umrühren. Die Kumquatsscheiben an die Glasinnenseite legen, mit einem Minzezweig dekorieren und sofort servieren.

Wer unter Stress steht und viel arbeiten muss, leidet häufig unter Magen-Darm-Beschwerden. Hier hilft die Pfefferminze. Deren ätherisches Öl wirkt krampflösend, antibakteriell und antiviral. Das ätherische Pfefferminzöl lindert übrigens auch Kopfschmerzen.

Addis-Ababa-Eistee
mit Passionsfrucht und »Red Bull Sugarfree«

12 cl Addis-Ababa-Tee (von Afro Tea), gekühlt
10 cl »Red Bull Sugarfree«
4 cl Passionsfruchtsaft
4–5 Eiswürfel
½ Maracuja oder Passionsfrucht
1 Maracuja- oder Passionsfruchtspalte
1 Physalis
1 Bambusspieß

Die Eiswürfel in ein Glas geben und mit dem gekühlten Addis-Ababa-Tee, dem »Red Bull Sugarfree« und dem Passionsfruchtsaft auffüllen. Die halbe Maracuja auslöffeln, das Maracujafruchtfleisch zugeben und umrühren. Die Maracujaspalte und die Physalis auf einen Bambusspieß stecken, an den Glasrand lehnen und sofort servieren.

Koffein wirkt anregend und fördert die Konzentrationsfähigkeit. Die Wirkung setzt rund 30 Minuten nach dem Genuss ein und hält schätzungsweise 2–3 Stunden an.

Orangen-Kiwi-Spinat-Smoothie

1 Kiwi
8 cl frisch gepresster Orangensaft
5 EL Crushed Ice
8 frische Blätter Babyspinat
½ Kiwischeibe

Die Kiwi schälen, in Würfel schneiden und in einen Mixer (Blender) geben. Den frisch gepressten Orangensaft, 5 frische Babyspinatblätter und das Crushed Ice zugeben und gut durchmixen. Den Orangen-Kiwi-Spinat-Smoothie in ein Glas füllen, mit den restlichen Babyspinatblättern und ½ Kiwischeibe garnieren und sofort servieren.

Kiwis enthalten reichlich Vitamin C, welches unter anderem die Durchblutung fördert. Ebenso verhält es sich mit Orangen. Auch Spinat enthält viel Vitamin C – im Gegensatz zu Eisen. Der hohe Eisengehalt im Spinat ist nur ein populärer Irrtum: Ein Laborant setzte bei der ersten Analyse des Eisengehalts im Spinat das Komma an der falschen Stelle, weswegen Spinat jahrzehntelang als zehnmal eisenreicher galt, als er tatsächlich ist.

Cairo-Eistee mit Mango, Limetten und »Carpe Diem Botanic Water harmonisierend«

150 ml gekühlter »Cairo Tea« (von Afro-Tea)
80 ml gekühltes »Carpe Diem Botanic Water harmonisierend«
30 ml Mangopüree
10 ml frisch gepresster Limettensaft
4–5 Eiswürfel
4–5 frische dünne Thai-Mangostreifen

Die Eiswürfel in 1 Glas geben und mit dem gekühlten »Cairo Tea« auffüllen. Das »Carpe Diem Botanic Water harmonisierend« zugeben, dann das Mangopüree und en Limettensaft mit einem Barlöffel unterrühren. An den Glasrand frische dünne Thai-Mangostreifen legen und sofort servieren.

MANGOS SIND BESONDERS REICH AN VITAMIN C, DAS DIE ARTERIELLE DURCHBLUTUNG FÖRDERT. IN VERBINDUNG MIT DEN EBENFALLS AN VITAMIN C SEHR REICHEN LIMETTEN IST DIESER DRINK ALSO EINE WOHLTAT FÜR DIE BLUTGEFÄSSE.

Apfel-Karotten-Limetten-Smoothie

2 ½ rote Granny-Smith-Äpfel
80 g Karotte
20 ml frisch gepresster Limettensaft
4 EL Crushed Ice
etwas frisch geriebene unbehandelte Limettenschale

Aus ½ Granny-Smith-Apfel mithilfe eines Kugelausstechers 3–4 Apfelkugeln stechen. Die Apfelkugeln mindestens 1 Stunde im Tiefkühlfach gefrieren.
Die restlichen Granny-Smith-Äpfel ungeschält vierteln und vom Kernhaus befreien. Die ungeschälten Apfelviertel würfeln und in einen Mixer (Blender) geben.
Die Karotten schälen, in Würfel schneiden, mit dem frisch gepressten Limettensaft zu den Apfelwürfeln geben und gut durchmixen.
Das Crushed Ice in 1 Glas geben und mit dem Apfel-Karotten-Limetten-Smoothie auffüllen.
Die gefrorenen Apfelkugeln in das Glas geben, mit etwas frisch geriebenen Limettenzesten bestreuen und sofort servieren.

Ein Mangel an Bor mindert die geistige Leistungsfähigkeit. Bei Kindern, die an einem Bormangel litten, stieg die Gehirnleistung nach Behebung des Mangels um satte 30 Prozent – und das in nur vier Wochen. Die Wissenschaftler hatten dafür die früher mit Fastfood ernährten Kinder mit Äpfeln und Nüssen »therapiert«.

Joghurt-Erdbeer-Granatapfel-Pfeffer-Smoothie

150 ml fettarme Milch (1,5 % Fettgehalt)
80 ml probiotischer Naturjoghurt (0,1 % Fettgehalt)
3 frische Erdbeeren
60 ml Granatapfelsaft
20 ml flüssiger Honig
1 Prise frisch gemahlener schwarzer Pfeffer
4 EL Crushed Ice
1 EL probiotischer Naturjoghurt (0,1 % Fettgehalt) zum Garnieren
8 frische Granatapfelkerne

Die Milch und den probiotischen Naturjoghurt in einen Mixer (Blender) geben. Die Erdbeeren waschen, vom Blütenansatz befreien und in den Mixer geben. Den Granatapfelsaft, den Honig und 1 Prise frisch gemahlenen schwarzen Pfeffer zugeben und gut durchmixen. Das Crushed Ice in ein Glas geben und mit dem Joghurt-Erdbeer-Granatapfel-Pfeffer-Smoothie auffüllen. Mit 1 EL probiotischem Naturjoghurt bedecken, mit den frischen Granatapfelkernen bestreuen und sofort servieren.

UNTER DEN FRÜCHTEN ENTHALTEN ERDBEEREN RELATIV VIEL EISEN, DAS MACHT SIE BESONDERS FÜR VEGETARIER INTERESSANT. DA EIN EISENMANGEL DIE SAUERSTOFFVERSORGUNG DES GEHIRNS BEEINTRÄCHTIGT, IST ES WICHTIG, STETS GENUG EISEN ZU SICH NEHMEN.

Warmer Grüntee mit Honig, Zitronenmelisse und »Carpe Diem Botanic Water harmonisierend«

12 cl grüner Sencha-Tee
12 cl »Carpe Diem Botanic Water harmonisierend«
2 cl flüssiger Honig
5 frische Zitronenmelisseblätter
4 Brombeeren
einige lange, dünne, unbehandelte Orangenzesten
1 Bambusspieß

Den grünen Sencha-Tee, das »Carpe Diem Botanic Water harmonisierend« und den Honig in einen Topf geben und erhitzen, aber nicht kochen lassen. Den warmen Tee in ein Teeglas füllen und die Zitronenmelisseblätter und die Orangenzesten unterrühren. 3 Brombeeren in das Glas geben. 1 Brombeere auf 1 Bambusspieß stecken, in das Glas lehnen und sofort servieren.

Catechine – Flavonoide der Teegerbsäure – sind pflanzliche Bitterstoffe. Satte 30–40 Prozent der getrockneten Grünteeblätter bestehen daraus, während Schwarztee keinerlei Catechine enthält, da die Fermentation sie zerstört. Catechine aber sind Wunderstoffe fürs Gehirn: Sie wirken antioxidativ, verhindern also, dass freie Radikale die Gehirnzellen schädigen und Krankheiten wie Alzheimer und Parkinson verursachen.

Joghurt-Milch-Smoothie mit Mandeln und Cashewkernen

50 ml fettarme Milch (1,5 % Fettgehalt)
50 ml probiotischer Naturjoghurt (0,1 % Fettgehalt)
20 ml Holunderblütensirup
20 ml Mandelsirup
5 ungesalzene Cashewkerne
2 EL Crushed Ice
2–3 ungesalzene Cashewkerne, gerieben
etwas essbarer Goldstaub

Die Milch, den probiotischen Naturjoghurt, den Holunderblütensirup, den Mandelsirup und die ungesalzenen Cashewkerne in den Mixer (Blender) geben und gut durchmixen. Das Crushed Ice in ein Champagnerglas geben und mit dem Joghurt-Milch-Smoothie auffüllen. Die Cashewkerne mit einer Microplane-Reibe zu feinen Flocken reiben und auf das Joghurt-Milch-Smoothie streuen. Mit etwas Goldstaub bestäuben und sofort servieren.

Cashewkerne liefern reichlich Magnesium, außerdem viele B-Vitamine, die für die Nerven und das Gehirn wichtig sind. Mandeln können die Insulinproduktion reduzieren und damit den Blutzuckerspiegel kontrollieren. Ein ausgeglichener Blutzuckerspiegel wiederum verbessert die geistige Leistungsfähigkeit.

MOOD FOOD

Essen als Emotionsmanagement? Ja, natürlich! Essen, das die Stimmung hebt und das glücklich macht, ist genau das Richtige für Menschen, die gestresst sind und hin und wieder »den Blues« haben.

Warum das funktioniert? Weil die Ernährungswissenschaft mittlerweile eine ganze Reihe von Inhaltsstoffen der Nahrung kennt, welche die Stimmung aufhellen. Gut erforscht sind körpereigene psychoaktive Substanzen wie das Hormon Serotonin oder der Botenstoff Dopamin, welche der Organismus nur dann in ausreichender Menge herstellen kann, wenn ihm die entsprechenden Bestandteile mit der Nahrung zugeführt werden. Gewisse Lebensmittel wirken aber auch ganz direkt beruhigend oder stimmungsaufhellend: Vanille oder der »Scharfmacher« Chili zum Beispiel sind daher in so manchem »Mood Food«-Rezept wichtig. Die beiden Genannten enthalten ebenso wie Hopfen, Petersilie oder Muskat psychotrope Substanzen oder setzen solche im Körper frei. Wirksam sind auch alle Lebensmittel, welche die Vitamine der B-Gruppe, also die eigentlichen »Nervenvitamine«, liefern. Oder entspannendes Magnesium. Also: Vollkornprodukte, Nüsse und Hülsenfrüchte. Auch Fisch macht glücklich, denn die darin enthaltenen Omega-3-Fettsäuren können nachweislich Depressionen vorbeugen oder lindern.

Schlecht drauf? Wählen Sie, falls Sie sich psychisch angeschlagen fühlen, ein Rezept mit Zutaten, die sie gerne mögen. Das hilft meistens. Denn was schmeckt, tut der Stimmung gut. Der Mittler zwischen Geschmack und biologischer Wirkung sind die physiologischen Erfahrungen, die der Körper mithilfe der »somatischen Marker« verknüpft. Anhand dieser Marker entwickeln wir Vorlieben, die sich dem Bewusstsein in Form von Appetit mitteilen. Zuerst kommt also der Appetit, dann erst versucht der Mensch, diesen rational zu erklären. Wenn sich die Lebensumstände wandeln, ändern sich übrigens prompt auch die Geschmacksvorlieben.

Salat von Fetakäse, Oliven und Tacos mit Thymianespuma

Thymianespuma

1 Bund Blattpetersilie
½ Bund Thymian
150 g Naturjoghurt (3,5 % Fettgehalt)
150 g Magerquark (Topfen)
150 g Crème fraîche
Meersalz

Oliven

20 große grüne Oliven mit Stein
4 lange Holzspieße

Feta

200 g Feta
Meersalz
etwas weißer Aceto balsamico
etwas natives Olivenöl
2 Zweige Thymian

Gurke

1 Salatgurke
Meersalz
etwas weißer Aceto balsamico
etwas natives Olivenöl

Anrichten

10 rote Kirschtomaten, halbiert
50 g Tacos, in grobe Stücke gebrochen
etwas griechisches Basilikum

Thymianespuma

Reichlich Wasser in einem Topf zum Kochen bringen.
Die Petersilienblättchen abzupfen, in das kochende Wasser geben und weich blanchieren. Die blanchierten Petersilienblättchen aus dem Wasser schöpfen, in Eiswasser abschrecken und dann sehr gut ausdrücken.
Die Thymianblättchen von den Zweigen zupfen, in das kochende Wasser geben und weich blanchieren. Die blanchierten Thymianblättchen aus dem Wasser schöpfen, in Eiswasser abschrecken und dann sehr gut ausdrücken.
Die ausgedrückten Petersilien- und Thymianblättchen in einen Mixer geben und zu einer sehr feinen Kräuterpaste mixen. Die Kräuterpaste beiseitestellen.
Den Naturjoghurt, den Magerquark und die Crème fraîche in den Mixer geben und mixen. 1–2 EL Kräuterpaste (je nach Geschmack) zugeben und gut durchmixen. Die Masse mit Meersalz abschmecken und in eine Espumaflasche füllen, diese mit 2 Kapseln bestücken und mindestens 2 Stunden in den Kühlschrank stellen.

Oliven

4 Holzspieße mit je 2 Oliven bestücken und beiseitelegen. Das restliche Olivenfleisch stiftförmig von den Steinen schneiden.

Feta

Den Feta abtropfen lassen, in 1 cm große Würfel schneiden und in eine Schüssel geben.
Die Fetawürfel mit wenig Meersalz, etwas weißem Aceto balsamico und etwas Olivenöl marinieren.
Die Blättchen von den Thymianzweigen zupfen und vorsichtig mit dem Feta vermengen.

FETA ENTHÄLT VIEL KALZIUM, DAS FÜR DIE ÜBERTRAGUNG VON NERVENIMPULSEN UND DIE MUSKELKONTRAKTION UNABDINGBAR IST. EIN MAGNESIUMMANGEL FÜHRT ZU ZITTERN, MUSKELZUCKEN, ERREGBARKEIT UND NERVÖSEN BESCHWERDEN, WAS DER PSYCHE ALLES ANDERE ALS GUTTUT. DIE ÄTHERISCHEN ÖLE IM THYMIAN WIRKEN KRAMPFLÖSEND UND DESINFIZIEREND IN LUNGE UND BRONCHIEN, MAGEN UND DARM.

GURKE

Die Salatgurke schälen, längs halbieren und mit einem Löffel entkernen. Die Salatgurke dann in ca. 3 cm lange Stifte schneiden und in eine Schüssel geben. Die Gurkenstifte mit Meersalz bestreuen und kurz ziehen lassen. Anschließend mit etwas weißem Aceto balsamico und etwas nativem Olivenöl marinieren und gegebenenfalls nochmals mit Meersalz abschmecken.

ANRICHTEN

Die halbierten Kirschtomaten, die Gurken- und Olivenstifte, die marinierten Fetawürfel und die Tacostücke abwechselnd in je 4 Gläser schichten. Etwas Thymianespuma in die Hohlräume einfüllen. Einen Olivenspieß in jedes der Gläser stecken, mit etwas griechischem Basilikum garnieren und sofort servieren.

Würziges Tatar von der Gelbflossenmakrele mit Avocado, Sojavinaigrette und knusprigem Reis

Knuspriger Reis

500 ml neutrales Pflanzenöl zum Frittieren
50 g Wildreis
Meersalz

Sojavinaigrette

50 g geriebener Palmzucker
50 g frisch gepresster Limettensaft
5 frische Kaffirlimettenblätter
150 g Traubenkernöl
50 g frischer Ingwer
80 g Sojasauce
40 g weißer Aceto balsamico

Makrelentatar

200 g frisches Gelbflossenmakrelenfilet (Sushi-Qualität)
½ frische rote Fingerchili
½ Limette
1 EL natives Olivenöl
einige frische Limettenzesten
feines Meersalz
1 Msp. grüne Wasabi-Paste

Avocadocreme

2 reife Avocados (Sorte: Hass)
etwas frisch gepresster Limettensaft
1 EL feinste rote Zwiebelwürfel (Brunoise)
1 EL in feine Streifen geschnittene Korianderblättchen (Julienne)
feines Meersalz
frisch gemahlener weißer Pfeffer
3–4 Tropfen geröstetes Sesamöl

Anrichten

einige rote Shisokresseblättchen
einige Gartenkresseblättchen
einige frische Erbsenspargelsprossen
einige feine essbare Blüten (z. B. Gewürztagetesblüten, Ringelblumenblütenblätter)

Knuspriger Reis

Das Pflanzenöl kurz vor dem Servieren in einer Fritteuse auf 200 °C erhitzen. 1 EL ungegarten Wildreis in den Frittierkorb geben, kurz in das heiße Pflanzenöl tauchen, bis der Wildreis aufgepoppt ist. Den Reis sofort aus dem Pflanzenöl nehmen und auf Küchenkrepp abtropfen lassen. Den Vorgang wiederholen, bis der gesamte Wildreis frittiert ist.

Sojavinaigrette

Den geriebenen Palmzucker mit dem frisch gepressten Limettensaft in einen kleinen Topf geben und verrühren.
Die Kaffirlimettenblätter in feine Streifen schneiden und unterrühren.
Die Flüssigkeit anschließend einmal aufkochen, dann den Topf vom Herd nehmen und mit einem Deckel verschließen.
Den Palmzucker-Limettensaft-Sud 10 Minuten ziehen lassen, dann durch ein feines Sieb passieren, abkühlen lassen und 80 g vom passierten Palmzucker-Limettensaft-Sud abwiegen.
100 ml Traubenkernöl in einen Mixbecher geben.
Den Ingwer schälen, in feine Würfel schneiden und mit dem Traubenkernöl sehr fein pürieren. Anschließend das Ingwer-Traubenkernöl durch ein Sieb passieren und 80 g abwiegen.
In einem Mixbecher 80 g Palmzucker-Limettensaft-Sud, 80 g Ingwer-Traubenkernöl, die Sojasauce und den weißen Aceto balsamico aufmixen. Das restliche Traubenkernöl während des Mixens in einem feinem Strahl zugeben und die Vinaigrette aufmontieren.

Makrelentatar

Das gut gekühlte Gelbflossenmakrelenfilet von Haut und Gräten befreien, anschließend in ½ cm große Würfel schneiden und in eine Schüssel geben.
Die rote Fingerchili entkernen und in feine Würfel schneiden (Brunoise).
Die Makrelenwürfel mit den Chili-Brunoise, dem frisch gepressten Limettensaft und dem Olivenöl vermengen.
Das Makrelentatar mit frisch geriebenen Limettenzesten, Meersalz und Wasabi-Paste abschmecken.

MATJESHERING ODER MAKRELE SIND DIE BEIDEN FISCHE MIT DEM HÖCHSTEN GEHALT AN OMEGA-3-FETTSÄUREN (CA. 6–7 G PRO PORTION). NEUESTE STUDIEN HABEN GEZEIGT, DASS EINE OPTIMALE VERSORGUNG MIT OMEGA-3-FETTSÄUREN DEPRESSIONEN VORBEUGEN UND LINDERN HILFT.

AVOCADOCREME

Die Avocados längs halbieren, entkernen und schälen. Das Avocadofruchtfleisch mit einer Gabel zerdrücken und in eine Schüssel geben. Sofort mit etwas frisch gepresstem Limettensaft vermengen. Die Zwiebel-Brunoise und die Koriander-Julienne unterheben. Die Avocadocreme mit feinem Meersalz, frisch gemahlenem weißen Pfeffer, nochmals frisch gepresstem Limettensaft und wenig Sesamöl abschmecken.

ANRICHTEN

In die Mitte von 4 Gläsern jeweils einen hohen Stellring stellen. Die Stellringe mit der Avocadocreme füllen, das Makrelentatar auf der Avocadocreme verteilen und mit dem knusprigen Reis bestreuen. Die Soja-Ingwer-Vinaigrette um die Stellringe herum angießen. Die Stellringe abnehmen und das Tatartürmchen mit roten Shisokresseblättchen, Gartenkresseblättchen, frischen Erbsenspargelsprossen und essbaren Blüten garnieren.

Geeistes Kräutersüppchen mit Saibling und Safran-Tapioka

Gebeizter Saibling
240 g frische Saiblingsfilets
40 g Kristallzucker
20 g Meersalz
20 g Pökelsalz
2 Prisen Fenchelpollen
2 Prisen Korianderpulver

Suppen-Basisfond
2 Fenchelknollen
1 weiße Zwiebel
1 TL Fenchelsamen
1 EL natives Olivenöl
1 TL getrocknete Fenchelpollen
500 ml klarer Tomatenfond (siehe Grundrezept Seite 276)
500 ml Gemüsebrühe (siehe Grundrezept Seite 274)
Meersalz
frisch gemahlener weißer Pfeffer

Kräuterpaste
1 Bund Basilikum
½ Bund Dill
½ Bund Schnittlauch
Meersalz
etwas Rapsöl

Fertigstellung des Süppchens
Suppen-Basisfond (siehe Teilrezept)
8 EL Kräuterpaste (siehe Teilrezept)
Meersalz
frisch gemahlener weißer Pfeffer
1 Spritzer frisch gepresster Zitronensaft

Safran-Tapioka
500 ml Orangensaft (aus der Flasche)
100 g weiße Tapiokaperlen
1 g Safranfäden
Meersalz

Anrichten
einige feine Dillspitzen
etwas Daikonkresseblättchen
einige getrocknete Chilifäden

SAUER MACHT LUSTIG UND KALT MACHT MUNTER. ZUDEM BERUHIGT DAS KALTE SÜPPCHEN GEREIZTE MAGENNERVEN UND VERBESSERT DEN APPETIT. WUSSTEN SIE ÜBRIGENS, DASS SAFRAN EIN JAHRHUNDERTEALTES VOLKSHEILMITTEL ZUR NERVENBERUHIGUNG IST?

Gebeizter Saibling
Die frischen Saiblingsfilets säubern, enthäuten und von feinen Gräten befreien.
Den Kristallzucker, das Meersalz, das Pökelsalz, die Fenchelpollen und den gemahlenen Koriander in einer kleinen Form vermischen.
Die Saiblingsfilets in diese Beize legen, gut andrücken, wenden und nochmals gut andrücken. Dabei darauf achten, dass die Beize an allen Seiten haften bleibt.
Die Saiblingsfilets einzeln auf je 1 großes Stück Klarsichtfolie legen, einschlagen und aufrollen. Die Klarsichtfolienenden eng zusammendrehen, bis ein straffes »Bonbon« entsteht. Diese Saiblingsrollen 6 Stunden im Kühlschrank ziehen lassen. Die Saiblingsfilets anschließend aus der Folie lösen und in ½ cm dicke Scheiben schneiden.

Suppen-Basisfond
Die Fenchelknollen waschen, die Stiele und das Grün entfernen. Den Strunk herausschneiden und die Fenchelknollen in kleine Würfel schneiden.
Die weiße Zwiebel schälen und in kleine Würfel schneiden.
Einen Topf auf dem Herd erhitzen, die Fenchelsamen zugeben und unter Rühren anrösten, bis sie anfangen zu duften. Dann das Olivenöl, die Fenchelwürfel und die Zwiebelwürfel zugeben und farblos anschwitzen, anschließend leicht salzen.
Die Fenchelpollen zugeben und die Gemüsewürfel unter Rühren 5 Minuten farblos weiterdünsten, anschließend mit dem klaren Tomatenfond und der Gemüsebrühe auffüllen. Die Suppe aufkochen und bei mittlerer Hitze ca. 10 Minuten köcheln lassen, bis die Gemüsewürfel weich sind.
Die Suppe dann mit dem Pürierstab fein mixen und anschließend durch ein feines Sieb in einen Topf passieren. Den Suppen-Basisfond mit Meersalz und frisch gemahlenem weißen Pfeffer abschmecken.

Kräuterpaste
Die Basilikumblätter und die Dillspitzen von den Zweigen zupfen.
Reichlich Wasser in einem Topf zum Kochen bringen und salzen. Die Basilikumblätter und die Dillspitzen in dem sprudelnd kochenden Salzwasser blanchieren, herausnehmen und in Eiswasser abschrecken. Die blanchierten Kräuter aus dem

Eiswasser nehmen und auf Küchenkrepp verteilen. Die Kräuter mit Küchenkrepp trocken tupfen.
Den Schnittlauch waschen, trocken tupfen und in feine Röllchen schneiden.
Die Schnittlauchröllchen und die blanchierten Kräuter dann in einen Mixbehälter geben. 4–5 EL Rapsöl zugeben und sehr fein pürieren. (Dabei nur so viel Rapsöl zugeben, dass eine cremige Paste entsteht.)

FERTIGSTELLUNG DES KRÄUTERSÜPPCHENS

Den Suppen-Basisfond in einem Topf aufkochen. Den Topf vom Herd nehmen und die Basilikum-, die Schnittlauch- und die Dillpaste untermixen. Sollte eine würzigere Suppenvariante gewünscht sein, mehr Kräuterpasten zugeben, sollte eine leichtere Suppenvariante gewünscht sein, weniger Kräuterpasten zugeben.
Das Kräutersüppchen mit Meersalz, frisch gemahlenem weißen Pfeffer und 1 Spritzer frisch gepresstem Zitronensaft abschmecken.
Die Kräutersuppe in eine Metallschüssel füllen. Die Metallschüssel auf eine mit Eiswürfeln gefüllte Schüssel setzen und die Suppe unter Rühren schnell abkühlen lassen. Das Kräutersüppchen dann mindestens 4 Stunden in den Kühlschrank stellen. Kurz vor dem Servieren mit dem Pürierstab aufmixen.

SAFRAN-TAPIOKA

Den Orangensaft in einem Topf aufkochen. Die Tapiokaperlen und die Safranfäden unterrühren, leicht salzen und so lange köcheln lassen, bis nur noch ein kleiner weißer Punkt in der Mitte der Tapiokaperlen zu sehen ist. Die Tapiokaperlen durch ein Sieb gießen und unter fließendem kalten Wasser abschrecken. Die Tapiokaperlen bis zum Anrichten kühl stellen.

ANRICHTEN

Die Safran-Tapiokaperlen auf 4 Gläsern verteilen und mit den Saiblingsscheiben belegen. Mit dem Kräutersüppchen auffüllen und mit feinen Dillspitzen, Daikonkresseblättchen und getrockneten Chilifäden garnieren.

Salat von Makrele mit grünem Rettich, Wassermelone und Tamarinde

Tamarinden-Vinaigrette

60 g »Tamarind Pulp Concentrate« (erhältlich im Asialaden)
1 Limette
40 g Rapsöl
25 g Sojasauce
1 Prise Kristallzucker
1 Stängel frisches Zitronengras
20 g frischer Ingwer
½ frische rote Thai-Chili

Grüner Rettich

160 g frischer grüner asiatischer Rettich (alternativ Daikonrettich)
1 frische rote Thai-Chilischote
200 ml Wasser
100 ml Reisessig
100 g Kristallzucker

Wassermelone

160 g rote Wassermelone
1 unbehandelte Limette
½ EL natives Olivenöl

Makrele

4 frische küchenfertige Makrelenfilets (mit Haut, gesamt ca. 200 g)
1 Limette
feines Meersalz
Piment d'Espelette
1 EL natives Olivenöl

Anrichten

1 unbehandelte Limette, geviertelt
4 hauchdünn geschnittene Wassermelonenscheiben
einige Daikonkresseblättchen

Tamarindenvinaigrette

Das »Tamarind Pulp Concentrate« in eine kleine Schüssel geben.
Die Limette auspressen und den Saft zugeben.
Das Rapsöl, die Sojasauce und 1 Prise Zucker zugeben und alles gut verrühren.
Das Zitronengras mit einem Hammer leicht anklopfen, in Stücke schneiden und zugeben.
Den Ingwer schälen, fein würfeln und unterrühren.
Die Thai-Chili längs halbieren, von den Kernen befreien, in feine Streifen schneiden und unterrühren.
Die Tamarindenvinaigrette 2–3 Stunden ziehen lassen, dann durch ein feines Sieb passieren.

Grüner Rettich

Den Rettich schälen und die Hälfte in ½ cm große Würfel schneiden. Den restlichen Rettich in feine Streifen (Julienne) schneiden.
Die Thai-Chilischote längs halbieren und entkernen.
Das Wasser, den Reisessig, den Kristallzucker und die Thai-Chilischote in einem Topf aufkochen. Dann den Topf vom Herd nehmen und die Rettichwürfel und die Rettich-Julienne zugeben und vermengen. Den Rettich 1–2 Stunden bei Zimmertemperatur ziehen lassen, anschließend aus der Marinade nehmen und anrichten.

Wassermelone

Die Wassermelone schälen und in Würfel von ½–1 cm Kantenlänge schneiden. Die Wassermelonenwürfel mit frisch geriebenen Limettenzesten, frisch gepresstem Limettensaft und etwas Olivenöl marinieren.

Makrele

Die Makrelenfilets von eventuell vorhanden feinen Gräten befreien und in mundgerechte Stücke schneiden. Die rohen Makrelenfiletstücke mit frisch gepresstem Limettensaft, feinem Meersalz und Piment d'Espelette würzen und mit etwas Olivenöl marinieren.

WER SICH KÖRPERLICH KRANK FÜHLT, FÜHLT SICH AUCH PSYCHISCH SCHLECHT. ZUM GLÜCK SCHAFFT DA DER RETTICH ABHILFE: DAS IM RETTICH ENTHALTENE VITAMIN C STÄRKT DAS IMMUNSYSTEM, WÄHREND DIE BITTERSTOFFE UND DIE SCHWEFELHALTIGEN SENFÖLE RAPHANOL UND DIE SENFÖLGLYKOSIDE ANTIBIOTISCH UND PILZTÖTEND WIRKEN UND DEN CHOLESTERINSPIEGEL SENKEN.

ANRICHTEN

Je ein Limettenviertel an die Innenseite von 4 Gläsern lehnen. Je 1 Wassermelonenscheibe zu einer Tüte drehen und in das Glas stecken. Die Makrelenstücke, die Wassermelonenwürfel, die Rettichwürfel und die Rettich-Julienne abwechselnd in die Wassermelonentütchen schichten und mit der Tamarindenvinaigrette beträufeln. Mit einigen Daikonkresseblättchen garnieren und sofort servieren.

Tomaten-Ingwer-Mousse mit geräuchertem Saibling und Kräutersalat

Tomaten-Ingwer-Mousse

½ EL natives Olivenöl
250 g rote Kirschtomaten
250 ml klarer Tomatenfond (siehe Grundrezept Seite 276)
50 g eingelegter Sushi-Ingwer
1 Zweig Basilikum
2 Stängel Zitronengras
4 ½ Blatt weiße Gelatine
1 Limette
Meersalz
frisch gemahlener weißer Pfeffer
etwas Kristallzucker

Saiblingsfilet

240 g geräuchertes Saiblingsfilet
20 geschmorte Kirschtomatenhälften (siehe Grundrezept Seite 277), abgekühlt
feines Meersalz
etwas frisch gepresster Zitronensaft
etwas Zitronen-Oliven-Öl

Kräutersalat

60 g gemischte Kräuter nach Belieben (z. B. Kerbelblättchen, Petersilienblättchen, Dillspitzen, Shisokresseblättchen, Daikonkresseblättchen, zarte Staudenselleriebiätter, Rucolaspitzen, griechisches Basilikum)
feines Meersalz
1 Spritzer frisch gepresster Zitronensaft

Anrichten

20 g eingelegter Sushi-Ingwer, in feine Streifen geschnitten (Julienne)
etwas Kräuteröl oder flüssiges Pesto nach Belieben
etwas frisch geschroteter schwarzer Pfeffer

Tomaten-Ingwer-Mousse

Das Olivenöl in einer Pfanne erhitzen.
Die Kirschtomaten halbieren, in die Pfanne geben und anrösten. Dann mit dem klaren Tomatenfond ablöschen, den klein geschnittenen Sushi-Ingwer zugeben und aufkochen. Die Kirschtomaten 5 Minuten leicht köcheln lassen. Die Pfanne vom Herd nehmen und den Basilikumzweig hineinlegen.
Das Zitronengras mit einem Hammer leicht zerstoßen, in grobe Stücke schneiden und ebenfalls in die Pfanne legen. Die Pfanne mit einem Deckel verschließen und den Inhalt 10 Minuten ziehen lassen.
Die Gelatine 5 Minuten in kaltem Wasser einweichen.
Den Saft der Limette auspressen und in die Pfanne geben.
Die noch heiße Tomaten-Ingwer-Sauce durch ein feines Sieb in eine Schüssel passieren.
Die gut ausgedrückte Blattgelatine unterrühren und in der Sauce auflösen.
Die Tomaten-Ingwer-Sauce mit Meersalz, frisch gemahlenem weißen Pfeffer und etwas Kristallzucker abschmecken. Die Mousse anschließend mindestens 4 Stunden in den Kühlschrank stellen.

Geräuchertes Saiblingsfilet

Das Saiblingsfilet von der Haut und von eventuell vorhandenen Gräten befreien. Das Saiblingsfilet mit den Händen in einzelne Segmente zerzupfen und in eine Schüssel geben.
Die geschmorten Kirschtomaten zugeben und vorsichtig vermengen. Mit Meersalz, etwas frisch gepresstem Zitronensaft und etwas Zitronen-Oliven-Öl abschmecken.

BASILIKUM ENTHÄLT EUGENOL UND METHYLEUGENOL. BEIDE STOFFE WERDEN WEGEN IHRER SCHMERZSTILLENDEN EIGENSCHAFTEN AUCH IN DER MEDIZIN GENUTZT. BESONDERS INTERESSANT: DIE SUBSTANZEN WIRKEN UMSO BESSER, JE ÖFTER MAN BASILIKUM ZU SICH NIMMT. DIESES PHÄNOMEN HEISST ENZYMINDUKTION: JE HÄUFIGER DER ORGANISMUS MIT EINEM STOFF IN KONTAKT KOMMT, UMSO MEHR ENZYME BILDET ER. IN DIESEM FALL WIRD DAS EUGENOL IN EIN AMPHETAMIN UMGEWANDELT.

KRÄUTERSALAT

Die Kräuter verlesen, waschen und gut abtropfen lassen. Die Kräuter in einer Schüssel vermengen und mit etwas feinem Meersalz und einem Spritzer frisch gepresstem Zitronensaft marinieren.

ANRICHTEN

Etwas Tomaten-Ingwer-Mousse in 4 Gläser füllen und mit Tomatenpüree und etwas Tomaten-Ingwer-Mousse bedecken. Mit den geräucherten Saiblingsfiletsegmenten und den marinierten Kirschtomaten belegen. Etwas Kräuteröl oder etwas flüssiges Pesto entlang der Glasinnenwand hineinrinnen lassen. Die Sushi-Ingwer-Streifen und den frisch marinierten Kräutersalat auf den Saiblingsfiletsegmenten platzieren und mit etwas frisch geschrotetem schwarzen Pfeffer bestreuen.

Pikanter Salat von grüner Mango, Poulardenbrust, Pomelo und Cashewkernen

Poulardenbrust

2 Poulardenbrüste (ohne Haut, à ca. 120 g)
500 ml Wasser
2 Knoblauchzehen
10 g frischer Ingwer
2 Kaffirlimettenblätter
etwas frisch gepresster Zitronensaft
1–2 EL Sojasauce

Salatvinaigrette

20 g rote frische Fingerchilis
5 g große frische gelbe Chilischoten
5 g frische Korianderwurzel
15 g Knoblauch
7 g eingelegter Sushi-Ingwer
65 g Fischsauce
65 g frisch gepresster Limettensaft
40 g Läuterzucker

Pikanter Salat

Meersalz
50 g Zuckerschoten
50 g Cashewkerne
2 pochierte Poulardenbrüste (siehe Teilrezept)
1 grüne, unreife Thaimango (erhältlich im Asialaden)
½ Thaipomelo
2 Schalotten
1 Kaffirlimettenblatt
1 EL frische, fein geschnittene Korianderblättchen
1 EL frische, fein geschnittene Minzeblättchen
1 unbehandelte Limette
einige frische rote Fingerchilistreifen (Julienne)
etwas Sojasauce

Anrichten

4 kleine Korianderzweige
einige getrocknete Chilifäden

Poulardenbrust

Die Poulardenbrüste säubern und beiseitestellen.
Das Wasser in einem Topf aufkochen.
Die Knoblauchzehen und den Ingwer schälen, in Scheiben schneiden und in das kochende Wasser geben.
Dann die Kaffirlimettenblätter zugeben und die Geflügelbrühe mit etwas frisch gepresstem Zitronensaft und Sojasauce würzig abschmecken.
Die Poulardenbrüste in den heißen Gewürzfond legen und ca. 15 Minuten bei milder Hitze pochieren. (Der Gewürzfond darf dabei nicht kochen. Die exakte Pochierdauer hängt von der Dicke der Poulardenbrüste ab. Die Poulardenbrüste müssen komplett durchgegart werden.)
Dann den Topf vom Herd nehmen und die Poulardenbrüste in dem Gewürzfond abkühlen lassen. (Der Gewürzfond kann zum Beispiel für asiatische Suppen weiterverwendet bzw. eingefroren werden.)

Salatvinaigrette

Die rote Fingerchili und die gelbe Chili längs aufschlitzen und entkernen, dann in kleine Würfel schneiden.
Die Korianderwurzel und den Knoblauch schälen und in kleine Würfel schneiden.
Den Sushi-Ingwer abtropfen lassen und in kleine Würfel schneiden.
Die Chili-, die Korianderwurzel-, die Knoblauch- und die Sushi-Ingwer-Würfel in einen Mörser geben und zu einer Paste zermörsern.
Die Paste in einen Mixbecher geben. Die Fischsauce, den frisch gepressten Limettensaft und den Läuterzucker zugeben und mit dem Pürierstab fein mixen. Die Vinaigrette durch ein feines Sieb in eine Schüssel passieren.

Pikanter Salat

Reichlich Wasser in einem Topf aufkochen und salzen.
Die Zuckerschoten in dem sprudelnd kochenden Wasser kurz blanchieren, dann aus dem Wasser heben und in Eiswasser abschrecken. Die Zuckerschoten abtropfen lassen und in Streifen schneiden.

SCHÄRFE EMPFINDET DIE ZUNGE ALS SCHMERZ. DARAUFHIN SCHÜTTET DER KÖRPER ENDORPHINE AUS, KÖRPEREIGENE MORPHINE ALSO, DIE DEN SCHMERZ DÄMPFEN SOLLEN. ENDORPHINE EUPHORISIEREN, MAN KRIEGT GUTE LAUNE.

Eine Pfanne ohne Fettzugabe auf dem Herd erhitzen.
Die Cashewkerne darin goldgelb rösten, dann aus der Pfanne nehmen und abkühlen lassen.
Die pochierten Poulardenbrüste mit den Händen in feine Segmente zerzupfen.
Die grüne, unreife Thaimango schälen, das Fruchtfleisch vom Kern lösen und in feine Streifen schneiden (Julienne).
Die Thaipomelo schälen und in die einzelnen Fruchtsegmente teilen. Die weiße Haut von den Fruchtsegmenten entfernen und das Pomelofruchtfleisch beiseitestellen.
Die Schalotten schälen, längs halbieren und in feine Streifen schneiden.
Das Kaffirlimettenblatt in sehr feine Streifen schneiden (Julienne).
Die Zuckerschoten, die Cashewkerne, das Poulardenbrustfleisch, die Mangostreifen, das Pomelofruchtfleisch, die Schalottenstreifen und die Kaffirlimettenjulienne in eine Schüssel geben und vermischen.
Die fein geschnittenen Koriander- und Minzeblättchen zugeben und mit der Salatvinaigrette vermengen. Den Salat mit etwas Fingerchili-Julienne, Limettenabrieb, frisch gepresstem Limettensaft und etwas Sojasauce abschmecken.

ANRICHTEN
Den pikanten Salat auf 4 große Gläser verteilen und mit der Marinade beträufeln. Jedes Glas mit einem Korianderzweig und einigen getrocknete Chilifäden garnieren.

Spicy Rindfleisch-Tomaten-Salat mit frischen Kräutern und Chilicracker

Chilicracker
50 g rote Fingerchilis
100 g Tapiokamehl
50 ml Wasser
7 g Salz
500 ml neutrales Pflanzenöl zum Frittieren

Soja-Ingwer-Vinaigrette
30 g geriebener Palmzucker
30 g frisch gepresster Limettensaft
3 frische Kaffirlimettenblätter
90 g Traubenkernöl
30 g frischer Ingwer
50 g Sojasauce
25 g weißer Aceto balsamico
2 rote Strauchtomaten
etwas rote, fein geschnittene Chilischote (Julienne)
etwas fein geschnittenes Koriandergrün (Julienne)

Rindfleisch
300 g frisches Rinderfilet am Stück
1 EL Rapsöl
Meersalz
frisch gemahlener schwarzer Pfeffer

Tomatensalat
gemischte Tomaten nach Belieben, z. B.:
4 rote Kirschtomaten
4 gelbe Kirschtomaten
1 kleine rote Strauchtomate
1 kleine gelbe Strauchtomate
1 reife grüne Tomate (eine grüne Sorte, keine unreife Tomate)
etwas Tomatenfruchtfleisch (siehe Teilrezept »Soja-Ingwer-Vinaigrette«)
Meersalz
1 Prise Zucker
1 EL natives Olivenöl

Anrichten
2 Frühlingszwiebeln, in feine Ringe geschnitten
2 Korianderzweige, die Blättchen gezupft
2 Zweige Basilikum, die Blätter gezupft
einige junge Staudenselleriebättchen
4 Scheiben rote Tomate, hauchdünn geschnitten
4 Halme Schnittlauch

Chilicracker
Die rote Fingerchili entkernen und klein würfeln.
Das Tapiokamehl, das Wasser, das Salz und die Chiliwürfel in einen Mixer geben und fein mixen.
Den entstandenen Teig dünn auf eine Silpatmatte streichen. Die Silpatmatte in den auf 90 °C vorgeheizten Backofen (Ober-/Unterhitze) geben. Den Teig einige Stunden trocknen lassen, bis man ihn in Stücke brechen kann.
Kurz vor dem Anrichten das Pflanzenöl in einer Fritteuse auf 200 °C erhitzen. Nur 1 getrocknetes Chiliteigstück in den Frittierkorb geben, kurz in das heiße Öl tauchen, bis das Teigstück aufpufft, sofort aus dem Öl nehmen und auf Küchenkrepp abtropfen lassen. Die restlichen Teigstücke ebenso ausbacken.

Soja-Ingwer-Vinaigrette
Den geriebenen Palmzucker mit dem frisch gepressten Limettensaft in einen kleinen Topf geben und verrühren.
Die Kaffirlimettenblätter in feine Streifen schneiden und unterrühren.
Die Flüssigkeit aufkochen, dann den Topf vom Herd nehmen und mit einem Deckel verschließen. Den Palmzucker-Limettensaft-Sud 10 Minuten ziehen lassen, anschließend durch ein feines Sieb passieren, abkühlen lassen und 50 g vom passierten Palmzucker-Limettensaft-Sud abwiegen.
60 ml Traubenkernöl in einen Mixbecher geben.
Den Ingwer schälen, in feine Würfel schneiden und mit dem Traubenkernöl sehr fein pürieren. Dann das Ingwer-Traubenkernöl durch ein Sieb passieren und 50 g abwiegen.
50 g Palmzucker-Limettensaft-Sud, 50 g Ingwer-Traubenkernöl, die Sojasauce und den weißen Balsamico in einem Mixbecher aufmixen. Das restliche Traubenkernöl während des Mixens in einem feinem Strahl zugeben und aufmontieren.
Die Strauchtomaten halbieren und mit einem Löffel entkernen. Die Kerne mit der beim Entkernen austretenden Flüssigkeit auffangen. Das Tomatenfruchtfleisch in Spalten schneiden und beiseitestellen.
Kurz vor dem Anrichten die Tomatenkerne und die Flüssigkeit mit etwas Chili-Julienne und etwas Koriander-Julienne unter die Soja-Ingwer-Vinaigrette rühren.

DAS WICHTIGSTE IM KORIANDER ENTHALTENE ÄTHERISCHE ÖL IST DAS LINALOOL, AUSSERDEM FINDEN SICH IM KORIANDER CUMARINE, TRITERPENE, KAFFEESÄUREDERIVATE, FLAVONOIDE UND PROTEINE. IM MITTELALTER GALT KORIANDER ALS APHRODISIAKUM UND BEI DEN CHINESEN SOGAR ALS UNSTERBLICH MACHEND.

RINDFLEISCH

Das Rinderfilet 30 Minuten vor der Zubereitung aus dem Kühlschrank nehmen. Das Rinderfilet kurz vor dem Anbraten von allen Seiten mit Meersalz würzen.
Das Rapsöl in einer Pfanne erhitzen und das Rinderfilet von allen Seiten goldbraun anbraten. Das Rinderfilet dann auf ein Backofengitter setzen und im auf 90 °C vorgeheizten Backofen (Ober-/Unterhitze) auf eine Kerntemperatur von 51 °C garen. (Dazu ein Fleischthermometer zu Hilfe nehmen.) Das Rinderfilet dann aus dem Backofen nehmen und gegen die Faser in dünne Scheiben schneiden. Das Fleisch anschließend leicht salzen und pfeffern. Lauwarm servieren.

TOMATENSALAT

Die Kirschtomaten waschen und halbieren.
Die Strauchtomaten waschen, vom Strunk befreien und in Spalten schneiden.
Die Tomaten mit dem bereitgestellten Tomatenfruchtfleisch in eine Schüssel geben und mit Meersalz, 1 Prise Zucker und Olivenöl marinieren.

ANRICHTEN

Die Hälfte der Soja-Ingwer-Vinaigrette mit den Tomatenkernen auf 4 Gläser verteilen. Den Tomatensalat und die Rinderfiletscheiben in die Gläser schichten. Mit den Frühlingszwiebelringen, den Koriander-, den Basilikum- und Staudenselleriеblättchen bestreuen. Je 1 hauchhünn geschnittene Tomatenscheibe an die Glasinnenwand legen. Die restliche Soja-Ingwer-Vinaigrette über die Rinderfiletscheiben träufeln und mit je 1 Schnittlauchhalm dekorieren. Je 1 Chilicracker an das Glas hängen und sofort servieren.

Zitronengras-Curry-Suppe mit Garnelen und scharfem Basilikum

Zitronengras-Curry-Suppe

1 Hähnchenkeule (ca. 250 g)
1 EL Rapsöl
2 Schalotten
2 Knoblauchzehen
3 frische Champignons
100 g Fenchelknolle
15 g frischer Ingwer
3 Stängel Zitronengras, dazu die äußeren Blätter von 4 Stängeln Zitronengras (siehe Teilrezept »Zitronengras-Garnelen-Spieß«)
3 Kaffirlimettenblätter
½ frische rote Fingerchili
1 EL weiße Misopaste
2 EL Currypulver
50 ml Sojasauce
30 ml Fischsauce
900 ml helle Geflügelbrühe (siehe Grundrezept Seite 275)
500 ml ungesüßte Kokosmilch
300 ml Sojamilch
2 unbehandelte Limetten

Zitronengras-Garnelen-Spiess

8 frische rohe Riesengarnelenschwänze (à ca. 30 g)
4 Stängel Zitronengras
1 EL Rapsöl
etwas Fischsauce

Anrichten

20 frische Thaibasilikumblätter
nach Belieben etwas frische rote Chilischote, in Streifen geschnitten

Zitronengras-Curry-Suppe

Die Hähnchenkeule mit Knochen in grobe Stücke hacken.
Das Rapsöl in einem Topf erhitzen und die Hähnchenstücke darin von allen Seiten goldgelb anbraten.
Die Schalotten und die Knoblauchzehen schälen, in Würfel schneiden und mit anschwitzen.
Die Champignons putzen, vierteln und unterrühren.
Die Fenchelknolle putzen, würfeln und mit anschwitzen.
Den frischen Ingwer schälen, in Scheiben schneiden und mit anschwitzen.
Das Zitronengras mit einem Hammer zerklopfen, in große Stücke schneiden und zugeben. Die Kaffirlimettenblätter und die entkernte rote Fingerchili unterrühren.
Den Topfinhalt an den Topfrand rühren, die weiße Misopaste und das Currypulver in die Topfmitte geben und bei milder Hitze unter Rühren etwas anschwitzen. Anschließend mit der Sojasauce und der Fischsauce ablöschen und mit der hellen Geflügelbrühe aufgießen. Die Suppe aufkochen und unter Köcheln auf die Hälfte reduzieren. Dann die Kokos- und die Sojamilch zugeben und aufkochen.
Die Suppe durch ein feines Sieb in einen Topf passieren. Die Zesten von 2 Limetten fein abreiben und unterrühren. Den Saft der Limetten auspressen und unterrühren.
Die Suppe gegebenenfalls mit etwas Sojasauce abschmecken und heiß servieren.

Zitronengras-Garnelen-Spiess

Die Riesengarnelen schälen, vom Darm befreien und unter fließendem kalten Wasser gründlich reinigen, dann mit Küchenkrepp trocken tupfen.
Die Zitronengrasstängel von den äußeren Blättern befreien. Diese können in der Suppe mitgekocht werden. Je 2 Riesengarnelen flach auf einen halbierten Zitronengrasstängel stecken.
Das Rapsöl in einer Pfanne erhitzen und die Zitronengras-Garnelen-Spieße darin von beiden Seiten bei mittlerer Hitze anbraten.
Den Bratensatz mit etwas Fischsauce ablöschen, mehrmals durchschwenken und die Zitronengras-Garnelen-Spieße sofort anrichten.

BASILIKUM IST REICH AN ÄTHERISCHEN ÖLEN UND ENTHÄLT RUND 20 VERSCHIEDENE SUBSTANZEN, DARUNTER METHYLCINNAMAT, ZITRAL, THYMOL UND KAMPFER. ZUDEM ENTHÄLT BASILIKUM VON ALLEN KRÄUTERN NACH PETERSILIE AM MEISTEN BETAKAROTIN UND NACH PFEFFERMINZE AM MEISTEN VITAMIN E. IN DER VOLKSMEDIZIN WIRD BASILIKUM ZUR VERDAUUNGSFÖRDERUNG UND GEGEN LEICHTE DEPRESSIVE VERSTIMMUNGEN EINGESETZT. ES WIRKT KRAMPFLÖSEND UND BERUHIGEND. UND CURRY? CURRY IST SCHARF – UND HEBT DAMIT DIE LAUNE.

ANRICHTEN

Je 1 Zitronengras-Garnelen-Spieß in 4 Gläser geben und die Gläser mit der Zitronengras-Curry-Suppe auffüllen. Jedes Glas mit 4 Thaibasilikumblättern garnieren und nach Belieben mit frischen roten Chilistreifen bestreuen.

Lachs-Tomaten-Süppchen mit Algen, Riso Venere und Tofu

Algen
20 g gemischte Algen
(z. B. Wakame,
Lechuga de Mar)

Schwarzer Reis
80 g Riso Venere
Meersalz

Lachs-Tomaten-Süppchen
100 g Schalotten
1 Knoblauchzehe
1 EL natives Olivenöl
300 g frische Lachs-karkassen
250 g rote Strauchtomaten
20 g frischer Ingwer
700 ml Wasser
1 Zweig Basilikum
Meersalz
frisch gemahlener weißer Pfeffer

Anrichten
80 g Seidentofu

Algen
Die Algen separat in Schüsseln geben und mit reichlich kaltem Wasser bedecken. Die Algen 24 Stunden wässern.
Die gewässerten Algen aus dem Einweichwasser nehmen und getrennt voneinander in kochend heißem Wasser ohne Salzzugabe blanchieren, dann in Eiswasser abschrecken und auf Küchenkrepp abtropfen lassen.

Schwarzer Reis
Reichlich Wasser in einem Topf zum Kochen bringen und salzen. Den Riso Venere zugeben und in dem sprudelnd kochenden Salzwasser ca. 50–60 Minuten bissfest garen. Anschließend abgießen und anrichten.

Lachs-Tomaten-Süppchen
Die Schalotten und die Knoblauchzehe schälen und fein würfeln.
Das Olivenöl in einem Topf erhitzen und die Schalotten- und Knoblauchwürfel darin glasig schwitzen. Dann die Lachskarkassen zugeben und einige Minuten anrösten.
Die Strauchtomaten waschen, vom Strunk und Kerngehäuse befreien und in Würfel schneiden. Die Tomatenwürfel zugeben und anschwitzen.
Den Ingwer schälen, in feine Würfel schneiden und unterrühren. Alles mit dem Wasser auffüllen und aufkochen. Dann die Hitze reduzieren und das Lachs-Tomaten-Süppchen ca. 15 Minuten leicht köcheln lassen. Den Topf vom Herd nehmen, den Basilikumzweig zugeben und das Süppchen zugedeckt 5 Minuten ziehen lassen. Das Lachs-Tomaten-Süppchen dann vorsichtig durch ein Sieb passieren und mit Meersalz und frisch gemahlenem weißen Pfeffer abschmecken. Kurz vor dem Servieren nochmals aufkochen.

Anrichten
Den Seidentofu in 2 x 2 cm große Würfel schneiden und auf 4 Gläser verteilen. Das kochend heiße Lachs-Tomaten-Süppchen angießen und mit den blanchierten Algen belegen. Mit dem gekochten schwarzen Reis bestreuen und sofort servieren.

1 KG TROCKENMASSE VON TOMATEN ENTHÄLT RUND 200 MG TRYPTAMIN UND SEROTONIN. DIESE BIOGENEN AMINE BEEINFLUSSEN UNSERE STIMMUNG: UNTER DEN PASSENDEN BEDINGUNGEN WERDEN SIE IM KÖRPER ZU DEM HALLUZINOGENEN BUFOTENIN VERSTOFFWECHSELT, WELCHES IN HOHER DOSIS EINEN PSYCHEDELISCHEN EFFEKT HAT.

Pikante Hühnersuppe mit Safran, Glasnudeln, Pak Choi und Shiitakepilzen

PIKANTE HÜHNERSUPPE
1 kg Hähnchenkeulen
1 l Wasser
2 Stängel Zitronengras
30 g frischer Ingwer
10 g frischer echter Galangal (erhältlich im Asialaden)
15 g rote Fingerchili
2 Frühlingszwiebeln
2 frische Kaffirlimettenblätter
1 g Safranfäden
1 Bund Koriandergrün (nur die Stängel)
50 g Sojasauce
50 g Fischsauce

PAK CHOI
8 Baby-Pak-Choi
1 EL Rapsöl
feines Meersalz

SHIITAKEPILZE
100 g frische Shiitakepilze
1 EL Rapsöl
feines Meersalz
frisch gemahlener weißer Pfeffer
etwas Fischsauce zum Abschmecken
etwas geröstetes Sesamöl

GLASNUDELN
50 g Glasnudeln
etwas Sojasauce
etwas Fischsauce
4 Stangen Frühlingslauch (nur das Grün)

PIKANTE HÜHNERSUPPE

Die Hähnchenkeulen waschen und beiseitestellen.
1 l kaltes Wasser in einen großen Topf füllen.
Das Zitronengras mit einem Hammer leicht anklopfen, in grobe Stücke schneiden und in den Topf geben.
Den Ingwer und den echten Galangal schälen, in Scheiben schneiden und ebenfalls in den Topf geben.
Die rote Fingerchili aufschlitzen, entkernen und zugeben.
Die Frühlingszwiebeln putzen, in grobe Stücke schneiden und zugeben.
Die Kaffirlimettenblätter und die Safranfäden zugeben und unterrühren.
Das Koriandergrün waschen und die Blättchen abzupfen. Die Korianderstängel in den Topf geben. (Die Korianderblättchen können anderweitig verwendet werden.)
Die Sojasauce und die Fischsauce zugeben und das Wasser aufkochen.
Dann die Hähnchenkeulen in die Suppe geben und den Topf verschließen. Die Hitze reduzieren und die Hähnchenkeulen 1–2 Stunden ziehen lassen, bis das Hähnchenfleisch durchgegart ist. (Die Hühnersuppe darf dabei nicht kochen.)
Die Hühnersuppe dann durch ein feines Sieb passieren. Das gare Hähnchenfleisch häuten und von den Knochen lösen. Das Hähnchenfleisch in mundgerechte Stücke schneiden. Die pikante Hühnersuppe vor dem Servieren nochmals aufkochen.

PAK CHOI

Den Baby-Pak-Choi waschen, gut trocken tupfen und in Viertel schneiden.
Das Rapsöl in einer Schwenkpfanne erhitzen, den Baby-Pak-Choi zugeben und scharf anbraten. Den Baby-Pak-Choi durch mehrmaliges Schwenken bissfest braten und mit feinem Meersalz würzen.

SHIITAKEPILZE

Die Shiitakepilze putzen und von den Stielen befreien.
Das Rapsöl in einem Wok oder einer Schwenkpfanne erhitzen. Die Shiitakepilze darin unter Rühren bzw. die Schwenken scharf anbraten. Die Shiitakepilze leicht salzen und pfeffern. Den Wok bzw. die Schwenkpfanne vom Herd nehmen und mit wenig Fischsauce ablöschen, durchrühren und mit etwas geröstetem Sesamöl abschmecken.

GLASNUDELN

Die Glasnudeln in eine große Schüssel geben und mit reichlich kochendem Wasser übergießen. Die Glasnudeln einige Minuten gar ziehen lassen, dann abgießen und gut abtropfen lassen. Die Glasnudeln in eine Schüssel geben und mit etwas Soja- und Fischsauce abschmecken.
Den Frühlingslauch waschen, putzen und das Grün abschneiden. Das Grün längs in dünne Streifen schneiden und mit den marinierten Glasnudeln vermengen.

SAFRAN BEEINFLUSST
DIE PSYCHE POSITIV.
SEINE ANTIDEPRESSIVE UND
KRAMPFLÖSENDE WIRKUNG
IST EXPERIMENTELL GESICHERT.
LEIDER KONNTE MAN BIS HEUTE
NICHT HERAUSFINDEN, WELCHE
SEINER INHALTSSTOFFE DA-
FÜR GENAU VERANTWORT-
LICH SIND.

ANRICHTEN

Das ausgelöste Hühnerfleisch auf 4 Gläser verteilen und mit dem gebratenen Baby-Pak-Choi und den Shiitakepilzen belegen. Mit der kochend heißen Hühnersuppe aufgießen. Die Glasnudeln spiralförmig auf je 2 Essstäbchen wickeln. In jedes Glas 2 gewickelte Stäbchen stecken und sofort servieren.

Lammfilet mit Pfefferkruste auf Kürbis-Paprika-Salat

Pfefferkruste

- 500 ml neutrales Pflanzenöl zum Frittieren
- 50 g grüne Kardamomkapseln
- 100 g Melange Noir (Pfeffermischung von Ingo Holland)
- 150 g Panko (Paniermehl aus der japanischen Küche, erhältlich im Asialaden)

Kürbis-Paprika-Salat

- 150 g Muskatkürbis
- 2 gelbe Paprikaschoten
- 2 rote Paprikaschoten
- 2 Schalotten
- 2 EL natives Olivenöl
- 1 TL mildes Currypulver
- 1 Prise gemahlener Kreuzkümmel
- 50 ml weißer Aceto balsamico
- 500 ml frisch entsafteter Muskatkürbissaft
- 1 Stängel frisches Zitronengras
- etwas Maisstärke zum Binden
- Meersalz
- Zucker
- Piment d'Espelette
- 1 EL fein geschnittene Basilikumblättchen (Julienne)
- 1 EL fein geschnittene Petersilienblättchen (Julienne)

Lammfilet

- 8 küchenfertige Lammfilets (gesamt ca. 300 g)
- Meersalz
- etwas Pfefferkrusten-Gewürzstaub (siehe Teilrezept »Pfefferkruste«)
- 1 EL Rapsöl

Kürbisluft

- 300 ml frisch entsafteter Muskatkürbissaft
- 50 ml weißer Aceto balsamico
- Meersalz
- frisch gemahlener weißer Pfeffer
- 1 g Sojalecithin

Anrichten

- 2 EL geschälte, geröstete Kürbiskerne
- einige Senfkresseblättchen

Pfefferkruste

Das Pflanzenöl in einer Fritteuse auf 180 °C erhitzen.
Die Kardamomkapseln und die Melange-Noir-Pfefferkörner in den Frittierkorb geben und kurz frittieren. Den Korb dann aus dem Fett nehmen und die Gewürze kurz abtropfen lassen. Diesen Vorgang 2 x wiederholen.
Ein Blech mit Küchenkrepp belegen. Die Gewürze auf dem Küchenkrepp verteilen und 12 Stunden trocknen lassen.
Eine trockene Pfanne erhitzen, das Panko hineinstreuen und darin anrösten. Das Panko dann aus der Pfanne nehmen und abkühlen lassen.
Die Gewürze und das geröstete Panko in einen Universal-Zerkleinerer geben und sehr gut durchmixen.
Die Gewürzmischung in ein Mehlsieb geben, durchsieben, den Gewürzstaub auffangen und beiseitestellen.

Lauwarmer Kürbis-Paprika-Salat

Den Muskatkürbis schälen und in 5 cm lange und 3 mm dünne Stifte schneiden.
Die roten und gelben Paprikaschoten mit dem Gemüseschäler fein schälen, von den Kernen und Scheidewänden befreien und in Streifen schneiden.
Die Schalotten schälen, der Länge nach halbieren und in Streifen schneiden.
1 EL natives Olivenöl in einer Schwenkpfanne erhitzen. Die Muskatkürbisstifte, die Paprikastreifen und die Schalottenstreifen darin farblos anschwitzen. Dann das Currypulver und den Kreuzkümmel zugeben und unter Rühren etwas anrösten. Mit etwas Meersalz und 1 Prise Zucker würzen und mit dem weißen Balsamico ablöschen.
Das Kürbis-Paprika-Gemüse mit dem frisch entsafteten Muskatkürbissaft auffüllen und aufkochen.
Das Zitronengras mit einem Hammer leicht anklopfen, in grobe Stücke schneiden und zugeben. Das Kürbis-Paprika-Gemüse bei milder Hitze gar ziehen lassen.
Etwas Maisstärke mit wenig kaltem Wasser anrühren, zu dem Kürbis-Paprika-Gemüse geben und unter Rühren aufkochen, bis die Masse andickt. Die Pfanne vom Herd nehmen und das Kürbis-Paprika-Gemüse mit Meersalz, 1 Prise Zucker und Piment d'Espelette abschmecken, anschließend leicht abkühlen lassen. Die Basilikum-Julienne und die Blattpetersilien-

JEDES FLEISCH, ALSO AUCH LAMMFLEISCH, IST EINE AUSGEZEICHNETE QUELLE DES »NERVENVITAMINS« B12. BEREITS EIN LEICHTER MANGEL AN VITAMIN B12 KANN ZU MÜDIGKEIT, DEPRESSIONEN, KONZENTRATIONS- UND GEDÄCHTNISSTÖRUNGEN FÜHREN. DASSELBE GILT FÜR EINEN EISENMANGEL. LAMMFLEISCH IST (WIE FLEISCH IM ALLGEMEINEN) ÜBRIGENS AUCH EINE HERVORRAGENDE EISENQUELLE.

Julienne unterrühren, das Kürbis-Paprika-Gemüse durch ein Sieb gießen.
Das restliche Olivenöl mit einem Schneebesen in die Sauce einmontieren, mit dem Kürbis-Paprika-Gemüse vermischen und lauwarm anrichten.

LAMMFILET

Die Lammfilets trocken tupfen, mit Meersalz bestreuen und in dem Pfefferkrusten-Gewürzstaub wälzen.
Das Rapsöl in einer Pfanne erhitzen. Die Lammfilets darin von allen Seiten sehr scharf und kurz anbraten.
Die angebratenen Lammfilets aus der Pfanne nehmen und auf ein Backofengitter setzen. Die Lammfilets im auf 90 °C vorgeheizten Backofen (Ober-/Unterhitze) auf eine Kerntemperatur von 51 °C garen. (Dazu ein Fleischthermometer verwenden.) Die fertigen Lammfilets aus dem Backofen nehmen, in Tranchen schneiden und sofort anrichten.

KÜRBISLUFT

Den Muskatkürbissaft und den weißen Aceto balsamico in einen Mixbecher geben und mit dem Pürierstab aufmixen. Mit Meersalz und frisch gemahlenem weißen Pfeffer abschmecken.
Das Sojalecithin zugeben und das Gemisch erneut gut aufmixen. Den Schaum mit einem Löffel abtragen und anrichten.

ANRICHTEN

Den lauwarmen Kürbis-Paprika-Salat auf 4 Gläser verteilen, mit den Lammfilets belegen und den Kürbiskernen bestreuen. Die Kürbisluft auf den Lammfilets platzieren, mit Senfkresseblättchen garnieren und sofort servieren.

Grünteenudeln mit Kürbis, Curry und Erdnüssen

Grünteenudeln

250 g Semola di Grano duro (feiner italienischer Nudelgrieß)
20 g japanisches Matcha-Grüntee-Pulver
½ Ei
80–120 ml Wasser
etwas Semola di Grano duro zum Ausrollen
Meersalz
1 EL Erdnussöl

Hinweis: Statt sie selbst zu machen, können Sie die Grünteenudeln im gut sortierten Feinkostladen kaufen.

Kürbiscurry

200 g Muskatkürbis
1 EL Rapsöl
20 g rote Currypaste
200 g Sojamilch
Meersalz

Anrichten

40 g fester Ziegenschnittkäse
50 g geröstete, gesalzene Erdnusskerne
einige frische Korianderblättchen

Grünteenudeln

Die Semola di Grano duro in einer Schüssel mit dem Matcha-Grüntee-Pulver vermischen. Dann das Ei und 80 ml Wasser zugeben und zu einem glatten, festen Nudelteig verkneten. (Lässt sich der Teig nicht komplett verkneten, noch etwas Wasser hinzufügen.) Den Nudelteig in Klarsichtfolie wickeln und 1 Stunde kühl stellen.

Den erkalteten Nudelteig aus der Folie nehmen und portionsweise mit einer Nudelmaschine zu dünnen Bahnen ausrollen, anschließend zu Bandnudeln schneiden. Dabei immer wieder mit etwas Semola di grano duro bestreuen, damit die Nudeln nicht aneinanderkleben.

In einem Topf reichlich Wasser zum Kochen bringen, gut salzen und die Grünteenudeln bissfest garen.

Das Erdnussöl in einer Schwenkpfanne erhitzen. Die bissfest gegarten Grünteenudeln aus dem Salzwasser schöpfen und sofort in die heiße Pfanne gleiten lassen. ½ Schöpfkelle heißes Nudelwasser zugeben, einige Male durchschwenken und sofort anrichten.

Kürbiscurry

Den Muskatkürbis schälen und in längliche Stücke schneiden. Mithilfe eines Gemüsespiralschneiders feine Kürbisspaghetti abdrehen und beiseitestellen.

Das Rapsöl in einem Topf erhitzen, die rote Currypaste zugeben und unter Rühren anrösten. Dann mit der Sojamilch ablöschen und aufkochen. Die Currysauce mit etwas Meersalz abschmecken.

Die rohen Kürbisspaghetti vorsichtig unterheben. Den Topf verschließen und vom Herd nehmen. Die Kürbisspaghetti 5 Minuten gar ziehen lassen. Das Kürbiscurry nochmals mit Meersalz abschmecken und sofort anrichten.

Anrichten

Das Kürbiscurry auf 4 Gläser verteilen und mit den Grünteenudeln bedecken. Mit einer Microplane-Reibe feine Ziegenschnittkäselocken abreiben und auf den Grünteenudeln platzieren. Mit Erdnusskernen bestreuen und mit Korianderblättchen garnieren.

CURRY SCHMECKT SCHARF, WEIL ER CHILI UND PFEFFER ENTHÄLT. EIGENTLICH SOLLTE MAN MEINEN, PFEFFER UND CHILI ZU MISCHEN, WÄRE SINNLOS, DA DIE CHILI DEN PFEFFER KOMPLETT ÜBERTÖNT. DOCH BEIDE GEWÜRZE HABEN IN DER MISCHUNG IHREN GANZ EIGENEN NUTZEN. WÄHREND DIE CHILI DIE KÖRPERTEMPERATUR SENKEN SOLL, WIRKT DER PFEFFER – VOR ALLEM IN VERBINDUNG MIT KURKUMA – ALS NATURARZNEI. FÜR UNS IST CURRY NUR EINE GEWÜRZMISCHUNG UNTER VIELEN – IN SÜDASIEN IST ER FAST EIN GRUNDNAHRUNGSMITTEL!

Vollkorn-Kaspressknödel mit sautierten Pilzen und Feldsalat

Vollkorn-Kaspressknödel

150 g Vollkornsemmeln
100 ml lauwarme Vollmilch (3,5 % Fettgehalt)
1 EL Schnittlauchröllchen
1 Schalotte, geschält
60 g frische gemischte Pilze (z. B. Kräutersaitlinge, Austernpilze, Shiitakepilze)
50 g Butter
50 g frisch geriebener Bergkäse
2 Eier
Meersalz
frisch gemahlener schwarzer Pfeffer
20 g Butterschmalz

Sautierte Pilze

200 g gemischte Pilze (z. B. Egerlinge, Kräutersaitlinge, Steinpilze, Pfifferlinge, Austernpilze)
1 Schalotte
1 EL Rapsöl
50 ml helle Geflügelbrühe (siehe Grundrezept Seite 275)
200 ml Sojamilch
1 EL Schnittlauchröllchen
Meersalz
frisch gemahlener weißer Pfeffer

Feldsalat

40 g Feldsalat
½–1 TL Haselnussöl
feines Meersalz

Anrichten

20 g fein gehobelter Bergkäse
etwas Steinpilzöl zum Beträufeln

Vollkorn-Kaspressknödel

Die Vollkornsemmeln in 1 cm große Würfel schneiden und mit der lauwarmen Milch in einer Schüssel vermengen. Die Schnittlauchröllchen darüberstreuen.
Die Schalotte schälen und in sehr feine Würfel schneiden.
Die Pilze säubern und klein würfeln.
Die Butter in einer kleinen Pfanne erhitzen und die Schalotten- und Pilzwürfel darin kurz anschwitzen. Die Schalotten- und Pilzwürfel dann aus der Pfanne nehmen, leicht salzen und pfeffern und abkühlen lassen. Die abgekühlten Schalotten- und Pilzwürfel mit dem geriebenen Bergkäse unter die Vollkornsemmel-Masse heben.
Die Eier aufschlagen, leicht verquirlen und unter die Knödelmasse heben. Die Knödelmasse mit Meersalz und frisch gemahlenem schwarzen Pfeffer abschmecken. Anschließend mit einer Klarsichtfolie abdecken und 1 Stunde im Kühlschrank durchziehen lassen.
Mit nassen Händen aus der gekühlten Knödelmasse kleine Laibchen formen.
Das Butterschmalz in einer Pfanne erhitzen. Die Laibchen in die Pfanne geben, leicht flach drücken und bei mittlerer Hitze unter mehrmaligem Wenden knusprig goldbraun ausbacken. Die fertigen Kaspressknödel aus der Pfanne nehmen und kurz auf Küchenkrepp abtropfen lassen.

Sautierte Pilze

Die Egerlinge säubern und vierteln. Die Kräutersaitlinge, die Steinpilze und die Pfifferlinge säubern und in 1 cm große Stücke schneiden. Die Austernpilze säubern und in Streifen zupfen.
Die Schalotte in feine Würfel schneiden (Brunoise).
Das Rapsöl in einer Schwenkpfanne erhitzen. Die Pilze darin bei starker Hitze anbraten. Dann die Schalottenwürfel zugeben und mehrmals durchschwenken. Die Pilze leicht salzen, pfeffern, dann mit der Geflügelbrühe und der Sojamilch auffüllen und aufkochen. Die Pilze leicht köcheln lassen, bis die Sauce leicht sämig wird. Dann die Schwenkpfanne vom Herd nehmen, die Schnittlauchröllchen unter die Pilze heben und alles mit Meersalz und weißem Pfeffer abschmecken.

FELDSALAT HAT ZWEI GROSSE PLUSPUNKTE: ER ENTHÄLT ERSTENS VIEL FOLSÄURE, EIN WASSERLÖSLICHES VITAMIN DER B-GRUPPE. SIE IST FÜR ZAHLREICHE STOFFWECHSELPROZESSE WICHTIG, AUSSERDEM FÜR DAS ZELLWACHSTUM UND DIE ZELLTEILUNG SOWIE FÜR DIE PRODUKTION DER WEISSEN UND ROTEN BLUTKÖRPERCHEN. FOLSÄURE STÄRKT ALSO DIE GEISTIGE LEISTUNGSFÄHIGKEIT. ZWEITENS IST DER FELDSALAT BOTANISCH MIT DEM BALDRIAN VERWANDT – ER WIRKT ALSO LEICHT BERUHIGEND UND ENTSPANNEND.

FELDSALAT

Den Feldsalat gründlich waschen und gut abtropfen lassen. Den Feldsalat in eine Schüssel geben und mit wenig Haselnussöl und etwas feinem Meersalz marinieren. Anschließend sofort anrichten.

ANRICHTEN

Die sautierten Pilze in die Mitte von 4 Gläsern verteilen. Die Vollkorn-Kaspressknödel auf den sautierten Pilzen anrichten und die sämige Pilzsauce angießen. Mit dem marinierten Feldsalat und gehobelten Bergkäse garnieren und zum Schluss mit etwas Steinpilzöl beträufeln.

Winterliches Gemüse mit schwarzer Trüffel und Parmesansauce

Dunkles Gemüse

40 g violette Kartoffeln (Sorte: Vitelotte)
40 g Baby-Rote-Bete
40 g Beta-Sweet-Karotte
½ EL natives Olivenöl
200 ml Rote-Bete-Saft (aus der Flasche)
Meersalz
frisch gemahlener schwarzer Pfeffer

Helles Gemüse

400 g helles winterliches Gemüse nach Belieben (z. B. Romanesco, Topinambur, Knollenziest, Babykarotten, gelbe Rüben, Hopfensprossen)
40 g frische Maronen
1 El natives Olivenöl
200 ml Gemüsebrühe (siehe Grundrezept Seite 274)
Meersalz
frisch gemahlener weißer Pfeffer

Parmesansauce

200 g klarer Tomatenfond (siehe Grundrezept Seite 276)
70 g frisch geriebener Parmesan
30 g natives Olivenöl
Meersalz
frisch gemahlener weißer Pfeffer
etwas Maisstärke zum Binden

Anrichten

etwas frische schwarze Trüffel nach Belieben
etwas natives Olivenöl
einige frische Rucolaspitzen

Dunkles winterliches Gemüse

Die violetten Kartoffeln und die Baby-Rote-Bete schälen und in gleich große Viertel bzw. Achtel schneiden.
Die Beta-Sweet-Karotte in mundgerechte Stücke schneiden.
Das Olivenöl in einem Topf erhitzen, das Gemüse zugeben und kurz anschwitzen, dann mit dem Rote-Bete-Saft auffüllen und aufkochen. Das Gemüse ca. 8–10 Minuten zugedeckt köcheln lassen, bis es fast bissfest gegart ist. (Das Gemüse soll noch sehr knackig sein. Die exakte Garzeit richtet sich nach der Größe der Gemüsestücke.) Dann den Deckel vom Topf nehmen und den Rote-Bete-Saft leicht köchelnd sirupartig einkochen, bis das Gemüse gar ist. Das dunkle winterliche Gemüse mit Meersalz und frisch gemahlenem schwarzen Pfeffer abschmecken.

Helles winterliches Gemüse

Die hellen winterlichen Gemüse waschen, ggf. schälen und in mundgerechte Stücke schneiden.
Reichlich Wasser in einem Topf zum Kochen bringen.
Die einzelnen Gemüsesorten getrennt voneinander in dem sprudelnd kochenden Wasser bissfest blanchieren, aus dem Blanchierwasser nehmen, in Eiswasser abschrecken und auf Küchenkrepp gut abtropfen lassen.
Die Maronen schälen und beiseitestellen.
Das Olivenöl in einer Schwenkpfanne erhitzen, das blanchierte Gemüse und die Maronen zugeben und kurz anschwitzen. Alles mit dem Gemüsefond auffüllen und aufkochen. Den Gemüsefond köchelnd sämig einreduzieren. Das helle winterliche Gemüse mit Meersalz und frisch gemahlenem schwarzen Pfeffer abschmecken.

Parmesansauce

Den klaren Tomatenfond in einem Topf aufkochen. Den geriebenen Parmesan und das Olivenöl zugeben und sofort mit dem Pürierstab aufmixen. Die Parmesansauce mit Meersalz und frisch gemahlenem weißen Pfeffer abschmecken.
In einer Tasse etwas Maisstärke in wenig kaltem Wasser anrühren und das Gemisch unter die Parmesansauce rühren. Die Parmesansauce kurz aufkochen und sämig binden.

DIE BERUHIGENDE WIRKUNG DES HOPFENS WAR DEN MÖNCHEN, DIE FRÜHER DIE HOPFENGÄRTEN PFLEGTEN, BESTENS BEKANNT. DER DUFT VON FRISCHEM HOPFEN WIRKT LEICHT HYPNOTISCH UND EINSCHLÄFERND. DAS ÜBERRASCHT KAUM, WENN MAN BEDENKT, DASS DER NÄCHSTE BOTANISCHE VERWANDTE DES HOPFEN DER HANF IST ...

ANRICHTEN

Die schwarze Trüffel in feine Scheiben schneiden und mit wenig Olivenöl bestreichen. Das helle und das dunkle winterliche Gemüse auf 4 Gläser verteilen und mit den marinierten Trüffelscheiben belegen. Die Parmesansauce vorsichtig angießen und mit frischen Rucolaspitzen garnieren.

Chili con Carne mit Gerste und Mais

Chili con Carne

400 g Rindfleisch am Stück (Roastbeef)
100 ml natives Olivenöl
200 g rote Zwiebeln
2 Knoblauchzehen
1 rote Paprikaschote
1 gelbe Paprikaschote
1 große rote Chilischote
1 EL mildes Paprikapulver
1 TL gemahlener Kreuzkümmel
Meersalz
frisch gemahlener schwarzer Pfeffer
etwas Piment d'Espelette
10 g Tomatenmark
2 rote Strauchtomaten
100 g passierte Tomaten
500 ml Wasser

Gerste

1 Schalotte
½ EL Butterschmalz
60 g Rollgerste
300 ml Gemüsebrühe (siehe Grundrezept Seite 274)
Meersalz
frisch gemahlener weißer Pfeffer
etwas Chiliöl

Maisespuma

400 ml Geflügelbrühe (siehe Grundrezept Seite 275)
50 g Polenta Precotta (Quick-Polenta)
150 ml Sojamilch
Meersalz
frisch gemahlener weißer Pfeffer
frisch geriebene Muskatnuss

Paprika und Tomate

1 rote Paprikaschote
2 rote Strauchtomaten

Mais

1 frischer Maiskolben
Meersalz
frisch gemahlener weißer Pfeffer
Piment d'Espelette
etwas natives Olivenöl zum Abglänzen

Anrichten

4 TL fein geschnittene Blattpetersilienblättchen (Julienne)

Wenn die Tage kürzer und trüber werden, bringen scharfe Gaumenkitzler die Psyche in Schwung. Chili hebt die Stimmung, weil der scharfe Schmerzreiz auf der Zunge die Ausschüttung von Endorphinen anregt. Außerdem lassen scharfe Gewürze die Körpertemperatur um bis zu 1 Grad Celsius ansteigen, was an kalten Wintertagen geradezu ideal ist.

Chili con Carne

Das Rindfleisch in 1 cm große Würfel schneiden.
Das Olivenöl in einer Pfanne erhitzen und die Rindfleischwürfel darin von allen Seiten goldbraun anbraten. Die Rindfleischwürfel dann aus der Pfanne nehmen und beiseitestellen.
Die Zwiebeln und die Knoblauchzehen schälen, würfeln, in dieselbe Pfanne geben und unter Rühren anschwitzen.
Die Paprikaschoten von den Kernen und Scheidewänden befreien, würfeln und zugeben.
Die Chilischote längs halbieren, von den Kernen und Scheidewänden befreien, fein würfeln und ebenfalls zugeben.
Das Paprikapulver und den gemahlenen Kreuzkümmel gleichmäßig in die Pfanne streuen und unter Rühren mit anrösten. Etwas Meersalz, frisch gemahlenen schwarzen Pfeffer und Piment d'Espelette zugeben. Dann das Tomatenmark in die Pfanne geben und kurz mitrösten.
Die Strauchtomaten vom Strunk befreien, würfeln und zugeben.
Das Chili mit den passierten Tomaten und dem Wasser auffüllen und aufkochen. Die Hitze reduzieren und das Chili ca. 30 Minuten leicht köcheln lassen. Dann den Topf vom Herd nehmen, die Rindfleischwürfel in das Chili geben und vermengen. Das Chili con Carne 2–3 Minuten ziehen lassen. Anschließend nochmals mit Meersalz, frisch gemahlenem schwarzen Pfeffer und Piment d'Espelette abschmecken.

Gerste

Die Schalotte schälen und fein würfeln.
Das Butterschmalz in einem Topf erhitzen und die Schalottenwürfel darin glasig schwitzen.
Die Rollgerste unterrühren und kurz mitschwitzen. Dann mit der Gemüsebrühe auffüllen und aufkochen. Die Rollgerste ca. 20 Minuten köcheln lassen, bis sie weich ist. Die Gerste anschließend abgießen und mit Meersalz, frisch gemahlenem weißen Pfeffer und wenig Chiliöl abschmecken und sofort anrichten.

Maisespuma

Die Geflügelbrühe in einem Topf aufkochen, die Polenta einrieseln lassen und unter ständigem Rühren 2 Minuten köcheln lassen. Dann den Topf vom Herd nehmen und die Polenta 5 Minuten ausquellen lassen.

Die Sojamilch in einem weiteren Topf erhitzen.
Die Polenta in einen Mixer geben, die warme Sojamilch zugeben und gut durchmixen. Die Polentamasse mit Meersalz, frisch gemahlenem weißen Pfeffer und frisch geriebener Muskatnuss abschmecken. Sofort in eine Espumaflasche füllen, diese mit 2 Kapseln bestücken und warm servieren.

PAPRIKA UND TOMATE

Die Paprikaschote waschen, vierteln und von den Kernen und Scheidewänden befreien. Die Paprikaviertel auf der Hautseite grillen, bis sich die Haut abziehen lässt. Die gegrillten Paprikaviertel enthäuten, in Streifen schneiden und bis zum Anrichten beiseitestellen.
Reichlich Wasser in einem Topf zum Kochen bringen.
Die Strauchtomaten kreuzweise einritzen und im kochenden Wasser kurz blanchieren, dann in Eiswasser abschrecken und häuten. Die gehäuteten Strauchtomaten vierteln, den Strunk und die Kerne entfernen. Die Tomatenfilets längs halbieren und beiseitestellen.

MAIS

Mit einem Messer längs 4 gleich große Stücke vom Maiskolben abschneiden. Dabei darauf achten, dass die Stücke nicht auseinanderfallen. Die Maisstücke leicht salzen und beidseitig goldgelb grillen, dann mit weißem Pfeffer und Piment d'Espelette würzen. Anschließend mit etwas Olivenöl bepinseln und sofort anrichten.

ANRICHTEN

Je einen gegrillten Mais an die Innenseite von 4 Gläsern lehnen. Die Gerste einfüllen und mit dem Chili con Carne, den Tomatenfilets und Paprikastreifen bedecken. Die warme Maisespuma auf das Chili con Carne geben, mit Blattpetersilien-Julienne garnieren und sofort servieren.

Geschmorte Entenkeule mit Schokolade, Chili und getrockneter Kochbanane

Geschmorte Entenkeule

- 2 frische Entenkeulen (ca. 500 g)
- 1 EL Rapsöl
- 2 weiße Zwiebeln
- 400 ml Geflügelbrühe (siehe Grundrezept Seite 275)
- Meersalz

Mole-Gewürzsauce

- 2–3 EL mexikanische Mole-Gewürzpaste (aus dem Reformhaus oder Mexiko-Shop)
- 20 g Edelbitterschokolade (80 % Kakaoanteil), gehackt
- 4 g Mole-Gewürzmischung
- Entenkeulensauce (siehe Teilrezept)

Getrocknete Kochbanane

- 1 Kochbanane
- 100 ml Rapsöl
- feines Meersalz

Bananenblinis

- 2 Eiweiß
- 200 ml fettarme Milch (1,5 % Fettgehalt)
- 25 g braune, geklärte Butter
- 2 Eigelb
- 75 g Weizenmehl (Type 405)
- 10 g Kristallzucker
- 3 g Meersalz
- 140 g reife Bananen
- 100 ml Sonnenblumenöl zum Ausbacken

Crème fraîche

- 60 g Crème fraîche
- etwas frisch gepresster Zitronensaft
- Meersalz
- frisch gemahlener weißer Pfeffer

Anrichten

- 4 dünne frittierte rote Zwiebelscheiben
- etwas Koriandergrün

Geschmorte Entenkeule

Die Entenkeulen von der Haut befreien und leicht salzen.
Das Rapsöl in einem Bräter erhitzen und die Entenkeulen darin von allen Seiten goldbraun anbraten.
Die weißen Zwiebeln schälen, in grobe Würfel schneiden und mit anbraten.
Die Entenkeulen aus dem Bräter nehmen. Die Geflügelbrühe angießen und aufkochen. Die Entenkeulen auf die Zwiebelwürfel setzen und den Bräter in den auf 120 °C vorgeheizten Backofen (Ober-/Unterhitze) stellen. Die Entenkeulen ca. 1 ½–2 Stunden schmoren, bis das Entenfleisch weich ist und beim Anstechen leicht von der Fleischgabel fällt. Dann den Bräter aus dem Backofen nehmen.
Das Entenfleisch vom Knochen lösen, das ausgelöste Fleisch mit der Gabel fein zerzupfen und in eine Schüssel geben. Die Entensauce durch ein feines Sieb in einen Topf passieren und beiseitestellen.

Mole-Gewürzsauce

Die Mole-Gewürzpaste, die gehackte Edelbitterschokolade und die Mole-Gewürzmischung in eine Metallschüssel geben und über einem warmen Wasserbad vorsichtig verrühren, bis die Schokolade geschmolzen ist.
Etwas Molesauce mit dem gezupften Entenkeulenfleisch vermischen. Die restliche Molesauce in die Entenkeulensauce rühren, erwärmen und anrichten.

Getrocknete Kochbanane

Die Kochbanane schälen. Die Hälfte der Kochbanane in 3 mm dünne Scheiben schneiden. Den Rest der Kochbanane in 5 cm lange und 3 mm breite Stifte schneiden.
Das Rapsöl in einer Pfanne erhitzen. Die Kochbananenscheiben und -stifte darin portionsweise ausbacken, dann aus der Pfanne nehmen und auf Küchenkrepp abtropfen lassen. Anschließend mit feinem Meersalz würzen.

DUNKLE SCHOKOLADE ENTHÄLT REICHLICH PSEUDO-ALKALOIDE, DIE ENTSPANNEND WIRKEN. BANANEN VERSORGEN DEN ORGANISMUS MIT DEN STIMMUNGSAUFHELLENDEN BOTENSTOFFEN SEROTONIN UND DOPAMIN.

BANANENBLINIS

Das Eiweiß mit einer Prise Meersalz in einer Schüssel zu steifem Schnee schlagen.
Die Milch, die braune Butter, das Eigelb, das Weizenmehl, den Kristallzucker und das Meersalz in einen Mixer geben.
Die Bananen schälen, in Stücke schneiden und zugeben. Alles gut durchmixen, in eine Schüssel füllen und den Eischnee unterheben.
Das Sonnenblumenöl in einer Pfanne erhitzen. Vom Bliniteig kleine Nocken abstechen und darin goldbraun ausbacken, die fertigen Blinis auf Küchenkrepp abtropfen lassen.

CRÈME FRAÎCHE

Die Crème fraîche in einer kleinen Schüssel mit etwas frisch gepresstem Zitronensaft glatt rühren, dann mit Meersalz und frisch gemahlenem weißen Pfeffer abschmecken.

ANRICHTEN

Das marinierte Entenkeulenfleisch jeweils in die Mitte von 4 Gläsern setzen. Je 1 kleinen Klecks Crème fraîche neben das Entenkeulenfleisch geben. Die gebackenen Bananenblinis in die Gläser legen und vorsichtig die heiße Mole-Gewürzsauce angießen. Mit den getrockneten Kochbananenscheiben und -stiften, je 1 frittierten roten Zwiebelscheibe und etwas Koriandergrün garnieren und sofort servieren.

Pikante Bouillabaisse mit Edelfischen, Safran und schwarzem Reis

Schwarzer Reis
80 g schwarzer Venerereis
Meersalz

Bouillabaissefond
800 g Edelfischkarkassen und Krustentierköpfe
4 Schalotten
1 Knoblauchzehe
25 g natives Olivenöl
1 Prise Safranfäden
1 g Koriandersamen
1 g Fenchelsamen
1 g weiße Pfefferkörner
1 rote Thaichilischote
Gemüseabschnitte (siehe Teilrezept »Bouillabaissegemüse«)
2 EL Tomatenmark
20 rote Kirschtomaten
1,2 l Fischfond
300 g passierte Tomaten
feines Meersalz

Bouillabaissegemüse
1 Fenchelknolle
2 große Karotten
2 große gelbe Rüben
4 Stangen Staudensellerie
1 EL Rapsöl
Meersalz
frisch gemahlener weißer Pfeffer
Bouillabaissefond (siehe Teilrezept)

Edelfische
320 g frische küchenfertige Meeresfischfilets (z. B. Rotbarbe, Loup de Mer, Steinbutt, auch Jakobsmuschelfleisch)
2 EL Rapsöl
feines Meersalz
frisch gemahlener weißer Pfeffer

Anrichten
etwas frisches junges Fenchelgrün
etwas griechisches Basilikum
einige Rucolakresseblättchen

Schwarzer Reis
Reichlich Wasser in einem Topf zum Kochen bringen und salzen. Den Venerereis einrieseln lassen und bei mittlerer Hitze ca. 50–60 Minuten köcheln lassen. Den garen Venerereis durch ein Sieb gießen und sofort anrichten.

Bouillabaissefond
Die Edelfischkarkassen und die Krustentierköpfe gründlich waschen, säubern und abtropfen lassen.
Die Schalotten und den Knoblauch schälen und fein würfeln.
Das Olivenöl in einem Topf erhitzen. Die Edelfischkarkassen, die Krustentierköpfe, die Schalotten- und die Knoblauchwürfel darin unter Rühren farblos anschwitzen.
Die Safranfäden, die Koriandersamen, die Fenchelsamen und die weißen Pfefferkörner zugeben und anschwitzen.
Die Thaichili längs aufschlitzen, entkernen und zugeben.
Die Gemüseabschnitte zugeben und ebenfalls farblos anschwitzen.
Das Tomatenmark zugeben und unter Rühren anrösten.
Die Kirschtomaten halbieren und unterrühren. Anschließend mit dem Fischfond und den passierten Tomaten aufgießen und aufkochen. Die Hitze reduzieren und die Bouillabaisse ca. 25 Minuten leicht köcheln lassen. Die Bouillabaisse durch ein feines Sieb gießen, mit feinem Meersalz abschmecken und beiseitestellen.

Bouillabaissegemüse
Den Fenchel waschen, putzen, vom Strunk befreien und in kleine Rauten schneiden.
Die Karotten und die gelben Rüben waschen und schälen. Von einer Karotte mithilfe eines Kugelausstechers kleine Kugeln ausstechen. Die restliche Karotte und die gelben Rüben in kleine Rauten schneiden.
Den Staudensellerie waschen, von den Fäden befreien und in Rauten schneiden.
Die geschälten Gemüseabschnitte in kleine Würfel schneiden und beiseitestellen.
Das Rapsöl kurz vor dem Servieren in einer Schwenkpfanne erhitzen. Die Karottenkugeln und die Gemüserauten darin unter Schwenken farblos anschwitzen. Das Gemüse leicht salzen und pfeffern und mit dem Bouillabaissefond aufgießen und aufkochen. Die Hitze reduzieren und das Gemüse gar ziehen lassen.

Der November ist der Monat, in dem die Stimmung tendenziell am schlechtesten ist. Etwa 10 Prozent der Menschen leiden im November gar an Depressionen – daher stammt die Diagnose »Novemberdepression«. Dagegen hilft der Verzehr von Fisch, denn dessen Omega-3-Fettsäuren beugen Depressionen wirksam vor. Und nach dem Essen? Raus an die frische Luft. Etwa eine halbe Stunde täglich sollte man Tageslicht tanken.

Bouillabaisse-Edelfische

Die Fischfilets in jeweils 4 Stücke schneiden. Das Jakobsmuschelfleisch trocken tupfen.

1 EL Rapsöl in einer Pfanne erhitzen. Die Rotbarbenfiletstücke und die Loup-de-Mer-Filetstücke darin kurz auf der Hautseite anbraten. Die Filetstücke aus der Pfanne nehmen und mit feinem Meersalz und frisch gemahlenem Pfeffer würzen.

Dann die Steinbuttfiletstücke in die heiße Pfanne geben und nur auf einer Seite kurz anbraten, aus der Pfanne nehmen und mit Meersalz und Pfeffer würzen.

Die Pfanne mit Küchenkrepp säubern, erneut erhitzen und das restliche Rapsöl hineingeben. Das Jakobsmuschelfleisch in die sehr heiße Pfanne geben und von beiden Seiten sehr kurz und scharf anbraten. Das Jakobsmuschelfleisch aus der Pfanne nehmen und mit Meersalz und frisch gemahlenem Pfeffer würzen.

Die angebratenen Edelfischfiletstücke und das Jakobsmuschelfleisch in den heißen Bouillabaisse-Gemüse-Fond legen und in wenigen Minuten gar ziehen lassen.

Die Bouillabaisse mit Meersalz abschmecken und sofort anrichten.

Anrichten

Den schwarzen Reis auf 4 Gläser verteilen und mit den Edelfischen, den Jakobsmuscheln und dem Boullaibaissegemüse belegen. Den Bouillabaissefond vorsichtig angießen. Mit jungem Fenchelgrün, Basilikumspitzen und Rucolakresseblättchen garnieren. Sofort servieren.

Gyoza (pikante japanische Teigtaschen) mit Kalbfleisch, Garnelen und Reisessig

Gyoza-Teigtaschen
12 Gyoza-Teigblätter (rund, 8 cm Durchmesser, TK-Ware, erhältlich im Asialaden)
200 g Hackfleisch vom Kalb
200 g Fenchelgrün
50 g Schalotten
50 g frische Shiitakepilze
50 g Frühlingszwiebeln
10 g frischer Ingwer
1 Stück frisches Zitronengras (ca. 1 cm lang)
10 frische Korianderblättchen
50 g Eiweiß
1–2 EL Sojasauce
1 EL Rapsöl

Reisessig-Soja-Tunke
200 ml Sojasauce
100 ml schwarzer Reisessig
2 Schalotten
1 Frühlingszwiebel
1 frische Vogelaugenchili
1 EL fein geschnittene Korianderblättchen (Julienne)
1 unbehandelte Limette

Garnelen
4 rohe Carabineros oder 8 rohe Riesengarnelen (ohne Kopf, mit Schale)
1 EL Rapsöl
feines Meersalz
frisch gemahlener weißer Pfeffer

Anrichten
1 Limette, geviertelt
8 Essstäbchen

Gyoza-Teigtaschen
Die Gyoza-Teigblätter auftauen lassen.
Das Hackfleisch in eine Schüssel geben.
Das Fenchelgrün waschen, trocken tupfen, fein schneiden und zu dem Hackfleisch geben.
Die Schalotten schälen, sehr fein würfeln und zu dem Hackfleisch geben.
Die Shiitakepilze säubern, fein würfeln und zu dem Hackfleisch geben.
Die Frühlingszwiebeln waschen, trocken tupfen, fein würfeln und zu dem Hackfleisch geben.
Den Ingwer schälen, mit einer Microplane-Reibe fein reiben und zu dem Hackfleisch geben.
Das Zitronengras mit einer Microplane-Reibe fein reiben und zu dem Hackfleisch geben.
Die Korianderblättchen waschen, trocken tupfen, in feine Streifen (Julienne) schneiden und zu dem Hackfleisch geben.
Zum Schluss das Eiweiß und die Sojasauce hinzufügen und alles zu einem glatten Fleischteig vermengen.
Die aufgetauten Gyoza-Teigblätter nebeneinanderlegen. Je 1 Löffel Hackfleischfüllung in die Mitte der Teigblätter setzen.
Die freien Teigränder leicht mit Wasser bepinseln und die Blätter zu Halbmonden einschlagen, sodass die Füllung vollständig eingeschlossen ist. Die freien Teigränder mit einer Gabel festdrücken.
Das Rapsöl kurz vor dem Servieren in einer Pfanne erhitzen. Die Gyoza-Teigtaschen in das heiße Öl legen und braun anbraten, die Gyoza-Teigtaschen dabei nicht wenden.
Das Öl dann mit 2 EL warmem Wasser ablöschen (Vorsicht: Spritzgefahr!), dann mit warmem Wasser auffüllen, bis die Gyoza-Teigtaschen zu einem Drittel bedeckt sind. Die Gyoza-Teigtaschen so lange köcheln lassen, bis das Wasser verdampft ist, dann aus der Pfanne nehmen und sofort anrichten.

DER VERZEHR VON TEIGWAREN LÄSST DEN BLUTZUCKERSPIEGEL ANSTEIGEN. DAS WIEDERUM FÖRDERT DIE AUSSCHÜTTUNG DES KÖRPEREIGENEN »GLÜCKSHORMONS« SEROTONIN, WAS DIE STIMMUNG HEBT.

REISESSIG-SOJA-TUNKE

Die Sojasauce und den schwarzen Reisessig in einer Schüssel verrühren.
Die Schalotten schälen, sehr fein würfeln und unter das Sojasaucengemisch rühren.
Die Frühlingszwiebel waschen und putzen, quer in feine Ringe schneiden und zugeben.
Die Vogelaugenchili längs halbieren, entkernen, in feine Streifen schneiden und ebenfalls zugeben.
Zuletzt die Koriander-Julienne und fein geriebene Zesten einer Limette unterrühren.

GARNELEN

Die Carabineros vom Darm befreien, waschen und trocken tupfen.
Das Rapsöl in einer Pfanne erhitzen.
Die ungeschälten Carabineros darin von allen Seiten anbraten, dann mit feinem Meersalz und frisch gemahlenem Pfeffer würzen.

ANRICHTEN

Die Reisessig-Soja-Tunke auf 4 hohe Gläser verteilen. Je 3 gebratene Gyozo-Teigtaschen und 1 gebratenen Carabinero auf 2 nebeneinanderliegende Essstäbchen stecken und mit einem Limettenviertel abschließen. 1 Doppelspieß in jedes Glas stecken und sofort servieren.

Kabeljau mit Miso gratiniert, Pak Choi, gebratenen Nudeln und Koriandervinaigrette

Miso-Gratiniermasse
50 g Sake
50 g Mirin
180 g weiße Misopaste
1 Ei

Kabeljau
280 g frisches, küchenfertiges Kabeljaufilet (Rückenstück)
Meersalz
Miso-Gratiniermasse (siehe Teilrezept)
1 EL Rapsöl

Koriander-Vinaigrette
5 EL helle Sojasauce
5 EL Mirin
1 EL weiße Misopaste
1 unbehandelte Limette
1 EL fein geschnittene Korianderblättchen (Julienne)

Gebratene Nudeln
160 g japanische Udon-Nudeln
Meersalz
1 EL Rapsöl
1 EL geröstetes Sesamöl
etwas Koriandervinaigrette (siehe Teilrezept)

Pak Choi
12 Baby-Pak-Choi
Meersalz
1 EL Rapsöl
etwas Fischsauce zum Abschmecken
etwas Koriandervinaigrette (siehe Teilrezept)

Koriandercreme
½ Bund Koriandergrün
50 g Eiweiß
40 g Geflügelbrühe (siehe Grundrezept Seite 275)
100 g Traubenkernöl
etwas frisch gepresster Limettensaft
Meersalz
frisch gemahlener weißer Pfeffer
etwas Wasabipaste

Glasnudeln
20 g Glasnudeln
500 ml neutrales Pflanzenöl zum Frittieren

Anrichten
4 TL Black Onion Seeds (schwarze Zwiebelsamen, Schwarzkümmel)
einige Korianderblättchen

Miso-Gratiniermasse
Den Sake, den Mirin und die Misopaste in einem Topf verrühren und aufkochen.
Die Mischung in einen Mixbecher füllen, mit einem Pürierstab gut durchmixen und abkühlen lassen.
Das Ei aufschlagen, zugeben und alles gut durchmixen.

Kabeljau
Kurz vor dem Anrichten das Kabeljaurückenstück in 4 gleich große Stücke schneiden und leicht salzen.
Die Miso-Gratiniermasse auf die Kabeljaustücke streichen.
Das Rapsöl in einer Pfanne erhitzen, die Kabeljaustücke darin mit der Fleischseite nach unten bei mittlerer Hitze anbraten.
Die Pfanne dann 5–6 Minuten in den auf 180 °C vorgeheizten Backofen (Ober-/Unterhitze) stellen.
Die Pfanne aus dem Ofen nehmen und die Kabeljaustücke mit dem Bunsenbrenner auf der mit Miso-Gratiniermasse bestrichenen Seite gratinieren, bis sich einige Spitzen dunkel färben. (Der Fisch soll innen noch glasig sein.)

Koriandervinaigrette
Die Sojasauce, den Mirin und die weiße Misopaste in einer kleinen Schüssel verrühren.
Mit einer Microplane-Reibe die Zesten einer unbehandelten Limette sehr fein abreiben und mit der Koriander-Julienne unter die Vinaigrette rühren.

Gebratene Nudeln
Reichlich Wasser in einem Topf aufkochen und salzen.
Die Udon-Nudeln darin nach Packungsanweisung bissfest garen. Die garen Udon-Nudeln aus dem Salzwasser heben, in Eiswasser abschrecken und gut abtropfen lassen.
Kurz vor dem Anrichten das Rapsöl und das Sesamöl in einer Pfanne erhitzen. Die abgetropften Udon-Nudeln darin bei starker Hitze anrösten. Die gebratenen Udon-Nudeln mit etwas Koriandervinaigrette und Meersalz abschmecken und sofort anrichten.

PAK CHOI

Reichlich Wasser in einem Topf aufkochen und salzen. Die Baby-Pak-Choi-Köpfe putzen, längs halbieren und kurz in dem Salzwasser blanchieren. Die Baby-Pak-Choi-Hälften dann aus dem Salzwasser nehmen, in Eiswasser abschrecken und gut trocken tupfen.
Kurz vor dem Anrichten das Rapsöl in einer Pfanne erhitzen. Die blanchierten Baby-Pak-Choi-Hälften darin von beiden Seiten kurz und scharf anbraten. Die Pfanne vom Herd nehmen, den Pak Choi mit wenig Fischsauce ablöschen und kurz durchschwenken. Die Pfanne mit einem Deckel verschließen und den Pak Choi kurz durchziehen lassen. Den Pak Choi abschließend mit etwas Koriandervinaigrette abschmecken und sofort anrichten.

KORIANDERCREME

Die Korianderzweige waschen, trocken tupfen und die Blättchen abzupfen. Die Korianderblättchen in sehr feine Streifen schneiden (Julienne).
Das flüssige Eiweiß, die Geflügelbrühe und das Traubenkernöl in einem hohen Mixbecher mit einem Pürierstab zu einer Creme aufmixen. Dann die Koriander-Julienne zugeben und sehr fein mixen.
Die Koriandercreme dann mit frisch gepresstem Limettensaft, Meersalz, frisch gemahlenem weißen Pfeffer und etwas Wasabipaste abschmecken.

GLASNUDELN

Die trockenen Glasnudeln mit der Schere in grobe Stücke schneiden.
Das Pflanzenöl in einem Topf oder einer Fritteuse auf 180 °C erhitzen.
Die trockenen Glasnudeln kurz in das heiße Öl geben, bis sie aufpuffen, dann sofort aus dem Öl heben und auf Küchenkrepp abtropfen lassen.

ANRICHTEN

Die gebratenen Nudeln und den Baby-Pak-Choi auf 4 Gläser verteilen und mit je 2 Klecksen Koriandercreme bedecken. Den gratinierten Kabeljau jeweils in die Glasmitte setzen und mit Korianderblättchen und Black Onion Seeds bestreuen. Die Gläser mit den frittierten Glasnudeln garnieren und sofort servieren.

> DAMIT DIE LAUNE GUT BLEIBT, MUSS DER SPIEGEL DES KÖRPEREIGENEN GLÜCKSHORMONS SEROTONIN STIMMEN. SEROTONIN WIRD DANN PRODUZIERT, WENN DER KÖRPER EINE AUSGEWOGENE MISCHUNG AN PROTEINEN UND KOHLENHYDRATEN AUFNIMMT. HIER STIMMT SIE PERFEKT.

Sautierte Hühnernüsschen mit Blattspinat, Cashewkernen und rotem Curry

ROTES CURRY
10 ml Rapsöl
60 g rote Currypaste
1 l ungesüßte Kokosmilch
2 Stängel Zitronengras
5 Korianderwurzeln
15 g Fischsauce
30 g Austernsauce
1 Limette
4 Kaffirlimettenblätter
30 g frische Thaibasilikumblätter
50 g frische Korianderblättchen

SAUTIERTE HÜHNERNÜSSCHEN
40 frische küchenfertige Hühnernüsschen (Sot-l'y-laisse, alternativ 4 Hühnerkeulen, ausgelöst und in 2 cm große Stücke geschnitten)
1 EL Rapsöl
feines Meersalz
frisch gemahlener weißer Pfeffer
8 lange Bambusspieße

BLATTSPINAT
200 g frischer Blattspinat
1 Schalotte
1 Knoblauchzehe
1 EL Rapsöl
100 ml heißes Wasser
Meersalz
frisch gemahlener weißer Pfeffer
frisch geriebene Muskatnuss

ANRICHTEN
60 g geröstete, leicht gesalzene Cashewkerne
einige fein geschnittene rote Fingerchilistreifen (Julienne)

ROTES CURRY
Das Rapsöl in einem Topf erhitzen, die rote Currypaste zugeben und unter Rühren anrösten, bis sie duftet. Alles mit der Kokosmilch ablöschen und zum Kochen bringen.
Das Zitronengras mit einem Hammer anklopfen, in grobe Stücke schneiden und in den Curryfond geben.
Die Korianderwurzeln putzen, würfeln und ebenfalls zugeben. Dann die Fischsauce, die Austernsauce und den Saft einer Limette unterrühren. Anschließend die Kaffirlimettenblätter, die Thaibasilikumblätter und die Korianderblättchen zugeben und den Fond aufkochen. Das Curry ca. 30 Minuten köcheln lassen, bis die Flüssigkeit um die Hälfte reduziert ist und cremig wird. Das Curry durch ein Sieb passieren und anrichten.

SAUTIERTE HÜHNERNÜSSCHEN
Das Rapsöl in einer Pfanne erhitzen, die frischen Hühnernüsschen zugeben und von allen Seiten scharf ansautieren. Dann die Hitze reduzieren und die Hühnernüsschen mit feinem Meersalz und frisch gemahlenem weißen Pfeffer würzen. Die Hühnernüsschen einige Male durchschwenken und gar ziehen lassen. Anschließend je 5 gegarte Hühnernüsschen auf einen Bambusspieß stecken.

BLATTSPINAT
Den frischen Blattspinat putzen und von den Stielen befreien, gründlich waschen und gut abtropfen lassen.
Die Schalotte und die Knoblauchzehe schälen und in sehr feine Würfel schneiden.
Das Rapsöl in einer Schwenkpfanne erhitzen und die Schalotten- und Knoblauchwürfel darin unter Rühren glasig anschwitzen. Dann den Blattspinat zugeben und mit dem heißen Wasser ablöschen. Die Pfanne mit einem Deckel verschließen und warten, bis der Spinat beginnt zusammenzufallen. Sofort den Deckel abnehmen und die Pfanne einige Male durchschwenken. Den Blattspinat mit Meersalz, frisch gemahlenem weißen Pfeffer und frisch geriebener Muskatnuss abschmecken und sofort anrichten.

EISENMANGEL MACHT UNS MÜDE, UNKONZENTRIERT UND ANTRIEBSLOS. ROTES FLEISCH WIE RINDFLEISCH IST EISENREICHER ALS GEFLÜGELFLEISCH, ENTHÄLT ABER AUCH MEHR FETT. DAS WEISSE HÜHNERNÜSSCHEN LIEFERT GENUG VON DEM MINERAL, UM DURCH EINEN EISENMANGEL AUSGELÖSTE STIMMUNGSTIEFS ZU VERHINDERN.

ANRICHTEN

Je 2 Hühnernüsschenspieße in 4 Gläser geben. Die Hälfte des roten Currys in die Gläser geben und mit dem Blattspinat bedecken. Das restliche rote Curry am Glasrand auf dem Blattspinat platzieren. Mit gerösteten Cashewkernen und etwas Fingerchili-Julienne bestreuen und sofort servieren.

Wachtelbrust, grünes Gemüse und Nudeln aus dem Wok mit Sesamcracker

Brokkolipüree
200 g Brokkoliröschen
Meersalz
etwas natives Olivenöl
etwas weißer Aceto balsamico
etwas frisch geriebene unbehandelte Limettenschale
etwas geröstetes Sesamöl

Nudeln
50 g Hartweizen-Tortiglioni
Meersalz

Grünes Gemüse aus dem Wok
8 Stangen grüner Spargel
200 g Brokkoliröschen
150 g Romanescoröschen
1 Zucchini
100 g Zuckerschoten
1 EL weiße Sesamsaat
1 EL Erdnussöl
1 EL geröstetes Sesamöl
gekochte Hartweizen-Tortiglioni (siehe Teilrezept)
3 EL helle Sojasauce

Wachtelbrüste
12 Wachtelbrüste mit Haut (à ca. 25–30 g)
1 EL Rapsöl
Meersalz
frisch gemahlener weißer Pfeffer
1 Zweig Rosmarin

Anrichten
16 entsteinte Kalamata-Oliven
4 Zweige Rosmarin
2 Scheiben Sesamknäckebrot, in grobe Stücke gebrochen (erhältlich im Naturkostladen)

Brokkolipüree
Reichlich Wasser in einem Topf zum Kochen bringen und salzen. Die Brokkoliröschen in dem sprudelnd kochenden Salzwasser sehr weich blanchieren, aus dem Wasser nehmen und in Eiswasser abschrecken. Die Brokkoliröschen abtropfen lassen, in einen Mixbecher geben und sehr fein pürieren. Das Brokkolipüree mit Meersalz, etwas Olivenöl, weißem Balsamico, frisch geriebener Limettenschale und etwas Sesamöl abschmecken.

Nudeln
In einem Topf reichlich Wasser zum Kochen bringen und gut salzen. Die Hartweizen-Tortiglioni laut Packungsanweisung al dente kochen, abgießen und unter fließendem kalten Wasser abschrecken. Anschließend jede Nudel quer in drei Teile schneiden und beiseitestellen.

Grünes Gemüse aus dem Wok
Reichlich Wasser in einem großen Topf zum Kochen bringen und salzen.
Den grünen Spargel schälen, in dem kochenden Salzwasser sehr knackig blanchieren, aus dem Salzwasser nehmen, in Eiswasser abschrecken und gut abtropfen lassen.
Die Brokkoliröschen und die Romanescoröschen separat in dem kochenden Salzwasser sehr knackig blanchieren, aus dem Salzwasser nehmen, in Eiswasser abschrecken und gut abtropfen lassen.
Die Zucchini waschen, trocken tupfen, längs halbieren und in ½ cm dicke Scheiben schneiden.
Die Zuckerschoten waschen, trocken tupfen und diagonal halbieren.
Einen Wok ohne Ölzugabe stark erhitzen. Die weiße Sesamsaat in den heißen Wok streuen und unter Rühren anrösten. Den Sesam aus dem Wok nehmen und beiseitestellen.
Das Erdnussöl und das Sesamöl in den heißen Wok geben, sofort die gekochten Tortiglioni zufügen und unter Rühren anrösten.
Die Zucchinischeiben, die Brokkoliröschen und die Romanescoröschen zugeben und unter ständigem Rühren anbraten. Den Spargel und die Zuckerschoten zugeben und verrühren. Die geröstete Sesamsaat zugeben und das Wokgemüse mit der hellen Sojasauce ablöschen, kurz durchschwenken und anrichten.

KALZIUM IST NICHT NUR EIN WICHTIGER BAUSTEIN DER KNOCHEN, ES IST AUCH UNERLÄSSLICH FÜR EINE GUTE NERVENFUNKTION – OHNE KALZIUM KÖNNEN DIE NERVEN KEINE IMPULSE WEITERLEITEN. HIER KOMMEN DIE SESAMSAMEN ZUM ZUG: SIE SIND MIT ÜBER 700 MG KALZIUM PRO 100 G ALS KALZIUMLIEFERANT KAUM ZU ÜBERTREFFEN. WENN DAS VERHÄLTNIS VON PROTEINEN ZU KOHLENHYDRATEN IN DER NAHRUNG STIMMT, KANN DER ORGANISMUS AUSREICHEND VOM »GLÜCKSHORMON« SEROTONIN PRODUZIEREN. AUS DIESEM GRUND IST BEI ALLEN »MOOD FOOD«-GERICHTEN EBENDIESES VERHÄLTNIS STIMMIG.

WACHTELBRÜSTE

Die Wachtelbrüste mit Meersalz würzen.
Das Rapsöl in einer Pfanne erhitzen. Die Wachtelbrüste darin mit der Hautseite nach unten anbraten und den Rosmarinzweig zugeben. Die Wachtelbrüste kurz umdrehen und wieder zurück auf die Hautseite legen. Die Pfanne 3–4 Minuten in den auf 160 °C vorgeheizten Backofen (Ober-/Unterhitze) geben. Die Wachtelbrüste dann aus der Pfanne nehmen, 1 Minute ruhen lassen, halbieren und anrichten.

ANRICHTEN

Das Brokkolipüree auf 4 Gläser verteilen. Je 2 grüne Spargelstangen in die Gläser stellen und mit dem grünen Wokgemüse auffüllen. Je 3 Wachtelbrüste auf das Wokgemüse setzen und mit je 3 Kalamata-Oliven belegen. Je 1 Kalamata-Olive auf 1 Rosmarinzweig stecken. Jedes Glas mit einem Oliven-Rosmarin-Zweig und Sesamcracker dekorieren und sofort servieren.

Spiesse vom Rinderfilet mit süss-sauren Gurken, scharfer Erdnusssauce und gebratenen Nudeln

süss-saure Gurken
200 g Wasser
100 g Kristallzucker
100 g Reisessig
1 frische rote Chilischote
1 Salatgurke

scharfe Erdnusssauce
250 g geröstete, gesalzene Erdnusskerne
2 ½ Knoblauchzehen
2 frische Vogelaugenchilis
25 g frischer Galangal (Thai-Ingwer)
2 EL Erdnussöl
750 ml ungesüßte Kokosmilch
3 EL Sojasauce
25 g geriebener Palmzucker
2 frische Kaffirlimettenblätter
etwas frisch gepresster Limettensaft
Meersalz

gebratene Nudeln
160 g japanische Soba-Nudeln
Meersalz
1 EL Rapsöl
3 EL helle Sojasauce

Rinderfiletspiesse
320 g frisches Rinderfilet
1 EL Rapsöl
feines Meersalz
4 EL Sweet-Chicken-Chili-Sauce
8 lange Bambusspieße

Anrichten
80 g geröstete, gesalzene Erdnusskerne
einige Korianderkresseblättchen

süss-saure Gurken
Das Wasser in einem Topf mit dem Kristallzucker und dem Reisessig verrühren.
Die Chilischote längs halbieren, von den Kernen befreien und in den Topf geben.
Die Marinade einmal aufkochen, den Topf vom Herd nehmen, die Marinade in eine Schüssel füllen und auf Raumtemperatur abkühlen lassen.
Die Gurke waschen und trocken tupfen. Die ungeschälte Gurke mithilfe eines Gemüse-Spiralschneiders zu langen, dünnen »Gurkenspaghetti« schneiden. Die Gurkenspaghetti in die abgekühlte Marinade legen, vorsichtig vermengen und 1 Stunde marinieren lassen.
Vor dem Servieren die Chilischote entfernen, die marinierten Gurkenspaghetti aus der Marinade nehmen, kurz abtropfen lassen und anrichten.

scharfe Erdnusssauce
Die Erdnusskerne grob hacken und in einen großen Mörser geben.
Die Knoblauchzehen schälen und fein würfeln.
Die Vogelaugenchili längs halbieren, die Kerne entfernen und fein würfeln.
Den frischen Galangal schälen und fein würfeln.
Alles zu den Erdnüssen in den Mörser geben und zu einer Paste zermörsern.
Das Erdnussöl in einem Topf erhitzen, die Erdnuss-Chili-Paste zugeben und unter Rühren anrösten. Dann mit der Kokosmilch ablöschen und aufkochen. Anschließend die Sojasauce, den Palmzucker, die Kaffirlimettenblätter, etwas frisch gepressten Limettensaft und wenig Meersalz zugeben. Die Erdnusssauce 10 Minuten sämig einkochen, dann in einen Mixer füllen und gut durchmixen. Die Erdnusssauce mit Meersalz, etwas Sojasauce und etwas Palmzucker abschmecken. Anschließend durch ein Sieb passieren und anrichten.

GERADE IN STRESSSITUATIONEN SOLLTEN SIE DARAUF ACHTEN, DASS SIE OPTIMAL MIT DEM »GLÜCKSHORMON« SEROTONIN VERSORGT SIND. PROTEINE AUS MILCH- UND MILCHPRODUKTEN, SOJA, FISCH, FLEISCH UND GEFLÜGEL, MIT KOHLENHYDRATEN KOMBINIERT, LIEFERN AUSREICHEND BAUSTEINE FÜR DIE SEROTONINSYNTHESE.

GEBRATENE NUDELN

Reichlich Wasser in einem Topf zum Kochen bringen und salzen. Die Soba-Nudeln nach Packungsanweisung al dente kochen.
Das Rapsöl in einer Schwenkpfanne erhitzen.
Die garen Soba-Nudeln aus dem Salzwasser nehmen, kurz abtropfen lassen und in die heiße Pfanne geben. Die Soba-Nudeln kross anbraten, mit der Sojasauce ablöschen, kurz durchschwenken und anrichten.

RINDERFILETSPIESSE

Das Rinderfilet gegen die Faser in 5 mm dicke Scheiben schneiden. Die Rinderfiletscheiben in 8 Portionen aufteilen und wellenartig auf die Bambusspieße stecken.
Das Rapsöl in einer Pfanne erhitzen. Die Rinderfiletspieße darin von beiden Seiten kurz und scharf anbraten, dann aus der Pfanne nehmen und mit Meersalz würzen. Anschließend mit der Sweet-Chicken-Chili-Sauce bepinseln und sofort anrichten.

ANRICHTEN

Je 2 Rinderfiletspieße in 4 Gläser stecken. Die Gläser abwechselnd schichtweise mit den gebratenen Nudeln, den süß-sauren Gurken und der scharfen Erdnusssauce befüllen und anschließend mit den gerösteten Erdnusskernen bestreuen. Die Gläser mit einigen Korianderkresseblättchen garnieren und sofort servieren.

Grünes Curry mit Rinderbacken, Jasminreis und Thaiauberginen

Rinderbacken
3 Rinderbacken (à ca. 150–200 g)
2 l ungesüßte Kokosmilch
30 ml Fischsauce
2 Stängel Zitronengras
4 frische Kaffirlimettenblätter

Grünes Curry
10 ml Erdnussöl
60 g grüne Currypaste
500 ml Rinderbackenschmorfond (siehe Teilrezept)
500 ml ungesüßte Kokosmilch
15 g Fischsauce
30 g Austernsauce
2 Stängel Zitronengras
5 Korianderwurzeln
4 frische Kaffirlimettenblätter
30 g frische Thaibasilikumzweige
50 g frische Korianderblättchen
1 Limette

Jasminreis
160 g kaltes Wasser
1 Scheibe frischer Ingwer, geschält
1 frisches Kaffirlimettenblatt
½ Stängel Zitronengras
80 g Jasminreis
50 g weiße Sesamsaat
50 g schwarze Sesamsaat

Thaiauberginen
8 frische kleine Thaiauberginen
50 g frische thailändische Erbsenauberginen
1 EL Rapsöl
grüne Currysauce (siehe Teilrezept)
geschmorte Rinderbacken (siehe Teilrezept)

Anrichten
12 Thaibasilikumblätter, frittiert
1 frisches Kaffirlimettenblatt, fein geschnitten (Julienne)
etwas frische rote Fingerchili, fein geschnitten (Julienne)

Rinderbacken
Das Rindfleisch von allen Häuten befreien und parieren.
Die Kokosmilch und die Fischsauce in einem Topf zum Kochen bringen.
Das Zitronengras mit einem Hammer leicht zerklopfen, in grobe Stücke schneiden, mit den Kaffirlimettenblättern in die Kokosmilch geben und aufkochen.
Die Rinderbacken in den Kokossud legen und ca. 2 ½ Stunden leicht köcheln lassen, bis die Rinderbacken weich sind. Die Rinderbacken dann aus dem Schmorfond nehmen und abkühlen lassen. Den Rinderbackenschmorfond durch ein Sieb passieren und beiseitestellen.

Grünes Curry
Das Erdnussöl in einem Topf erhitzen, die grüne Currypaste zugeben und unter Rühren anrösten. Die Paste mit dem Rinderbackenschmorfond ablöschen und die Flüssigkeit aufkochen. Dann die Kokosmilch, die Fischsauce und die Austernsauce zugeben.
Das Zitronengras mit einem Hammer leicht anklopfen, in grobe Stücke schneiden und in das Curry geben.
Die Korianderwurzeln putzen, in Stücke schneiden und mit den Kaffirlimettenblättern, den Thaibasilikumzweigen und den Korianderblättchen zugeben.
Die Limette auspressen und den Saft unter das Curry rühren. Alles aufkochen und köchelnd auf die Hälfte reduzieren. Die Currysauce durch ein Sieb passieren und beiseitestellen.

Jasminreis
Das Wasser, die Ingwerscheibe und das Kaffirlimettenblatt in einen Topf geben.
Das Zitronengras mit einem Hammer leicht anklopfen und zugeben.
Das Wasser aufkochen, den Jasminreis zugeben und den Topf verschließen. Den Jasminreis bei milder Hitze ca. 15–20 Minuten weich garen.
Dann das Kaffirlimettenblatt, das Zitronengras und die Ingwerscheibe entfernen. Den Jasminreis aus dem Topf nehmen und noch warm zu einer Rolle formen.
Die weiße und die schwarze Sesamsaat auf einem kleinen Blech verteilen. Die Reisrolle in der Sesamsaat wälzen, in 2 cm breite Scheiben schneiden und sofort anrichten.

SESAMSAAT ENTHÄLT REICHLICH KALZIUM, DAS IM SEROTONINSTOFFWECHSEL EINE WICHTIGE ROLLE SPIELT – DENN ES SORGT DAFÜR, DASS DER SEROTININSPIEGEL HOCH BLEIBT.

THAIAUBERGINEN

Die Thaiauberginen waschen, von den Stielen befreien und achteln.
Die Erbsenauberginen waschen und trocken tupfen.
Das Rapsöl in einer Pfanne erhitzen, die Thaiauberginen zugeben und anbraten. Die Erbsenauberginen zugeben und unter Rühren anbraten. Die Auberginen mit der grünen Currysauce aufgießen und die Flüssigkeit aufkochen. Die Auberginen 5 Minuten köcheln lassen.
Die Rinderbacken in 1 cm dicke Scheiben schneiden und zugeben. Den Topf vom Herd nehmen und mit einem Deckel verschließen, die Rinderbacken 3–4 Minuten in der Currysauce erwärmen, anschließend anrichten.

ANRICHTEN

Die Thaiauberginen und die Rinderbackenscheiben auf 4 Gläser verteilen und mit der grünen Currysauce auffüllen. Mit dem Jasminreis belegen und mit etwas Kaffirlimetten-Julienne und etwas Chili-Julienne bestreuen. Die Gläser mit je 3 frittierten Thaibasilikumblättern dekorieren. Das Curry sofort servieren.

Gepökelte Schweinebacken mit Kartoffeln, Belper Knolle und Muskatnuss

Gepökelte Schweinebacken

4 Schweinebacken (à ca. 150–200 g)
1 l kaltes Wasser
30 g Pökelsalz
2 l Geflügelfond
150 g gewürfeltes helles Gemüse (Mirepoix, z. B. Zwiebel, Knollensellerie, Lauch)
1 getrocknetes Lorbeerblatt
1 Gewürznelke
etwas Meersalz

Kartoffelwürfel

200 g mehligkochende Kartoffeln
100 g violette Kartoffeln
Meersalz

Kartoffelragout

200 g mehligkochende Kartoffeln
1 weiße Zwiebel
1 kleine Stange Lauch
1 EL Butter
Meersalz
frisch gemahlener weißer Pfeffer
frisch gemahlene Muskatnuss
1 TL ganze Muskatblüten (Macis)
500 ml Geflügelbrühe (siehe Grundrezept Seite 275)
Kartoffelwürfel (siehe Teilrezept)

Eiweissperlen

200 ml Eiweiß
1 EL Maisstärke
5 EL kaltes Wasser
300 ml Rapsöl zum Frittieren
Meersalz
1 EL Schnittlauchröllchen

Violette Kartoffelchips

100 g violette Kartoffeln
500 ml Rapsöl zum Frittieren
feines Meersalz
frisch geriebene Muskatnuss

Anrichten

50 g Belper Knolle (Schweizer Hartkäse aus Kuhrohmilch mit Pfefferkruste, alternativ reifer, alter Parmesan)

Gepökelte Schweinebacken

Das Fleisch parieren und von allen Häuten befreien.
1 l kaltes Wasser in einen Topf geben und das Pökelsalz hineinrühren. Die Schweinebacken in das Salzwasser legen und zugedeckt 3 Tage in den Kühlschrank stellen. Die Schweinebacken dann abseihen und trocken tupfen.
Den Geflügelfond, das Mirepoix, das Lorbeerblatt und die Gewürznelke in einen Topf geben und zum Kochen bringen. Den Fond leicht salzen und die gepökelten Schweinebacken hineinlegen. Die Hitze reduzieren und die Schweinebacken ca. 2–3 Stunden (je nach Größe) weich köcheln.
Die garen Schweinebacken in 1 cm dicke Scheiben schneiden und anrichten. (Wer die Schweinebacken erst später verwendet, lässt sie abkühlen, schneidet sie vor dem Servieren in Scheiben, erwärmt sie dann in heißem Kochfond.)

Kartoffelwürfel

Reichlich Wasser in einem Topf aufkochen und salzen.
Die mehligkochenden Kartoffeln und die violetten Kartoffeln schälen und in ½ cm große Würfel schneiden. Die Kartoffelwürfel separat in kaltes Wasser legen.
Zuerst die mehligkochenden Kartoffelwürfel, dann die violetten Kartoffelwürfel in dem sprudelnd kochenden Salzwasser bissfest garen, dann aus dem Salzwasser nehmen, in Eiswasser abschrecken und abtropfen lassen.

Kartoffelragout

Die Kartoffeln schälen, in ½ cm große Würfel schneiden und in kaltes Wasser legen.
Die weiße Zwiebel schälen und in feine Würfel schneiden.
Den Lauch längs halbieren, gründlich waschen und die grünen Bestandteile entfernen. Das Weiße vom Lauch in feine Würfel schneiden.
Die Butter in einem Topf aufschäumen. Die Zwiebel- und Lauchwürfel zugeben und farblos anschwitzen. Das Gemüse mit Meersalz, frisch gemahlenem weißen Pfeffer und etwas frisch geriebener Muskatnuss würzen.
Die Kartoffeln abgießen und zu dem Gemüse in den Topf geben. Die Muskatblüten zugeben und verrühren. Alles mit der Geflügelbrühe aufgießen, aufkochen und 15 Minuten köcheln lassen. Das Ragout dann durch ein Passiersieb geben, die Kartoffelwürfel zurück in den sämigen Kartoffelfond geben und erwärmen. Das Ragout mit Meersalz und weißem Pfeffer abschmecken.

DIE MUSKATNUSS WIRKT STIMMUNGSAUFHELLEND. VERANTWORTLICH FÜR DIESE PSYCHOTROPE WIRKUNG SIND DIE BEIDEN INHALTSSTOFFE ELEMICIN UND MYRISTICIN. SIE WERDEN IN DER LEBER VON KÖRPEREIGENEN ENZYMEN IN AMPHETAMINE UMGEWANDELT (DAS SIND AUFPUTSCHMITTEL).

EIWEISSPERLEN

Das Eiweiß, die Maisstärke und 5 EL kaltes Wasser in einer Schüssel mit einem Schneebesen glatt rühren, dabei das Eiweiß nicht aufschlagen.
Das Rapsöl in einem Topf auf 90 °C erhitzen. Die gesamte Eiweißmischung in den Topf gleiten lassen und mit einem Teigschaber verrühren. Die Hitze erhöhen und das Rapsöl auf 130 °C erhitzen. Nach 3 Minuten das Eiweiß mit einer Schaumkelle abschöpfen und in ein Sieb geben. Das Eiweiß unter fließendem lauwarmen Wasser abspülen, abtropfen lassen und mit Meersalz würzen.
Die Schnittlauchröllchen unterheben und anrichten.

VIOLETTE KARTOFFELCHIPS

Die violetten Kartoffeln schälen und in sehr feine Streifen (Julienne) schneiden.
Die violetten Kartoffel-Julienne in lauwarmes Wasser legen.
Das Rapsöl in einem Topf oder einer Fritteuse auf 160 °C erhitzen.
Die violetten Kartoffel-Julienne aus dem Wasser nehmen und gut trocken tupfen. Die violetten Kartoffel-Julienne portionsweise in das heiße Rapsöl geben und kross frittieren. Die Chips mit einer Schaumkelle aus dem Topf heben und auf Küchenkrepp abtropfen lassen. Mit Meersalz und frisch geriebener Muskatnuss würzen. Sofort anrichten.

ANRICHTEN

Das Kartoffelragout in 4 Gläser füllen. Die gepökelten Schweinebackenscheiben an die Glasinnenseiten lehnen. Die Eiweißperlen jeweils in der Glasmitte platzieren. Die Belper Knolle mit einer Microplane-Reibe über die Eiweißperlen reiben. Die Kartoffelchips auf die Schweinebackenscheiben geben und sofort servieren.

Pikante Spareribs mit Mango-Kraut-Salat

Spareribs-Marinade
100 g Whiskey
40 g mittelscharfer Senf
50 g Sojasauce
12 g rote Tabascosauce
175 g Chicken Chili Sauce
50 g Hoisinsauce
125 g flüssiger Honig
10 g Kristallzucker
10 g Salz
2 g geschrotete Melange-Noir-Pfeffermischung (von Ingo Holland)
100 g natives Olivenöl
75 g Ketchup

Spareribs
800 g frische küchenfertige Spareribs vom Schwein
2 l Wasser
10 Schalotten
2 frische rote Fingerchilischoten
15 frische Kaffirlimettenblätter
15 Koriandersamen
15 weiße Pfefferkörner
100 g frischer Ingwer
3 Stängel Zitronengras
50 g Sojasauce
Spareribs-Marinade (siehe Teilrezept)

Krautsalat
100 ml Wasser
50 g Kristallzucker
50 g Reisessig
300 g Spitzkohl
1 frische rote Fingerchilischote
2 EL Rapsöl
Meersalz

Mango
1 reife Thaimango
etwas frisch gepresster Limettensaft

Anrichten
einige Korianderblättchen

Spareribs-Marinade
Alle Zutaten in eine Schüssel geben und zu einer cremigen Marinade verrühren.

Spareribs
2 l Wasser in einen großen Topf geben.
Die Schalotten schälen, längs halbieren und in Scheiben schneiden.
Die Fingerchilischoten längs halbieren und von den Kernen befreien.
Die Kaffirlimettenblätter, die Koriandersamen und die weißen Pfefferkörner mit den Schalotten und der Fingerchili in den Topf geben.
Den frischen Ingwer schälen und in Scheiben schneiden.
Das Zitronengras mit einem Hammer anklopfen, in grobe Stücke schneiden und mit dem Ingwer in den Topf geben.
Die Sojasauce unterrühren und alles zum Kochen bringen.
Die Spareribs in den kochenden Fond legen und ca. 45 Minuten leicht köcheln lassen, bis das Fleisch weich ist. Die Spareribs dann aus dem Fond nehmen und abkühlen lassen.
Die Spareribs in eine Schüssel legen und von allen Seiten mit der Spareribs-Marinade bedecken. Die Spareribs zugedeckt 12 Stunden im Kühlschrank marinieren lassen.
Kurz vor dem Anrichten die Spareribs aus der Marinade nehmen, leicht abklopfen und auf dem Holzkohlegrill knusprig braun grillen.

Krautsalat
Das Wasser, den Kristallzucker und den Reisessig in einem Topf verrühren und aufkochen. Diese Marinade in eine Schüssel füllen und abkühlen lassen.
Den Spitzkohl vom Strunk befreien und in sehr feine Streifen schneiden. Die Spitzkohlstreifen in eine Schüssel geben und mit der Marinade beträufeln.
Die Fingerchilischote längs halbieren, entkernen und in feine Streifen schneiden. Die Fingerchilistreifen und das Rapsöl zu dem Kohl geben, den Krautsalat locker vermengen und 30 Minuten marinieren lassen. Anschließend mit wenig Meersalz abschmecken und anrichten.

CHILIS HABEN EINE PILZTÖTENDE WIRKUNG. SPARERIBS, ALSO SCHWEINEFLEISCH, ENTHALTEN B-VITAMINE, VOR ALLEM VITAMIN B1, WELCHES BESONDERS WICHTIG FÜR DIE NERVEN IST.

MANGO

Die Thaimango schälen, das Fruchtfleisch vom Kern lösen, in 12 Spalten schneiden und bis zum Anrichten beiseitestellen. Die übrigen Abschnitte vom Mangofruchtfleisch in einen Mixbecher geben und mit einem Pürierstab fein pürieren. Das Mangopüree mit frisch gepresstem Limettensaft abschmecken.

ANRICHTEN

Die gegrillten Spareribs in einzelne Rippchen schneiden und diese auf 4 große Gläser verteilen. Das Mangopüree auf 4 weitere Gläser verteilen und mit dem marinierten Krautsalat bedecken. Je 3 Mangospalten in den Krautsalat stecken. Die Gläser mit Korianderblättchen garnieren und sofort servieren.

Pochierte Birne mit Haselnüssen, Birnenmousse und Szechuanpfeffer

Essig-Birnen-Sorbet
- 6 reife, feste Birnen (z. B. Abate Fetel, Williams Christ)
- 50 g Birnenobstessig
- 3 g getrocknete Süßholzwurzel, geschnitten
- 50 g Trimoline
- 50 g Agavendicksaft

Birnenmousse
- 2 Blatt weiße Gelatine
- 20 g Eiweiß
- 15 g feiner Kristallzucker
- 3 g frisch gepresster Zitronensaft
- 100 g Birnenpüree (TK-Produkt von Boiron)
- 60 g Sahne

Birnenespuma
- 4 g weiße Blattgelatine
- 500 g Birnenpüree (TK-Produkt von Boiron)

Birnen-Szechuanpfeffer-Kompott
- 100 g eingelegte Birnen (aus der Dose)
- 150 g Birneneinlegefond (aus der Dose)
- ½ Vanilleschote
- ½ TL ganze Szechuanpfefferkörner
- etwas Maisstärke zum Binden

Anrichten
- ½ reife, feste Birne, entkernt und in 4 Spalten geschnitten
- 20 g blanchierte, geröstete Haselnusskerne
- 12 Szechuanpfefferkörner

Essig-Birnen-Sorbet
Die Birnen schälen, vierteln und vom Kerngehäuse befreien. Die Birnenviertel nebeneinander in eine Auflaufform legen und mit dem Birnenobstessig beträufeln. Die geschnittene Süßholzwurzel darüberstreuen und mit einer Alufolie verschließen. Die Birnenviertel im auf 180 °C vorgeheizten Backofen (Ober-/Unterhitze) ca. 15–30 Minuten schmoren, bis sie sehr weich sind. Die heißen geschmorten Birnenviertel mit allem Schmorfond in einen Mixbecher geben und durchmixen, durch ein feines Sieb passieren und abkühlen lassen.
Die Trimoline und den Agavendicksaft unterrühren und mindestens 2 Stunden im Kühlschrank erkalten lassen.
Kurz vor dem Anrichten die Sorbetmasse in eine Eismaschine geben und zu einem Sorbet gefrieren.

Birnenmousse
Die Blattgelatine 5 Minuten in kaltem Wasser einweichen.
Das Eiweiß und den feinen Kristallzucker in einer Schüssel zu steifem Schnee aufschlagen.
Den frisch gepressten Zitronensaft und die ausgedrückte Blattgelatine in einem kleinen Topf unter Rühren erwärmen und auflösen. Die Gelatinemischung unter das Birnenpüree rühren. Das Birnenpüree unter den Eischnee heben und einige Minuten in den Kühlschrank stellen, bis die Birnencreme zu gelieren beginnt.
Die Sahne in einer Schüssel halbsteif schlagen und unter die Birnencreme heben.
Die Birnenmousse in einen Spritzbeutel geben und in 4 Gläser füllen. Die Gläser mindestens 2 Stunden kalt stellen.

Birnenespuma
Die Blattgelatine 5 Minuten in kaltem Wasser einweichen.
Das Birnenpüree in eine Schüssel füllen, 2 EL Birnenpüree abnehmen und in einen kleinen Topf geben. Die ausgedrückte Gelatine in den Topf geben und unter Rühren erwärmen und auflösen. Die Gelatine-Birnenpüree-Mischung in das Birnenpüree rühren. Das Birnenpüree in eine Espumaflasche füllen, diese mit 2 Kapseln bestücken und mindestens 2 Stunden in den Kühlschrank stellen.

DER WICHTIGSTE SCHARFSTOFF IM PFEFFER – DAS PIPERIN – WIRKT ANTIDEPRESSIV UND STEIGERT DIE GEDÄCHTNISLEISTUNG. BIRNEN ENTHALTEN PEKTINE (LÖSLICHE BALLASTSTOFFE), DIE IM DARM CHOLESTERIN BINDEN UND SO DEN CHOLESTERINSPIEGEL SENKEN. DAS IST GUT FÜR ALLE, DIE UNTER STRESS STEHEN, DENN STRESS KANN DEN CHOLESTERINSPIEGEL STÄRKER STEIGEN LASSEN ALS EIN FRÜHSTÜCKSEI.

BIRNEN-SZECHUAN-PFEFFER-KOMPOTT

Die gründlich abgetropften Birnen in 1 cm große Würfel schneiden.

Den Birneneinlegefond, die aufgeschlitzte Vanilleschote und den Szechuanpfeffer in einem Topf einmal aufkochen. Den Topf vom Herd nehmen und den Fond 5 Minuten ziehen lassen.

Den Birnenfond durch ein Sieb gießen und erneut aufkochen. Etwas Maisstärke mit wenig kaltem Wasser verrühren, zugeben und den Birnenfond unter Rühren leicht abbinden, anschließend abkühlen lassen.

Den abgekühlten Birnenfond mit den Birnenwürfeln vermischen und beiseitestellen.

ANRICHTEN

Etwas Birnenespuma in 4 Gläser spritzen. Das Birnen-Szechuanpfeffer-Kompott in die Gläser füllen und mit etwas Birnenespuma bedecken. Je 1 Nocke Essig-Birnen-Sorbet in die Glasmitte setzen und die gerösteten Haselnusskerne mit einer feinen Reibe über das Essig-Birnen-Sorbet reiben. Mit je 1 Birnenspalte dekorieren, mit je 3 Körnern Szechuanpfeffer bestreuen und sofort servieren.

Orangensalat
mit Schokoladenespuma und Szechuanpfeffer

Schokoladenespuma
450 g Vollmilch
(3,5 % Fettgehalt)
25 g Glucosesirup
25 g Trimoline
125 g dunkle Edelbitter-
schokolade
(80 % Kakaoanteil)
60 g Eiweiß

Orangensalat
5 Orangen
200 g Orangensaft
(abgetropfter Saft)
1 g ganzer Szechuan-
pfeffer
50 g Apfelsaft
10 g frisch gepresster
Zitronensaft
1 Stück langer Pfeffer
etwas Maisstärke zum
Binden

Anrichten
4 EL Milchschaum
etwas Schokoladendekor
aus weißer Schokolade
4 Gewürztagetesblüten
etwas ganzer Szechuan-
pfeffer

Schokoladenespuma
Die Milch, den Glucosesirup und die Trimoline in einem Topf verrühren und einmal aufkochen. Den Topf vom Herd nehmen, die gehackte Edelbitterschokolade portionsweise zugeben und unter Rühren emulgieren. Die Schokoladencreme in eine hohe Schüssel füllen und auf Raumtemperatur abkühlen lassen.
Das flüssige Eiweiß zugeben und mit einem Pürierstab untermixen. Die Schokoladencreme in eine Espumaflasche füllen, diese mit 2 Kapseln bestücken und mindestens 4 Stunden in den Kühlschrank stellen.

Orangensalat
Die Orangen großzügig mit einem Messer schälen, dabei die weiße Haut vollkommen entfernen. Die geschälte Orange über eine Schüssel halten und die Orangenfilets mit einem Filetiermesser einzeln herausschneiden, den abtropfenden Orangensaft auffangen. Die Orangenfilets in ein Sieb geben und den abtropfenden Orangensaft auffangen. Die Reste der Orange (Orangenfilet-Trennhäute) mit der Hand ausdrücken und den abtropfenden Orangensaft auffangen.
200 g abgetropften Orangensaft und den Szechuanpfeffer in einen Topf geben und einmal aufkochen. Den Topf vom Herd nehmen und zugedeckt 5 Minuten ziehen lassen. Anschließend durch ein Sieb gießen und nochmals aufkochen.
Etwas Maisstärke mit wenig kaltem Wasser verrühren, zugeben und den Orangensaft unter Rühren leicht abbinden, anschließend abkühlen lassen und mit dem Apfelsaft und dem frisch gepressten Zitronensaft vermischen.
Den langen Pfeffer sehr fein reiben und unterrühren. Die abgetropften Orangenfilets unterheben.

SCHOKOLADE MACHT GLÜCKLICH, DENN DER IN IHR ENTHALTENE ZUCKER ERLEICHTERT DEN EINSTROM VON TRYPTOPHAN INS GEHIRN. TRYPTOPHAN WIEDERUM DIENT ALS BAUSTEIN FÜR DIE HERSTELLUNG DES KÖRPEREIGENEN GLÜCKSHORMONS SEROTONIN.

ANRICHTEN

Den Orangensalat in 4 Gläser füllen und mit etwas Schokoladenespuma bedecken. Je 1 EL Milchschaum auf der Schokoladenespuma nappieren. Die Gläser mit etwas Szechuanpfeffer, weißem Schokoladendekor und je einer Gewürztagetesblüte garnieren und sofort servieren.

Geeistes Litschisüppchen mit Preiselbeeren, Tapioka und Orangen-Sternanis-Sorbet

Litschisuppe
8 entsteinte Litschi (aus der Dose)
100 ml Litschieinlegesaft (aus der Dose)
etwas frisch gepresster Zitronensaft
etwas Wasser

Orangen-Sternanis-Sorbet
100 g Kristallzucker
25 g Glucosepulver
120 g Wasser
5 g ganze Sternanis
500 g frisch gepresster Orangensaft

Preiselbeer-Tapioka
500 g Wasser
50 g Kristallzucker
50 g weiße Tapiokaperlen
50 g gefrorene Preiselbeeren
etwas Apfelsaft

Anrichten
4 unbehandelte Orangenscheiben, 1 Stunde gefroren
einige frisch geriebene, lange, unbehandelte Orangenzesten

Litschisuppe
Die Litschis abtropfen lassen, den Einlegesaft auffangen und 100 ml abmessen. Die Litschis achteln und in eine Schüssel geben.
Den Litschieinlegesaft mit etwas frisch gepresstem Zitronensaft und wenig Wasser abschmecken. Die Litschiachtel zugeben und mindestens 4 Stunden in den Kühlschrank stellen.

Orangen-Sternanis-Sorbet
Den Kristallzucker und das Glucosepulver in einer Schüssel mischen.
Das Wasser und die Zucker-Glucose-Mischung dann in einem Topf verrühren, den ganzen Sternanis zugeben und einmal aufkochen. Den Topf vom Herd nehmen, den Sternanissirup mit einer Klarsichtfolie bedecken und 30 Minuten ziehen lassen. Den Sirup anschließend durch ein Sieb gießen und abkühlen lassen.
Den frisch gepressten Orangensaft unter den abgekühlten Sirup rühren und das Gemisch mindestens 2 Stunden in den Kühlschrank stellen. Die Sorbetmasse vor dem Servieren in eine Eismaschine füllen und zu einem Sorbet gefrieren.

Preiselbeer-Tapioka
Das Wasser mit dem Kristallzucker in einem Topf verrühren und aufkochen. Die weißen Tapiokaperlen einrieseln lassen und so lange köcheln lassen, bis die Tapiokaperlen vollkommen glasig sind. Die Tapiokaperlen abgießen und abtropfen lassen. Die Tapiokaperlen in eine Schüssel geben und mit etwas kaltem Wasser verrühren. Die Tapiokaperlen auf Raumtemperatur abkühlen lassen.
Kurz vor dem Anrichten die gefrorenen Preiselbeeren unterrühren und mit etwas Apfelsaft abschmecken.

Anrichten
Die Preiselbeer-Tapioka auf 4 Gläser verteilen und mit der eisgekühlten Litschisuppe auffüllen. Je eine gefrorene Orangenscheibe in die Gläser geben und mit einer Nocke Orangen-Sternanis-Sorbet belegen. Mit feinen langen Orangenzesten garnieren und sofort servieren.

WISSENSCHAFTLICH BEWIESEN IST ES BISHER NICHT, WAS ASIATISCHE ÄRZTE SAGEN: DASS STERNANIS FÜR SCHÖNE TRÄUME SORGT. GESICHERT IST HINGEGEN DIE ERKENNTNIS, DASS STERNANIS ÄHNLICH WIRKT WIE DAS GRIPPEMEDIKAMENT TAMIFLU. GRUND DAFÜR IST DIE SHIKIMISÄURE, DIE IM STERNANIS ENTHALTEN IST UND DIE AUCH EIN AUSGANGSSTOFF FÜR DIE SYNTHESE DES TAMIFLU-WIRKSTOFFS OSELTAMIVIR IST. DIE SHIKIMISÄURE VERHINDERT DIE AUSBREITUNG VON VIREN – BESONDERS WIRKSAM IST ES, WENN ES GLEICH ZU BEGINN DER INFEKTION EINGENOMMEN WIRD. DENN SCHON DER RÖMISCHE DICHTER JUVENAL WUSSTE: »MENS SANA IN CORPORE SANO«.

Milchreis mit Litschi und Wassermelonen-Chili-Sorbet

Wassermelonen-Chili-Sorbet

150 g Wassermelone
1 g Piment d'Espelette
30 g Wasser
20 g Kristallzucker
5 g Glucosepulver
5 g Dextrose

Milchreis

50 g Risottoreis (Carnaroli)
200 g ungesüßte Kokosmilch
100 g Vollmilch (3,5 % Fettgehalt)
1 kleines Stück getrocknetes Pandanblatt
½ Vanilleschote
35 g geriebener Palmzucker
2 g Meersalz

Anrichten

16 entkernte Litschis (aus der Dose), geviertelt
etwas Piment d'Espelette
½ unbehandelte Limette
8 gesüßte Reischips

Wassermelonen-Chili-Sorbet

Die Wassermelone schälen, von den Kernen befreien und würfeln. Die Wassermelonenwürfel und den Piment d'Espelette in einen Mixbecher geben und gut durchmixen.
Das Wasser, den Kristallzucker, das Glucosepulver und die Dextrose in einem Topf verrühren und einmal aufkochen. Den Topf vom Herd nehmen, den Sirup etwas abkühlen lassen, dann unter das Wassermelonenpüree mixen. Das Wassermelonenpüree mindestens 1 Stunde in den Kühlschrank stellen.
Vor dem Anrichten das Wassermelonenpüree in eine Eismaschine füllen und zu einem Sorbet gefrieren.

Milchreis

Den Risottoreis 3 x in kaltem Wasser waschen, anschließend 30 Minuten in kaltem Wasser einweichen, dann abgießen.
Die Kokosmilch und die Vollmilch in einem Topf verrühren. Das Pandanblatt und die aufgeschlitzte Vanilleschote zugeben und aufkochen.
Den abgetropften, eingeweichten Carnaroli-Risottoreis zugeben und aufkochen. Die Hitze reduzieren und den Risottoreis unter leichtem Köcheln in ca. 15–20 Minuten garen.
Den Topf vom Herd nehmen, das Pandanblatt und die Vanilleschote entfernen. Den geriebenen Palmzucker und das Meersalz unterrühren und lauwarm abkühlen lassen.

Anrichten

Den lauwarmen Milchreis auf 4 Gläser verteilen, mit je 16 Litschivierteln belegen und mit etwas Piment d'Espelette bestreuen. Je 1 Nocke Wassermelonen-Chili-Sorbet in die Glasmitte setzen und mit langen, feinen Limettenzesten belegen. Die Gläser mit je 2 Reischips dekorieren und sofort servieren.

WASSERMELONE BESTEHT
ZU RUND 93 PROZENT AUS
WASSER UND IST DAMIT EINER DER
BESTEN DURSTLÖSCHER ÜBERHAUPT –
NACH REINEM WASSER NATÜRLICH. SIE
LIEFERT AUSSERDEM KALIUM – EIN FÜR DIE
MUSKEL- UND NERVENFUNKTION WICHTIGES
MINERAL –, BETAKAROTIN – EIN PFLANZEN-
FARBSTOFF, DER FREIE RADIKALE UNSCHÄD-
LICH MACHT, DIE AUGEN STÄRKT UND FÜR DIE
HAUTZELLEN WICHTIG IST – UND VITAMIN C.
CHILIS HEBEN DIE STIMMUNG, DENN
SIE REGEN DIE AUSSCHÜTTUNG VON
ENDORPHINEN AN – WIE ALLE
SCHARFEN GEWÜRZE.

Mousse vom Blutpfirsich mit Pfirsich-Pfeffer-Kompott und Vanille

Vanilleespuma
250 g Vollmilch (3,5 % Fettgehalt)
250 g Sahne
½ Vanilleschote
1 ½ Blatt weiße Gelatine
100 g Eigelb
50 g Kristallzucker

Blutpfirsichmousse
1 Blatt weiße Gelatine
5 g frisch gepresster Zitronensaft
90 g gesüßtes Blutpfirsichpüree (TK-Produkt von Boiron)
20 g Eiweiß
15 g Kristallzucker
30 g halbsteif geschlagene Sahne

Pfirsich-Pfeffer-Kompott
150 g eingelegte Pfirsiche (aus der Dose)
150 g Pfirsicheinlegefond (aus der Dose)
½ Vanilleschote
½ TL tasmanische Pfefferbeeren

Anrichten
1 reifer, fester Blutpfirsich, in dünne Spalten geschnitten
8 tasmanische Pfefferbeeren

Vanilleespuma
Die Milch und die Sahne in einem Topf verrühren.
Die Vanilleschote längs aufschlitzen, das Vanillemark auskratzen und beides in den Topf geben. Die Milch-Sahne-Mischung einmal aufkochen.
Die Blattgelatine 5 Minuten in kaltem Wasser einweichen.
Das Eigelb mit dem Kristallzucker in einer Schüssel cremig aufschlagen. Die kochend heiße Milch-Sahne-Mischung zugeben und verrühren. Anschließend alles zurück in den Topf geben, die Vanilleschote entfernen und unter Rühren auf 82 °C erhitzen. Den Topf vom Herd nehmen, die ausgedrückte Blattgelatine zugeben und unter Rühren auflösen. Die Vanillesauce in eine Metallschüssel umfüllen.
Die Metallschüssel auf ein Eiswürfelbad stellen. Die Vanillemilch unter Rühren kalt schlagen, anschließend in eine Espumaflasche füllen, diese mit 2 Kapseln bestücken und mindestens 2 Stunden in den Kühlschrank stellen.

Blutpfirsichmousse
Die Blattgelatine 5 Minuten in kaltem Wasser einweichen.
Das Blutpfirsichpüree in eine Schüssel geben.
Den frisch gepressten Zitronensaft und die ausgedrückte Gelatine in einem Topf unter Rühren erwärmen und auflösen. 1 EL Blutpfirsichpüree unter die Gelatinemischung rühren und dieses Gemisch sofort unter das restliche Blutpfirschpüree rühren. Das Blutpfirsichpüree in den Kühlschrank stellen, bis es zu gelieren beginnt.
Das Eiweiß mit dem Kristallzucker in einer Schüssel zu Schnee aufschlagen und diesen unter das Blutpfirsichpüree heben. Dann die halbsteif geschlagene Sahne unterheben und die Blutpfirsichmousse in 4 Gläser füllen. Die Gläser mindestens 2 Stunden in den Kühlschrank stellen.

DER HAUPTAROMASTOFF DER VANILLE, DAS VANILLIN, IST EIN »KONSERVIERUNGSMITTEL«, DENN ES MACHT LEBENSMITTEL HALTBAR. VANILLE IST ABER VOR ALLEM EIN APHRODISIAKUM. NEUESTE STUDIEN ZEIGEN, DASS DIE VANILLE BEI FRAUEN BELIEBTER IST ALS BEI MÄNNERN. NACHWEISLICH BEEINFLUSST IHR VERZEHR DEN WEIBLICHEN STOFFWECHSEL.

PFIRSICH-PFEFFER-KOMPOTT

Die gründlich abgetropften Pfirsiche in 1 cm große Würfel schneiden.
Den Pfirsicheinlegefond, die aufgeschlitzte Vanilleschote und die tasmanischen Pfefferbeeren in einem Topf einmal aufkochen. Den Topf vom Herd nehmen und alles 5 Minuten ziehen lassen. Den Pfirsichfond durch ein Sieb gießen und abkühlen lassen. Den Pfirsichfond mit den Pfirsichwürfeln vermischen und beiseitestellen.

ANRICHTEN

Die mit Blutpfirsichmousse gefüllten Gläser aus dem Kühlschrank nehmen und mit dem Pfirsich-Pfeffer-Kompott bedecken. Die Vanilleespuma in die Gläser spritzen. Die Blutpfirsichspalten fächerartig anordnen und in die Gläser geben. Je 2 tasmanische Pfefferbeeren in die Gläser geben und die Mousse sofort servieren.

Sauerkirschmousse mit Pistazieneis und Griess-Tonkabohnen-Schaum

Sauerkirschmousse

- 100 g gesüßtes Sauerkirschpüree (TK-Produkt von Boiron)
- 30 g Eigelb
- 40 g Vollei
- 30 g Agavendicksaft
- ½ Blatt weiße Gelatine
- 20 g halbsteif geschlagene Sahne

Griesspaste

- 200 g Vollmilch (3,5 % Fettgehalt)
- 25 g Kristallzucker
- ½ unbehandelte Orange
- ½ unbehandelte Zitrone
- 20 g feiner Hartweizengrieß
- 1 Tonkabohne

Crème Anglaise

- 38 g Vollmilch (3,5 % Fettgehalt)
- 38 g Sahne
- 17 g Eigelb
- 12 g Kristallzucker

Griess-Tonkabohnen-Schaum

- ½ Blatt weiße Gelatine
- 50 g Vollmilch (3,5 % Fettgehalt)
- 245 g Grießpaste (siehe Teilrezept)
- 60 g Crème Anglaise (siehe Teilrezept)

Pistazieneis

- 100 g Vollmilch (3,5 % Fettgehalt)
- 100 g Sahne
- 20 g grüne Pistazienkerne
- 45 g Kristallzucker
- 50 g Eigelb
- 25 g leicht gesüßte Pistazienpaste

Anrichten

- einige fein geriebene, geröstete grüne Pistazienkerne
- 4 Stück Pistazienkaramell

Sauerkirschmousse

Das Sauerkirschpüree, das Eigelb, das Vollei und den Agavendicksaft in einer Metallschlagschüssel mit einem Schneebesen verrühren.
Die Blattgelatine mindestens 5 Minuten in kaltem Wasser einweichen.
Die Metallschlagschüssel auf ein Wasserbad stellen, dabei darf die Schüssel das heiße Wasser nicht berühren. Die Sauerkirschmasse unter Rühren erhitzen, bis sie beginnt zu schäumen. Die Metallschlagschüssel auf ein Eiswürfelbad stellen, die ausgedrückte Blattgelatine unterrühren und auflösen.
Die Sauerkirschmasse kalt schlagen, die halbsteif geschlagene Sahne unterheben und in 4 Gläser füllen. Die Gläser mindestens 2 Stunden in den Kühlschrank stellen.

Griesspaste

Die Milch und den Kristallzucker in einem Topf verrühren und aufkochen.
Mit einem Gemüseschäler die Schale der Orange und der Zitrone in großen, dünnen Stücken abschälen und in die Milch geben. Dann den Hartweizengrieß einrieseln lassen und leicht köchelnd weich kochen. Den Topf vom Herd nehmen und die Mischung 10 Minuten ziehen lassen. Dann die Zitronen- und Orangenschale entfernen.
Die Tonkabohne sehr fein reiben und unterrühren. Die warme Grießmasse in einen Mixer geben und glatt mixen.

Crème Anglaise

Die Milch und die Sahne in einem Topf aufkochen.
Das Eigelb mit dem Kristallzucker in einer Schüssel cremig rühren.
Die heiße Milch-Sahne-Mischung zugeben und verrühren. Die Eiermasse zurück in den Topf füllen und unter Rühren auf 82 °C erhitzen. Den Topf vom Herd nehmen und die Crème in eine Metallschüssel füllen. Die Metallschüssel auf ein Eiswürfelbad setzen und die Crème Anglaise kalt rühren.

TONKABOHNEN HABEN EIN SÜSSLICHES, VANILLEÄHNLICHES AROMA. SIE WERDEN SEHR SPARSAM ZUM AROMATISIEREN VON DESSERTS VERWENDET.

GRIESS-TONKABOHNEN-SCHAUM

Die Blattgelatine etwa 5 Minuten in kaltem Wasser einweichen. Die Milch in einem Topf erhitzen, die ausgedrückte Blattgelatine zugeben und unter Rühren auflösen. Dann die Grießpaste zugeben und verrühren. Die Grießmasse in eine Metallschüssel füllen, die Crème Anglaise zugeben und unterrühren. Die Metallschüssel auf ein Eiswürfelbad setzen und das Gemisch kalt rühren. Die Grießmischung in eine Espumaflasche füllen, diese mit 2 Kapseln bestücken und mindestens 2 Stunden in den Kühlschrank stellen.

PISTAZIENEIS

Die Milch, die Sahne, die Pistazienkerne und 20 g Kristallzucker in einem Topf verrühren und aufkochen. Die kochend heiße Pistazienmilch in einen Mixer geben, fein mixen und durch ein feines Sieb passieren.
Das Eigelb mit dem restlichen Kristallzucker in einer Schüssel cremig rühren, die heiße Pistazienmilch zugeben und verrühren. Die Masse zurück in den Topf geben und unter Rühren auf 82 °C erhitzen. Den Topf vom Herd nehmen, die Masse in eine Metallschüssel füllen und auf ein Eiswürfelbad stellen. Die Pistazienpaste zugeben und gut verrühren. Die Pistazieneismasse kalt rühren, dann mindestens 2 Stunden in den Kühlschrank stellen.
Vor dem Anrichten die Pistazieneismasse in eine Eismaschine geben und zu cremigem Pistazieneis gefrieren.

ANRICHTEN

Die mit Sauerkirschmousse gefüllten Gläser aus dem Kühlschrank nehmen. Den Grieß-Tonkabohnen-Schaum auf die Sauerkirschmousse spritzen. Darauf je 2 kleine Nocken Pistazieneis setzen. Mit fein geriebenen, gerösteten Pistazienkernen bestreuen. Nach Belieben mit je 1 großen Pistazienkaramellstück garnieren und sofort servieren.

Schokoladencreme mit fünf Gewürzen, Heidelbeeren und Topfen

CRÈME ANGLAISE
75 g Vollmilch (3,5 % Fettgehalt)
75 g Sahne
35 g Eigelb
35 g Kristallzucker

SCHOKOLADENCREME
160 g dunkle Edelbitterschokolade (67 % Kakaoanteil)
150 g Crème Anglaise (siehe Teilrezept)
240 g halbsteif geschlagene Sahne
2 g »Five Spice«-Pulver (erhältlich im Asialaden)

TOPFENESPUMA
100 g Vollmilch (3,5 % Fettgehalt)
100 g Sahne
40 g Eigelb
20 g Kristallzucker
3 g weiße Blattgelatine
150 g Magerquark (Topfen)

HEIDELBEERRAGOUT
500 g Heidelbeersaft (aus der Flasche)
½ Vanilleschote
200 g Heidelbeeren (TK-Ware)
ca. 50–80 g Kristallzucker
etwas Maisstärke

ANRICHTEN
50 g frische Heidelbeeren

VANILLE WECKT UNBEWUSST ASSOZIATIONEN AN DIE KINDHEIT, DA SOWOHL MUTTERMILCH ALS AUCH FERTIGE SÄUGLINGSMILCH ÄHNLICHE AROMEN ENTHALTEN. DAS ERGEBNIS: WIR FÜHLEN UNS RUHIG UND WOHLIG. SCHOKOLADE STEIGERT DEN SEROTONINSPIEGEL IM BLUT. SIE ENTHÄLT DAS »GLÜCKSHORMON« SEROTONIN, ANDERERSEITS BEWIRKT IHR ZUCKER EINE RASCHE INSULINAUSSCHÜTTUNG, DIE DIE AUSSCHÜTTUNG VON TRYPTOPHAN, DER AUSGANGSSUBSTANZ VON SEROTONIN, INS GEHIRN ERLEICHTERT.

CRÈME ANGLAISE
Die Milch und die Sahne in einem Topf verrühren und aufkochen.
Das Eigelb mit dem Kristallzucker in einer Schüssel cremig rühren. Die heiße Milch-Sahne-Mischung zugeben und verrühren. Die Eiermasse zurück in den Topf füllen und unter Rühren auf 82 °C erhitzen. Den Topf vom Herd nehmen und 150 g abwiegen.

SCHOKOLADENCREME
Die gehackte Edelbitterschokolade in eine Metallschüssel geben und über einem heißen Wasserbad vorsichtig und langsam schmelzen.
Die heiße Crème Anglaise in eine Metallschüssel geben, die flüssige Schokolade zugeben und unter Rühren emulgieren. Die Metallschüssel auf ein Eiswürfelbad stellen und unter Rühren auf 50 °C abkühlen lassen.
Die halbsteif geschlagene Sahne und das »Five Spice«-Pulver unterheben und die Creme in 4 Gläser füllen. Die Gläser mindestens 2 Stunden in den Kühlschrank stellen.

TOPFENESPUMA
Die Milch und die Sahne in einen Topf geben, verrühren und aufkochen.
Das Eigelb mit dem Kristallzucker in einer Schüssel cremig rühren.
Die Blattgelatine 5 Minuten in kaltem Wasser einweichen.
Die heiße Milch-Sahne-Mischung zugeben und verrühren. Die Eiermasse zurück in den Topf füllen und unter Rühren auf 82 °C erhitzen. Den Topf vom Herd nehmen, die ausgedrückte Gelatine zugeben und auflösen, anschließend die Creme in eine Metallschüssel füllen und auf ein Eiswürfelbad setzen. Die Creme mit dem Schneebesen schlagen, bis sie Zimmertemperatur angenommen hat.
Dann den Magerquark unterrühren und anschließend in eine Espumaflasche füllen, diese mit 2 Kapseln bestücken und mindestens 2 Stunden in den Kühlschrank stellen.

HEIDELBEERRAGOUT

Den Heidelbeersaft in einem Topf aufkochen, die aufgeschlitzte Vanilleschote zugeben und den Heidelbeersaft auf die Hälfte reduzieren. Den Topf vom Herd nehmen, die gefrorenen Heidelbeeren zugeben und kurz ziehen lassen, bis die Heidelbeeren aufgetaut sind. Das Heidelbeerragout durch ein Sieb gießen, den Heidelbeersaft auffangen, abwiegen und zurück in den Topf geben. Pro 100 g Heidelbeersaft 20 g Kristallzucker unterrühren und aufkochen.

Etwas Maisstärke mit wenig kaltem Wasser verrühren, in den Topf geben und unter Rühren aufkochen, bis die Flüssigkeit andickt. Den Topf vom Herd nehmen, die Heidelbeeren unterheben. Das Heidelbeerragout in eine Schüssel füllen und abkühlen lassen.

ANRICHTEN

Die mit Schokoladencreme gefüllten Gläser aus dem Kühlschrank nehmen und mit dem abgekühlten Heidelbeerragout bedecken. Etwas Topfenespuma in die Gläser spritzen und mit frischen Heidelbeeren bestreuen. Sofort servieren.

TAPIOKA-TRAUBEN-SALAT MIT THYMIANESPUMA UND »CARPE DIEM KOMBUCHA CLASSIC«-SORBET

KOMBUCHA-SORBET
- 40 g Kristallzucker
- 10 g Glucosepulver
- 50 g Wasser
- 375 g »Carpe Diem Kombucha Classic«
- 25 g frisch gepresster Zitronensaft

THYMIANESPUMA
- 200 g Sahne
- 2 g frische Thymianblättchen
- 525 g Magerjoghurt (0,1 % Fettgehalt)

TAPIOKA-TRAUBEN-SALAT
- 20 g »Carpe Diem Kombucha Classic«
- 80 g weißer Traubensaft
- 100 g Wasser
- 20 g weiße Tapiokaperlen
- etwas frisch gepresster Zitronensaft
- 100 g kernlose blaue Trauben
- 100 g kernlose weiße Trauben

ANRICHTEN
- 4 Zweige Thymian

KOMBUCHA-SORBET
Den Kristallzucker und das Glucosepulver in einer Schüssel mischen.
Das Wasser und die Hälfte des »Carpe Diem Kombucha Classic« in einen Topf geben und mit der Zuckermischung verrühren. Anschließend einmal aufkochen. Den Topf vom Herd nehmen und den Sirup auf Raumtemperatur abkühlen lassen.
Den restlichen »Carpe Diem Kombucha Classic« und den frisch gepressten Zitronensaft unterrühren und alles mindestens 1 Stunde in den Kühlschrank stellen.
Vor dem Anrichten die Sorbetmasse in eine Eismaschine füllen und zu Sorbet gefrieren.

THYMIANESPUMA
75 g Sahne in einem Topf aufkochen, vom Herd nehmen und die Thymianblättchen unterrühren. Den Topf verschließen und die Thymiansahne 5 Minuten ziehen lassen, anschließend durch ein Sieb gießen und abkühlen lassen.
Den Magerjoghurt und die restliche flüssige Sahne in einer Schüssel verrühren. Die abgekühlte Thymiansahne unterrühren und in eine Espumaflasche füllen, diese mit 2 Kapseln bestücken und mindestens 1 Stunde in den Kühlschrank stellen.

Trauben haben einen hohen Wassergehalt, und sie stillen den Heisshunger auf Süsses besonders gut. Sie liefern dabei wesentlich weniger Kalorien als beispielsweise Schokolade. Aufgrund ihres hohen Ballaststoffanteils machen die süssen Beeren viel länger satt als andere Naschereien, und sie lassen den Blutzuckerspiegel nicht ganz so schnell ansteigen. Trauben zeichnen sich durch einen besonders hohen Gehalt an Polyphenolen aus.

Tapioka-Trauben-Salat

Den »Carpe Diem Kombucha Classic«, den weißen Traubensaft und das Wasser in einem Topf aufkochen. Die weißen Tapiokaperlen einrieseln lassen und so lange köcheln lassen, bis die Tapiokaperlen vollkommen glasig sind. Die Tapiokaperlen abgießen und abtropfen lassen.
Die Tapiokaperlen in eine kleine Schüssel geben und mit etwas kaltem Wasser und etwas frisch gepresstem Zitronensaft verrühren.
Die Trauben waschen, je nach Größe halbieren oder vierteln und unterheben.

Anrichten

Zwei Drittel des Tapioka-Trauben-Salats auf 4 Gläser verteilen. Etwas Thymianespuma in die Gläser spritzen und mit dem restlichen Tapioka-Trauben-Salat bedecken. Je 1 große Nocke »Carpe Diem Kombucha Classic«-Sorbet in die Gläser geben, mit je 1 Thymianzweig garnieren und sofort servieren.

Winterliches Obst mit Cru de Cacao und Vanille-Sternanis-Espuma

Vanille-Sternanis-Espuma

300 g Vollmilch (3,5 % Fettgehalt)
21 g Mineralwasser
30 g Kristallzucker
1 Vanilleschote
1 ganzer Sternanis
2 Blatt weiße Gelatine

Blutorangensauce

200 ml frisch gepresster Blutorangensaft
50 g Kristallzucker
etwas Maisstärke

Winterliches Obst mit Cru de Cacao

1 kleine Quitte
200 ml Apfelsaft
2 getrocknete Feigen
2 Datteln
2 Maronen, vorgegart
12 blanchierte, geröstete Haselnusskerne
16 Walnusskernhälften
20 kleine Orangeatwürfel
2 Clementinen
etwas frisch gepresster Clementinensaft
20 g Cru de Cacao (geröstete Kakaobohnensplitter)

Anrichten

1 EL fein gehacktes Orangeat
2 EL blanchierte, geröstete Mandelblättchen

Vanille-Sternanis-Espuma

Die Milch, das Mineralwasser und den Kristallzucker in einem Topf verrühren.
Die Vanilleschote längs aufschlitzen, das Vanillemark auskratzen und mit der leeren Vanilleschote in den Topf geben. Den ganzen Sternanis zugeben und aufkochen. Den Topf vom Herd nehmen und die Mischung 10 Minuten ziehen lassen.
Die Blattgelatine mindestens 5 Minuten in kaltem Wasser einweichen.
Die Vanille-Sternanis-Milch durch ein Sieb gießen. Die ausgedrückte Blattgelatine zugeben und unter Rühren auflösen. Die Vanille-Sternanis-Milch abkühlen lassen, in eine Espumaflasche füllen, diese mit 2 Kapseln bestücken und mindestens 4 Stunden in den Kühlschrank stellen.

Blutorangensauce

2 EL Blutorangensaft mit etwas Maisstärke in einer Tasse verrühren.
Den Kristallzucker in einem Topf goldgelb karamellisieren und mit dem restlichen Blutorangensaft ablöschen. So lange köcheln lassen, bis sich der Karamell vollständig vom Topfboden gelöst hat.
Die angerührte Maisstärke unterrühren und den Karamell abbinden. Den Topf vom Herd nehmen, die Blutorangensauce in eine Schüssel füllen und auf Zimmertemperatur abkühlen lassen.

WISSENSCHAFTLICHE STUDIEN ZEIGEN, DAS STERNANIS KRAMPFLÖSEND WIRKT. ZUDEM ENTHÄLT STERNANIS PROPENYLBENZOLE, ALLEN VORAN DAS ANETHOL, DAS BEIM ERHITZEN IN VERBINDUNG MIT AMIREN ZU AMPHETAMINEN VERSTOFFWECHSELT WIRD. AMPHETAMINE WIRKEN AUFPUTSCHEND UND EUPHORISIEREND, AUSSERDEM REGEN SIE DAS ZENTRALNERVENSYSTEM AN.

WINTERLICHES OBST MIT CRU DE CACAO

Die Quitte schälen und mit einem Kugelausstecher kleine Quittenkugeln ausstechen. Die Quittenkugeln in einen Topf geben, sofort mit dem Apfelsaft bedecken und weich köcheln. Den Topf vom Herd nehmen und die Quittenkugeln im Sud abkühlen lassen. Die Quittenkugeln dann abtropfen lassen und in eine Schüssel geben.
Die getrockneten Feigen vierteln und zugeben.
Die Datteln halbieren, vom Stein befreien und zugeben.
Die Maronen halbieren und zugeben.
Die Haselnusskerne grob brechen und zugeben.
Die Walnusskernhälften grob hacken und mit den Orangeatwürfeln zugeben. Die Clementinen schälen und in einzelne Filets teilen. Die Clementinenfilets halbieren und zugeben.
Alles vermischen und mit etwas frisch gepresstem Clementinensaft abschmecken. Kurz vor dem Anrichten die gerösteten Kakaobohnensplitter unterheben.

ANRICHTEN

Das winterliche Obst in 4 Gläser füllen. Die Blutorangensauce entlang der Glasinnenseite einfüllen. Die Vanille-Sternanis-Espuma in die Gläser spritzen und mit fein gehacktem Orangeat und gerösteten Mandelblättchen bestreuen und sofort servieren.

Zitronengraseistee mit Ingwer und »Carpe Diem Kombucha Quitte«

Quitten enthalten reichlich Pektin. Pektine sorgen im Dickdarm für einen niedrigen pH-Wert, der das Wachstum der Darmbakterien begünstigt. Außerdem bindet Pektin wie andere Ballaststoffe im Darm Cholesterin und sogar Schwermetalle, was deren Ausscheidung fördert und den Cholesterinspiegel sinken lässt.

1 ½ cl Holunderblütensirup
1 Spritzer frisch gepresster Limettensaft
4 frische Ingwerscheiben
10 cl Zitronengrastee, gekühlt
10 cl »Carpe Diem Kombucha Quitte«, gekühlt
4–5 Eiswürfel
3 unbehandelte Limettenscheiben
1 Stängel frisches Zitronengras
etwas frisch aufgeschäumter Holunderblütensirup
etwas frisch geriebene unbehandelte Limettenschale

Den Holunderblütensirup, einen Spritzer frisch gepressten Limettensaft und die geschälten Ingwerscheiben in ein Glas geben, kurz mit einem Barstößel zerstoßen und mit dem gekühlten Zitronengrastee und dem gekühlten »Carpe Diem Kombucha Quitte« auffüllen. Die Eiswürfel und die unbehandelten Limettenscheiben zugeben. Das Zitronengras längs halbieren und in die Gläser stecken. Mit etwas frisch aufgeschäumtem Holunderblütensirup nappieren. Etwas geriebene unbehandelte Limettenschale über den Holunderblütensirupschaum streuen und den Eistee sofort servieren.

Granny-Garden-Eistee mit Minze, Ingwer und »Carpe Diem Kombucha Cranberry«

- 15 cl Rhabarber-Vanille-Früchtetee (Granny's Garden), gekühlt
- 8 cl »Carpe Diem Kombucha Cranberry«, gekühlt
- 1 ½ cl Holunderblütensirup
- 1 cl frisch gepresster Limettensaft
- 8–10 frische Minzeblättchen
- 2–3 dünne Scheiben frischer geschälter Ingwer
- 4–5 Eiswürfel
- 1 Zweig Minze

Die Eiswürfel in ein Glas geben und mit dem Granny's-Garden-Tee und dem »Carpe Diem Kombucha Cranberry« auffüllen. Den Holunderblütensirup und den frisch gepressten Limettensaft unterrühren. Die Minzeblättchen und die Ingwerscheiben zugeben, mit einem Minzezweig dekorieren und sofort servieren.

Das ätherische Öl der Minze kommt in der Aromatherapie gerne zum Einsatz. Wenn man es zum Beispiel in einer Duftlampe verwendet, regt es das Gehirn an und fördert die Denkleistung. Zudem beeinflusst es die Psyche positiv. In der Volksmedizin kommt die Minze bei Kopfschmerzen und Verspannungen zum Einsatz.

Zitronengraseistee mit Limette, Carambole und »Carpe Diem Kombucha Cranberry«

12 cl Zitronengrastee, gekühlt
12 cl »Carpe Diem Kombucha Cranberry«, gekühlt
1 cl frisch gepresster Limettensaft
4–5 Eiswürfel
½ Stängel Zitronengras
3 dünne Scheiben Carambole, in Stücke geschnitten
8 getrocknete Cranberries

Die Eiswürfel in ein Glas geben und mit dem gekühlten Zitronengrastee und dem gekühlten »Carpe Diem Kombucha Cranberry« auffüllen. Den frisch gepressten Limettensaft unterrühren. Das Zitronengras längs halbieren, mit den getrockneten Cranberries und den Carambolestücken in das Glas geben und sofort servieren.

Zitronengras wirkt anregend und erfrischend, zudem liefert es reichlich Folsäure. Dieses Vitamin aus der B-Gruppe stärkt das Gehirn und das Herz. Außerdem fördert es die Leistung unseres Kurzzeitgedächtnisses.

Zitronengraseistee mit »Carpe Diem Kombucha Quitte« und Apfelscheiben

In Quitten steckt mehr Vitamin C als in der gleichen Menge Äpfel. Sie sind außerdem reich an den Mineralstoffen Kalium und Natrium sowie an den Spurenelementen Zink, Eisen, Kupfer, Mangan und Fluor und an dem wasserlöslichen B-Vitamin Folsäure. Quittenfrüchte enthalten außerdem viel Pektin, einen löslichen Ballaststoff. Pektin bindet im Darm Cholesterin – der Cholesterinspiegel sinkt – und Schwermetalle, die daraufhin besser ausgeschieden werden können.

- 10 cl Zitronengrastee, gekühlt
- 10 cl »Carpe Diem Kombucha Quitte«, gekühlt
- 1 cl Zitronengrassirup
- 1 cl Holunderblütensirup
- 4–5 Eiswürfel
- 3 dünne ungeschälte Apfelspalten
- 3 unbehandelte halbierte Zitronenscheiben
- 1 lange dünne unbehandelte Orangenschalenspirale

Die Eiswürfel in ein Glas geben und mit dem gekühlten Zitronengrastee und dem gekühlten »Carpe Diem Kombucha Quitte« auffüllen und verrühren. Den Zitronengrassirup, den Holunderblütensirup, die Apfelspalten und die halbierten Zitronenscheiben zugeben und verrühren. Die Orangenschalenspirale im Glas drapieren und sofort servieren.

Cape-Town-Eistee mit »Red Bull Simply Cola« und Himbeeren

1 ½ cl Himbeersirup
10 cl Cape-Town-Tee (von Afro Tea), gekühlt
10 cl »Red Bull Simply Cola«, gekühlt
1 Schuss Sodawasser, gekühlt
4–5 Eiswürfel
7 frische Himbeeren
1 Physalis
1 Bambusspieß
1 lange Zimtstange

Den Himbeersirup in ein Glas geben, mit den Eiswürfeln bedecken und mit dem gekühlten Cape-Town-Tee und dem gekühlten »Red Bull Simply Cola« auffüllen. Einen Schuss Sodawasser und 5 frische Himbeeren zugeben. Die restlichen Himbeeren und die Physalis auf einen Bambusspieß stecken und quer auf den Glasrand legen. Eine lange Zimtstange in das Glas stecken und sofort servieren.

»Red Bull Simply Cola« regt einfach an, verbessert die Stimmung, das Arbeitstempo und die Leistungsfähigkeit. Himbeeren liefern unter anderem die Nerven beruhigendes Magnesium.

Smoothie von Aroniasaft, Mango, Acerolakirsche und Holunderblütensirup

- 8 cl Bio-Aroniasaft
- 4 cl Mangopüree
- 1 cl Holunderblütensirup
- ½ Espressolöffel Acerolakirschenpulver
- 3 EL Crushed Ice
- 4 frische Himbeeren, 30 Minuten gefroren
- einige Basilikumkresseblättchen

Den Bio-Aroniasaft, das Mangopüree, den Holunderblütensirup und das Acerolakirschenpulver in einen Mixer (Blender) geben. Das Crushed Ice zugeben, gut durchmixen und in ein Glas füllen. Die gefrorenen Himbeeren leicht zerstoßen, in das Glas geben, mit Basilikumkresseblättchen bestreuen und sofort servieren.

Die aus dem östlichen Nordamerika stammende Aronia- oder Apfelbeere ist reich an gesundheitsfördernden Polyphenolen (sekundäre Pflanzenstoffe), nämlich bis zu fünfmal mehr farbgebende Anthocyane als etwa Heidelbeeren. Diese wirken als »Radikalfänger« (Antioxidantien), sie schützen die Zellen also vor Angriffen durch Schadstoffe oder Stress. Darüber hinaus ist die Apfelbeere reich an Vitamin C, Vitamin B1 und B2, Vitamin E, Folsäure, Eisen und Jod. All diese Substanzen beeinflussen den Körper und damit die Psyche positiv – denn wer sich physisch fit fühlt, der ist auch psychisch belastbar.

Litschi-Joghurt-Mango-Wasabi-Smoothie

8 cl Litschisaft
5 cl Mangopüree
3 cl probiotischer Joghurt (0,1 % Fettgehalt)
1 Msp. Wasabipaste
4 EL Crushed Ice
½ ungeschälte Litschi
6 frische Rucolaspitzen

Den Litschisaft, das Mangopüree, den probiotischen Joghurt und 1 Msp. Wasabipaste in einen Mixer (Blender) geben. Das Crushed Ice zugeben und gut durchmixen. Den Smoothie in 1 Glas füllen, mit ½ Litschi und den frischen Rucolaspitzen garnieren und sofort servieren.

Stress verursacht nur allzu oft Sodbrennen und Verdauungsbeschwerden. Wer damit zu kämpfen hat, sollte die leicht verdauliche, säurearme Mango und verdauungsregulierenden Joghurt geniessen.

Gurken-Tomaten-Smoothie mit Chili und Basilikum

1 Stück Salatgurke (3 cm)
8 cl Tomatensaft
1 Prise Chilipulver
2 frische Basilikumblätter
1 TL natives Olivenöl
3 EL Crushed Ice
feines Meersalz
frisch gemahlener schwarzer Pfeffer
1 rote Kirschtomate
5 geröstete Pinienkerne
3–4 Tropfen natives Olivenöl

Die Salatgurke waschen und die Schale mit einem Gemüseschäler dünn spiralförmig abschälen. Die Gurkenschale spiralförmig an die Außenseite eines Glases legen. Die geschälte Gurke in einen Mixer (Blender) geben. Den Tomatensaft, 1 Prise Chilipulver, die Basilikumblätter und 1 TL natives Olivenöl zugeben. Das Crushed Ice zugeben und gut durchmixen. Den Gurken-Tomaten-Smoothie mit feinem Meersalz und frisch gemahlenem schwarzen Pfeffer abschmecken und sofort in das vorbereitete Glas füllen. Die Kirschtomate halbieren und in das Glas geben. Mit den gerösteten Pinienkernen bestreuen, mit 3–4 Tropfen nativem Olivenöl beträufeln und sofort servieren.

EGAL, OB MAN EINE GURKENMASKE AUFLEGT ODER GURKE ISST: GURKE ERFRISCHT UND VERSORGT DEN ORGANISMUS MIT VIEL FEUCHTIGKEIT. SCHARF GEWÜRZT HEBT DIESER SMOOTHIE ZUDEM DIE STIMMUNG.

ORANGEN-MELONEN-VANILLE-CHILI-SMOOTHIE

100 g Galia-Melone
4 kleine Galia-Melonen-Kugeln
4 EL Crushed Ice
15 cl frisch gepresster Orangensaft
1 cl Vanillesirup
1 cl Chilisirup
1 Msp. frisches Vanillemark
1 Prise grüne Lebensmittelfarbe (Pulver, erhältlich in der Apotheke)

Die Galia-Melone schälen und das Fruchtfleisch in den Mixer (Blender) geben. Je 2 Galia-Melonen-Kugeln auf einen Holzspieß stecken und in der Melonenschale fixieren. Das Crushed Ice in einen Mixer geben und mit dem frisch gepressten Orangensaft auffüllen. Den Vanillesirup, den Chilisirup, das Vanilleschotenmark und die grüne Lebensmittelfarbe zugeben und gut durchmixen. Den Orangen-Melonen-Vanille-Chili-Smoothie in ein Glas füllen, die vorbereitete Melonenschale auf das Glas legen und sofort servieren.

VANILLE GILT SEIT JEHER ALS APHRODISIAKUM. DAS VERWUNDERT NICHT, DENN DAS VANILLIN, DER HAUPTAROMASTOFF DER VANILLE, ÄHNELT IN SEINER ZUSAMMENSETZUNG DEN MENSCHLICHEN PHEROMONEN.

Honigmelonen-Pfirsich-Smoothie mit geröstetem Sesam

120 g Honigmelone
4 cl Pfirsichpüree
15 cl Pfirsichsaft
2 cl Holunderblütensirup
1 cl frisch gepresster Zitronensaft
1 Epressolöffel weiße Sesampaste (Tahina)
4 EL Crushed Ice
1 Prise weiße Sesamsaat, geröstet
1 Prise schwarze Sesamsaat, geröstet
etwas essbares Blattgold

Die Honigmelone schälen und in einen Mixer (Blender) geben. Das Pfirsichpüree, den Pfirsichsaft, den Holunderblütensirup, den frisch gepressten Zitronensaft, die weiße Sesampaste und das Crushed Ice zugeben und gut durchmixen. Den Honigmelonen-Pfirsich-Smoothie in ein Champagnerglas füllen und mit je 1 Prise weißer und schwarzer Sesamsaat bestreuen. Den Glasrand mit etwas Blattgold dekorieren und sofort servieren.

SESAMSAMEN ENTHALTEN FAST ALLES, WAS DIE NERVEN STÄRKT: KALZIUM, MAGNESIUM, EINIGE VITAMINE DER B-GRUPPE UND EISEN. GANZ NEBENBEI STILLEN SÜSSE FRÜCHTE WIE PFIRSICH UND MELONE DIE LUST AUF KALORIENREICHE SÜSSIGKEITEN – UND ZWAR GANZ OHNE DICK ZU MACHEN.

Mango-Passionsfrucht-Kokosmilch-Joghurt-Smoothie

4 cl Mangopüree
2 cl Passionsfruchtpüree
2 cl Kokosmilch
10 cl probiotischer Naturjoghurt (0,1 % Fettgehalt)
4 cl Vollmilch (3,5 % Fettgehalt)
2 cl Holunderblütensirup
1 TL blanchierte Mandelblättchen
3 EL Crushed Ice
1 EL frisch gehobeltes Kokosnussfleisch
einige blanchierte Mandelblättchen zum Bestreuen
½ ausgehöhlte Kokosschale

Das Crushed Ice, das Mangopüree, das Passionsfruchtpüree, die Kokosmilch, den Naturjoghurt, die Milch, den Holunderblütensirup und die Mandelblättchen in einen Mixer (Blender) geben und gut durchmixen. Den Mango-Passionsfrucht-Kokosmilch-Joghurt-Smoothie in ein Martiniglas füllen und mit frisch gehobelten Kokosspänen und einigen Mandelblättchen bestreuen. Das Glas mit einer halben leeren Kokosnussschale dekorieren und sofort servieren.

Passionsfrüchte enthalten reichlich Vitamin A, C und Vitamine der B-Gruppe, zudem die Mineralstoffe Kalium, Kalzium und Magnesium sowie die Spurenelemente Phosphor und Eisen. Dieser Mix macht sie zu echten Stimmungsaufhellern. Mango- und Kokosaromen wecken Erinnerungen an den Urlaub, an den Strand, die Sonne und das Meer. Und Joghurt enthält eine perfekte Mischung von Kohlenhydraten und Proteinen plus Kalzium für starke Nerven. Wenn das kein Drink zum Träumen ist!

Rooibos-Eistee mit Schokoladengeschmack und »Carpe Diem Botanic Water beruhigend«

10 cl Addis-Ababa-Tee (von Afro Tea, Rooibos-Kakaoschalen-Tee), gekühlt
10 cl »Carpe Diem Botanic Water beruhigend«, gekühlt
4–5 Eiswürfel
4–5 dünne Schokoladenstäbchen
1 essbare Blüte (z. B. Stiefmütterchen)

Die Eiswürfel in ein Glas geben und mit dem gekühlten Addis-Ababa-Tee und dem gekühlten »Carpe Diem Botanic Water beruhigend« auffüllen. Die dünnen Schokoladenstäbchen in das Glas stecken, mit einer essbaren Blüte garnieren und sofort servieren.

Zitronenmelisse wirkt – das ist wissenschaftlich bewiesen – besonders gut gegen Schlafstörungen und Unruhe. Auch Lavendel, Hopfen und Passionsblume wirken beruhigend. Die Mixtur aus insgesamt neun Pflanzenextrakten, die im »Carpe Diem Botanic Water beruhigend« enthalten sind, wurde in Zusammenarbeit mit dem Institut für angewandte Botanik in Wien entwickelt – sie alle wirken beruhigend.

BEAUTY FOOD

ESSEN, das schön macht«, gibt es das überhaupt? Ja und nein, denn nicht gegen alle Schönheitsmakel ist ein Kraut gewachsen oder ein Nahrungsmittel vorhanden. Andererseits kann sich ein Mangel an Vitaminen, Mineral- oder anderen Nährstoffen in unserem Äußeren zeigen. Manchmal sind die Haut, die Haare oder die Fingernägel sogar die ersten Stellen, an denen sich solche Mangelzustände manifestieren. »Beauty Food« sorgt daher für:

- gesunde, strapazierfähige Haare
- eine gut durchblutete, schöne, möglichst reine Haut
- kräftige, schöne Fingernägel, die keine Deformationen aufweisen und nicht splittern
- ein der genetischen Veranlagung entsprechendes, optimal funktionierendes, kräftiges Bindegewebe

Die Ernährung ist in der Tat nicht der einzige, aber ein wichtiger Faktor, wenn es um Schönheit geht. Gegen die genetische Veranlagung für bereits in jungen Jahren wachsende graue oder dünne Haare, vorzeitige Faltenbildung oder starke Krampfaderbildung hilft leider auch »Beauty Food« nicht. Auch der Lebenswandel hat einen durch die Ernährung kaum umzukehrenden Einfluss auf die Schönheit: Rauchen fördert die Faltenbildung der Haut, Dauerwellen oder ständiges Färben kann die stärksten Haare brüchig und glanzlos machen, intensives Sonnenbaden macht die Haut lederartig. Abgesehen davon hilft »Beauty Food« aber dabei, dass Sie lange jugendlich und attraktiv bleiben. In sämtlichen Rezepten dieses Kapitels sind Fettsäuren ein wichtiger Bestandteil, denn diese sorgen für eine straffe Haut. Auch versorgen die »Beauty Food«-Gerichte den Organismus mit allen Nährstoffen, die für ein tolles Bindegewebe und glänzende Haare nötig sind. Natürlich fließen hier die aktuellen Erkenntnisse der Anti-Aging-Ernährungsforschung mit ein. »Beauty Food« hält also auch jung. Stets dabei bewusst sollte einem die Erkenntnis sein, dass sämtliche Nahrung, die wir zu uns nehmen, einen direkten Einfluss auf unser Äußeres hat. Wer schön sein will, verwende also außen Creme und von innen »Beauty Food«. Und was besonders toll ist: Die »Beauty Food«-Rezepte sind so konzipiert, dass sie so weit wie möglich ohne überflüssige Dickmacher wie Butter und Sahne auskommen. »Beauty Food« hält also auch ganz schön schlank. Wer jetzt aber an Verzicht und Diät denkt, liegt völlig daneben. »Beauty Food« ist Genuss pur. Was will man mehr?

Lachstatar mit Tofu, Sojabohnen und Yuzu

Tofu
300 g Eigelb
400 g Sojamilch
Meersalz
frisch gemahlener weißer Pfeffer
frisch geriebene Muskatnuss
4 EL fein geschnittener roher Babyspinat (Julienne)

Sojabohnenkerne
160 g Edamame (Sojabohnenkerne, TK-Produkt)
10 g Rock Chives (asiatische Schnittlauchsprossen, alternativ Daikonkresse- oder Shisokresseblättchen)
10 g Goah-Kresse (indische Korianderkresse, alternativ Daikonkresse- oder Shisokresseblättchen)
Meersalz
etwas feiner Kristallzucker
etwas natives Olivenöl
etwas frisch geriebene Limettenschale

Yuzu-Schaum
100 ml Wasser
20 g feiner Kristallzucker
150 ml Yuzufruchtsaft (japanischer Zitrusfruchtsaft, aus dem Glas)
1–2 g Sojalecithin

Seidentofu
80 g Seidentofu (erhältlich im Asialaden)
etwas frisch gepresster Limettensaft
1 TL geröstetes Sesamöl

Lachstatar
160 g frisches Lachsfilet ohne Haut (Sushi-Qualität)
Meersalz
frisch geriebene unbehandelte Limettenzesten
frisch gepresster Limettensaft
etwas natives Olivenöl
1 EL gehackte Kräuter (Blattpetersilie, Kerbel, Estragon)

Anrichten
etwas Piment d'Espelette
einige rote Shisokresseblättchen

Tofu
Das Eigelb und die Sojamilch in einen Mixer geben und gut durchmixen. Mit Meersalz, frisch gemahlenem weißen Pfeffer und frisch geriebener Muskatnuss abschmecken. Die Tofumasse in eine Schüssel geben, den fein geschnittenen Babyspinat zugeben und verrühren. Eine kleine Metallauflaufform mit Klarsichtfolie auskleiden und die Tofumasse ca. 4 cm hoch hineinfüllen.
Einen Dampfgartopf ca. 2 cm hoch mit Wasser füllen und das Wasser aufkochen. Die Hitze reduzieren, vorsichtig 1–2 Küchenkreppblätter in das heiße Wasser legen und die gefüllte Metallauflaufform in das Wasserbad setzen. Den Dampfgartopf mit einem Deckel verschließen und die Hitze so regulieren, dass das Wasser nahezu köchelt. Die Tofumasse darin ca. 25–30 Minuten stocken lassen. Anschließend die Metallauflaufform aus dem Wasserbad nehmen und abkühlen lassen.
Mithilfe eines Ringausstechers 4 Tofutürmchen ausstechen und vorsichtig in 4 Gläser setzen. (Die Tofumasse kann auch direkt in Gläser gefüllt und ins Wasserbad gestellt werden, dann aber keine doppelwandigen Gläser benutzen. Die mit Tofu gefüllten Gläser mindestens 1 Stunde in den Kühlschrank stellen.)

Sojabohnenkerne
Die Edamame auftauen lassen, von den Hülsen und von den Häuten befreien.
Reichlich Wasser in einem Topf zum Kochen bringen und salzen. Die Sojabohnenkerne darin kurz blanchieren, dann in Eiswasser abschrecken, abtropfen lassen und in eine Schüssel geben.
Die Rock Chives und die Goah-Kresse zugeben und vermengen. Mit Meersalz, etwas feinem Kristallzucker, etwas nativem Olivenöl und frisch geriebener Limettenschale abschmecken.

Yuzu-Schaum
Das Wasser mit dem Kristallzucker in einem hohen Mixbecher verrühren. Den Yuzufruchtsaft zugeben und mit dem Pürierstab durchmixen. Das Sojalecithin darüberstreuen und zu einem luftigen Schaum aufmixen.

WUSSTEN SIE, DASS SOJA UND SOJAPRODUKTE WIE TOFU SOGENANNTE PHYTOÖSTROGENE ENTHALTEN? DAS SIND SEKUNDÄRE PFLANZENSTOFFE, DIE EINE PFLANZLICHE VORSTUFE DER IM MENSCHLICHEN ORGANISMUS VORHANDENEN ÖSTROGENE DARSTELLEN. BESONDERS INTERESSANT: DIE IM SOJA ZU FINDENDEN PHYTOÖSTROGENE SCHÜTZEN OFFENSICHTLICH VOR WECHSELJAHRESBESCHWERDEN. JAPANERINNEN ZUM BEISPIEL KENNEN PRAKTISCH KEINE WECHSELJAHRESBESCHWERDEN!

SEIDENTOFU

Den Seidentofu in 1 cm große Würfel schneiden und mit etwas frisch gepresstem Limettensaft und Sesamöl marinieren.

LACHSTATAR

Das Lachsfilet in ½ cm große Würfel schneiden und in eine Schüssel geben. Mit Meersalz, frisch geriebenen Limettenzesten, frisch gepresstem Limettensaft, etwas nativem Olivenöl und den gehackten Kräutern abschmecken und sofort anrichten.

ANRICHTEN

Die mit Tofu gefüllten Gläser aus dem Kühlschrank nehmen. Die Hälfte der Sojabohnenkerne einfüllen, mit je 1 Nocke Lachstatar belegen und mit den restlichen Sojabohnenkernen bedecken. Alles mit den marinierten Seidentofuwürfeln belegen und mit etwas Yuzu-Schaum nappieren. Mit etwas Piment d'Espelette bestreuen, mit roten Shisokresseblättchen garnieren und das Tatar sofort servieren.

Rindercarpaccio-Grissini mit Ricotta, Rucolagelee und Pinienkernen

Rucolagelee

100 g Rucola
300 ml kalte Gemüsebrühe (siehe Grundrezept Seite 274)
4–5 Blatt weiße Gelatine
Meersalz

Pesto

25 g Pinienkerne
1 Bund Basilikum
½ Knoblauchzehe
150 ml natives Olivenöl
40 g frisch geriebener Parmesan
Meersalz
frisch gemahlener schwarzer Pfeffer

Ricotta

200 g Ricotta
Meersalz
frisch gemahlener weißer Pfeffer
etwas natives Olivenöl

Rindercarpaccio-Grissini

160 g frisches Rinderfilet
etwas natives Olivenöl
feines Meersalz
frisch gemahlener weißer Pfeffer
8 Stangen Grissini

Anrichten

4 EL geröstete Pinienkerne
einige Rucolakresseblättchen
einige Rucolaspitzen

Rucola enthält Senföle, die einerseits für das scharfe, leicht bittere Aroma des Rucolas sorgen und andererseits eine desinfizierende Wirkung haben. Im Hinblick auf (entzündete) Talgdrüsen heisst das: Rucola kann Akne vorbeugen.

Rucolagelee

Den Rucola waschen, trocken tupfen und in eine große Gefrierbox geben. Den Rucola 30–40 Minuten in das Tiefkühlgerät stellen, bis er durchgefroren ist.
50 ml Gemüsebrühe in einen kleinen Topf geben.
Den gefrorenen Rucola in einen Mixer geben, mit der restlichen kalten Gemüsebrühe auffüllen und sehr fein mixen. Anschließend durch ein feines Sieb passieren und die Rucola-Gemüse-Brühe abwiegen.
Pro 100 g Rucola-Gemüse-Brühe 1½ Blatt Gelatine nehmen. Diese 5 Minuten in kaltem Wasser einweichen. Die ausgedrückte Gelatine in den kleinen Topf zu der Gemüsebrühe geben und bei milder Hitze auflösen. 3 EL Rucola-Gemüse-Brühe abnehmen und unter die aufgelöste Gelatine rühren. Das Gelatinegemisch zu der restlichen Rucola-Gemüse-Brühe geben und sofort durchmixen. Mit Meersalz abschmecken und auf ein großes Blech gießen. Anschließend kühl stellen und gelieren lassen. Kurz vor dem Anrichten in Stücke schneiden.

Pesto

Eine Pfanne ohne Fettzugabe erhitzen, die Pinienkerne zugeben und darin unter ständigem Rühren goldbraun rösten. Die gerösteten Pinienkerne sofort aus der Pfanne nehmen und abkühlen lassen.
Die Basilikumblätter von den Zweigen zupfen und in einen Mixer geben.
Die Knoblauchzehe schälen, fein würfeln und zugeben.
Die Pinienkerne, das Olivenöl und den frisch geriebenen Parmesan zugeben und alles zu einem cremigen Pesto mixen. Das Pesto mit Meersalz und frisch gemahlenem schwarzen Pfeffer abschmecken. Kurz vor dem Servieren mit einem Espressolöffel kleine Nocken abstechen und anrichten.

Ricotta

Den Ricotta in eine Schüssel geben. Mit etwas Meersalz und frisch gemahlenem weißen Pfeffer bestreuen. Mit etwas Olivenöl beträufeln und mit einem Löffel vorsichtig vermengen. Anschließend mit einem Teelöffel kleine Nocken von der Masse abstechen und anrichten.

RINDERCARPACCIO-GRISSINI

Das Rinderfilet in 1 cm große Würfel schneiden und in eine Schüssel geben. Mit etwas Olivenöl beträufeln und mit einem Löffel vermischen. Je 1 Rinderfiletwürfel mit etwas Olivenöl beträufeln, zwischen 2 Klarsichtfolien legen und mit dem Plattiereisen flach drücken, nicht klopfen. Die Rinderfiletscheibe vorsichtig von der Klarsichtfolie lösen und auf eine Platte legen. Auf diese Weise die restlichen Rinderfiletwürfel vorbereiten. Die Rinderfiletscheiben leicht mit Meersalz und frisch gemahlenem weißen Pfeffer würzen und von beiden Seiten mit etwas Olivenöl bepinseln.

ANRICHTEN

Die Hälfte der marinierten Rinderfiletscheiben auf 4 Gläser verteilen und mit Ricotta- und Pestonocken belegen. Das Rucolagelee an die Glasinnenseiten legen. Die restlichen marinierten Rinderfiletscheiben zu ⅓ um die Grissini wickeln und je 2 Grissini in die Gläser stecken. Mit je 1 EL gerösteten Pinienkernen bestreuen, mit Rucolakresseblättchen und Rucolaspitzen garnieren und sofort servieren.

Rindertatar mit Tofu, Avocado und Soja-Ingwer-Vinaigrette

Soja-Ingwer-Vinaigrette
- 50 g geriebener Palmzucker
- 50 g frisch gepresster Limettensaft
- 5 frische Kaffirlimettenblätter
- 100 g Traubenkernöl
- 50 g frischer Ingwer
- 80 g Sojasauce
- 40 g Champagneressig

Sojabohnen
- 80 g Edamame (Sojabohnenkerne, TK-Produkt)
- 60 g frische Sojabohnensprossen
- etwas Soja-Ingwer-Vinaigrette (siehe Teilrezept)

Tofu
- 160 g Seidentofu
- 1 unbehandelte Limette
- 1 EL natives Olivenöl

Avocado
- 2 reife Avocados
- etwas frisch gepresster Limettensaft
- Meersalz
- frisch gemahlener weißer Pfeffer
- Piment d'Espelette
- 1 EL natives Olivenöl
- 1 TL geröstetes Sesamöl

Rindertatar
- 1 Schalotte
- 220 g frisches Rinderfilet
- 1 TL mittelscharfer Senf
- 1 TL Ketchup
- 1 EL Schnittlauchröllchen
- feines Meersalz
- frisch gemahlener weißer Pfeffer
- 1 EL natives Olivenöl

Anrichten
- Soja-Ingwer-Vinaigrette (siehe Teilrezept)
- einige Brunnenkresseblättchen

Soja-Ingwer-Vinaigrette
Den geriebenen Palmzucker in einem kleinen Topf mit dem frisch gepressten Limettensaft verrühren.
Die Kaffirlimettenblätter in feine Streifen schneiden und unterrühren. Anschließend einmal aufkochen, den Topf vom Herd nehmen und mit einem Deckel verschließen. Den Palmzucker-Limettensaft-Sud 10 Minuten ziehen lassen, anschließend durch ein feines Sieb passieren, abkühlen lassen und 80 g vom passierten Palmzucker-Limettensaft-Sud abwiegen.
Das Traubenkernöl in einen Mixbecher geben.
Den Ingwer schälen, in feine Würfel schneiden und mit dem Traubenkernöl sehr fein pürieren. Anschließend das Ingwer-Traubenkern-Öl durch ein Sieb passieren und 80 g abwiegen.
In einem Mixbecher 80 g Palmzucker-Limettensaft-Sud, 80 g Ingwer-Traubenkern-Öl, die Sojasauce und den Champagneressig aufmixen und bis zum Anrichten kalt stellen.

Sojabohnen
Die Edamame auftauen lassen, von den Hülsen und von den Häuten befreien.
Reichlich Wasser in einem Topf zum Kochen bringen und salzen. Die Sojabohnenkerne darin kurz blanchieren, dann in Eiswasser abschrecken, abtropfen lassen und in eine Schüssel geben.
Die frischen Sojabohnensprossen zugeben, mit etwas Soja-Ingwer-Vinaigrette marinieren und sofort anrichten.

Tofu
Den Seidentofu in 1 cm große Würfel schneiden, mit frisch geriebener Limettenschale, frisch gepresstem Limettensaft und dem Olivenöl marinieren.

Avocado
Die Avocados längs halbieren, vom Stein befreien und schälen. Die Avocadohälften längs halbieren, in Scheiben schneiden und in eine Schüssel geben. Sofort mit frisch gepresstem Limettensaft beträufeln. Mit Meersalz, frisch gemahlenem weißen Pfeffer und Piment d'Espelette würzen und mit dem Olivenöl und dem Sesamöl marinieren.

DIE IM INGWER ENTHALTENEN ÄTHERISCHEN ÖLE UND DER SCHARFE AROMASTOFF GINGEROL KURBELN DEN STOFFWECHSEL AN UND REGEN DIE VERDAUUNG AN. GENERELL VERFÜGEN GINGEROLE ÜBER STÄRKERE ANTIOXIDATIVE EIGENSCHAFTEN ALS ETWA VITAMIN E – SIE SCHÜTZEN DIE ZELLEN UND BEUGEN DER HAUTALTERUNG VOR.

RINDERTATAR

Die Schalotte schälen, in sehr feine Würfel schneiden (Brunoise) und in kochendem Wasser kurz blanchieren, abgießen und abkühlen lassen.
Das Rinderfilet in ½ cm große Würfel schneiden und in eine Schüssel geben.
Die blanchierten Schalottenwürfel, den mittelscharfen Senf, das Ketchup und die Schnittlauchröllchen zugeben und mit einem Löffel verrühren. Das Rindertatar mit Meersalz, frisch gemahlenem weißen Pfeffer und dem Olivenöl abschmecken und sofort anrichten.

ANRICHTEN

Die Tofu- und die Avocadowürfel abwechselnd in 4 Gläser schichten. 3 Nocken Rindertatar in jedes Glas geben und mit den Sojabohnen belegen. Die restliche Soja-Ingwer-Vinaigrette vorsichtig entlang des Innenrandes in die Gläser füllen. Mit Brunnenkresseblättchen garnieren und sofort servieren.

Geeiste Gazpacho mit Joghurt-Basilikum-Mousse und Belper Knolle

Käse und Joghurt enthalten als Milchprodukte reichlich Kalzium, das ein wichtiger Baustein von Haaren, Haut- und Bindegewebszellen ist. Ein Kalziummangel ist also nicht zu verbergen (oder zu übersehen)!

Joghurt-Basilikum-Mousse

- 2 Blatt weiße Gelatine
- 300 g Naturjoghurt (0,1 % Fettgehalt)
- 20 g Basilikumblätter
- Meersalz
- frisch gemahlener weißer Pfeffer
- 50 g steif geschlagene Sahne

Ratatouille

- 1 rote Zwiebel
- 1 rote Paprikaschote
- 1 Zucchini
- 1 Aubergine
- 1 Knoblauchzehe
- 2 El natives Olivenöl
- 1 Zweig Rosmarin
- 1 Zweig Thymian
- Meersalz
- frisch gemahlener schwarzer Pfeffer
- 2 EL fein geschnittene Basilikumblätter

Geeiste Gazpacho

- 50 g rote Zwiebeln
- 350 g rote Kirschtomaten
- 150 g rote Paprikaschoten
- 150 g gelbe Paprikaschoten
- 150 g Salatgurke
- 150 g natives Olivenöl
- 300 ml gekühlter klarer Tomatenfond (siehe Grundrezept Seite 276)
- 1 Bund Basilikum
- Meersalz
- etwas Kristallzucker
- Piment d'Espelette

Pesto

- 25 g Pinienkerne
- 1 Bund Basilikum
- ½ Knoblauchzehe
- 250 ml natives Olivenöl
- 40 g frisch geriebener Parmesan
- Meersalz
- frisch gemahlener schwarzer Pfeffer

Anrichten

- 2 EL geröstete Pinienkerne
- 1 Belper Knolle (Schweizer Hartkäse aus Rohmilch mit Pfefferrand, alternativ alter, reifer Parmesan)
- etwas griechisches Basilikum

Joghurt-Basilikum-Mousse

Die Blattgelatine 5 Minuten in kaltem Wasser einweichen.
Den Naturjoghurt in eine Schüssel geben.
Die ausgedrückte Blattgelatine in einen kleinen Topf geben und bei milder Hitze auflösen, mit 1–2 EL Naturjoghurt verrühren und sofort unter den restlichen Joghurt rühren.
Die Basilikumblätter von den Zweigen zupfen und zu sehr feinen Streifen schneiden (Julienne). Die Basilikum-Julienne unter den Naturjoghurt rühren und mit Meersalz und frisch gemahlenem weißen Pfeffer abschmecken.
Die Joghurtcreme so lange in den Kühlschrank stellen, bis sie zu gelieren beginnt. Dann die steif geschlagene Sahne unterheben, die Mousse in einen Spritzbeutel füllen und mindestens 2 Stunden in den Kühlschrank stellen.

Ratatouille

Die Zwiebel schälen und in ½ cm große Würfel schneiden.
Die Paprikaschote halbieren, von Stiel, Scheidewänden und Kernen befreien, waschen, mit einem Gemüseschäler fein schälen und in ½ cm große Würfel schneiden.
Die Zucchini waschen und in Würfel (1 ½ cm) schneiden.
Die Aubergine waschen, vom Stiel befreien und in ½ cm große Würfel schneiden.
Den Knoblauch schälen und in feine Würfel schneiden.
Das Olivenöl in einer Schwenkpfanne erhitzen und die Gemüsewürfel darin farblos anschwitzen. Den Rosmarin- und den Thymianzweig zugeben und leicht salzen. Die Gemüsewürfel unter mehrmaligem Schwenken fertig garen, anschließend in eine Schüssel füllen und mit frisch gemahlenem schwarzen Pfeffer würzen.
Die Ratatouille abkühlen lassen, mit den fein geschnittenen Basilikumblättern vermengen und mit Meersalz abschmecken.
Die Ratatouille mindestens 2 Stunden in den Kühlschrank stellen.

GEEISTE GAZPACHO

Die Zwiebel schälen, würfeln und in einen Mixer geben.
Die Kirschtomaten waschen, halbieren, vom Strunk befreien und zugeben.
Die Paprikaschoten halbieren, von Stiel, Scheidewänden und Kernen befreien, waschen, würfeln und zugeben.
Die Salatgurke schälen, würfeln und zugeben.
Das Olivenöl und den klaren Tomatenfond zugeben.
Die Basilikumblätter von den Zweigen zupfen und zugeben. Etwas Meersalz, etwas Zucker und etwas Piment d'Espelette darüberstreuen und gut durchmixen.
Die Gazpacho nochmals abschmecken und in eine Metallschüssel füllen. Eine weitere Schüssel mit reichlich Eiswürfel füllen und die Metallschüssel für 1 Stunde daraufstellen, dabei öfters umrühren. Kurz vor dem Anrichten nochmals durchrühren und bei Bedarf abschmecken.

PESTO

Eine Pfanne ohne Ölzugabe erhitzen. Die Pinienkerne darin unter ständigem Rühren goldbraun rösten. Die Pinienkerne sofort aus der Pfanne nehmen und abkühlen lassen.
Die Basilikumblätter abzupfen und in einen Mixer geben.
Die Knoblauchzehe schälen, fein würfeln und zugeben. Die Pinienkerne, das Olivenöl und den frisch geriebenen Parmesan zugeben und zu einem cremigen, leicht flüssigen Pesto mixen. Das Pesto mit Meersalz und frisch gemahlenem schwarzen Pfeffer abschmecken.

ANRICHTEN

Die gekühlte Ratatouille auf 4 Gläser verteilen und mit der geeisten Gazpacho auffüllen. Die Joghurt-Basilikum-Mousse vorsichtig in die Gläser spritzen, mit dem Pesto bedecken und mit den Pinienkernen bestreuen. Die Belper Knolle mit einer feinen Reibe darüberreiben. Mit etwas griechischem Basilikum garnieren und sofort servieren.

Geeiste Wassermelonensuppe mit Granatapfelkernen, Parmaschinken und Basilikum

Granatapfelespuma
3 Blatt weiße Gelatine
500 ml Granatapfelsaft

Geeiste Wassermelonensuppe
700 g Wassermelone
300 ml Granatapfelsaft
50 ml weißer Aceto balsamico
1 Zweig Basilikum
Meersalz
Piment d'Espelette
frisch geriebene Limettenschale
reichlich Eiswürfel

Einlage der Melonensuppe
1 Granatapfel
200 g Wassermelone

Basilikum
2 Zweige Basilikum
500 ml Rapsöl zum Frittieren

Parmaschinken-Grissini
4 Grissini
4 Wassermelonenwürfel (2 cm)
12 hauchdünne Scheiben Parmaschinken

Anrichten
einige weiße Basilikumblüten
etwas griechisches Basilikum

Granatapfelespuma
Die Blattgelatine 5 Minuten in kaltem Wasser einweichen.
Den Granatapfelsaft in eine Schüssel geben.
3 EL Granatapfelsaft in einem kleinen Topf erwärmen, die ausgedrückte Gelatine darin auflösen und mit weiteren 3 EL Granatapfelsaft verrühren. Die Gelatinemischung unter den restlichen Granatapfelsaft rühren, in eine Espumaflasche füllen, diese mit 2 Kapseln bestücken und mindestens 4 Stunden in den Kühlschrank stellen.

Geeiste Wassermelonensuppe
Die gekühlte Wassermelone schälen, von den Kernen befreien, würfeln und in einen Mixer geben.
Den gekühlten Granatapfelsaft und den weißen Aceto balsamico zugeben.
Die Basilikumblättchen vom Zweig zupfen und zugeben.
Alles sehr gut durchmixen und mit Meersalz, Piment d'Espelette und frisch geriebener Limettenschale abschmecken.
Eine weitere Schüssel mit reichlich Eiswürfeln füllen. Die Wassermelonensuppe in eine Metalschüssel füllen und 1–2 Stunden auf die Eiswürfel stellen, bis sie komplett eisgekühlt ist.

Einlage der Melonensuppe
Den Granatapfel quer halbieren und die Kerne auslösen. Die Wassermelone schälen, entkernen und in mundgerechte Stücke schneiden oder mit einem Kugelausstecher Melonenkugeln ausstechen. Die Grantapfelkerne und die Melonenstücke mindestens 1 Stunde in den Kühlschrank stellen.

Basilikum
Die Basilikumblättchen von den Zweigen zupfen.
Das Rapsöl in einem Topf erhitzen. Jeweils 3–4 Basilikumblättchen zugeben, nach 2–4 Sekunden sofort aus dem Rapsöl nehmen und auf Küchenkrepp abtropfen lassen.

DER GRANATAPFEL IST REICH AN KALIUM, VITAMIN C, KALZIUM UND EISEN. EIN BESONDERS INTERESSANTER INHALTSSTOFF IST SEIN HOHER GEHALT AN ELLAGSÄURE, DIE ZU DEN ANTIOXIDATIV, ANTIVIRAL, ANTIBAKTERIELL UND ANTIKARZINOGEN WIRKENDEN POLYPHENOLEN GEHÖRT. SIE IST BESONDERS WIRKSAM – AUCH FÜR DIE HAUT, DIE SIE JUGENDLICH HÄLT. ZUDEM ENTHÄLT DER GRANATAPFEL SCHWACHE PHYTOÖSTROGENE. DIESE WIRKEN BESONDERS NACH DEN WECHSELJAHREN DER HAUTALTERUNG ENTGEGEN.

PARMASCHINKEN-GRISSINI

Die Wassermelonenwürfel mit einem Holzspieß anstechen und eine Öffnung ausweiten. Je 1 Wassermelonenwürfel vorsichtig auf 1 Grissini stechen. Die Wassermelonenwürfel mit je 3 hauchdünnen Parmaschinkenscheiben umwickeln und sofort anrichten.

ANRICHTEN

Die gekühlten Granatapfelkerne und die gekühlten Melonenstücke auf 4 Gläser verteilen und mit der geeisten Melonensuppe auffüllen. Etwas Granatapfelespuma in die Gläser spritzen und mit einigen weißen Basilikumblüten und Basilikumspitzen bestreuen. Je 1 Parmaschinken-Grissini in die Gläser stecken, mit frittierten Basilikumblättern garnieren und sofort servieren.

Salat von der Königskrabbe und zweierlei Melone mit Zitronen-Estragon-Schaum

Zitronen-Estragon-Schaum

- 1 Bund Estragon
- 150 g frisch gepresster Zitronensaft
- 150 g frisch entsafteter Honigmelonensaft
- Meersalz
- frisch gemahlener weißer Pfeffer
- etwas Läuterzucker
- 2 g Sojalecithin

Königskrabbensalat

- 160 g vorgegartes Königskrabbenfleisch (King-Crab-Konserve)
- Meersalz
- frisch gemahlener weißer Pfeffer
- 1 unbehandelte Limette
- etwas natives Olivenöl
- 1–2 EL fein geschnittene Kräuter (Julienne, z. B. Estragon, Kerbel, Basilikum)

Zweierlei von der Melone

- 120 g Wassermelone
- 120 g Honigmelone
- 2 EL weißer Portwein
- 1 EL natives Olivenöl
- 1 TL fein geschnittener Estragon (Julienne)

Melonensauce

- 250 g frisch entsafteter Melonensaft (aus Melonenabschnitten, siehe Teilrezept »Zweierlei von der Melone«)
- Meersalz
- frisch gemahlener weißer Pfeffer
- etwas natives Olivenöl

Anrichten

- einige Estragonblättchen

Zitronen-Estragon-Schaum

Reichlich Wasser in einem Topf zum Kochen bringen und leicht salzen.

Die Estragonblättchen von den Zweigen zupfen und in dem sprudelnd kochenden Salzwasser kurz blanchieren. Den Estragon aus dem Salzwasser nehmen, in Eiswasser abschrecken und gut ausdrücken. Den blanchierten Estragon, den frisch gepressten Zitronensaft und den frisch entsafteten Honigmelonensaft in einen Mixer geben und glatt mixen. Anschließend mit Meersalz, frisch gemahlenem weißen Pfeffer und je nach Säuregehalt mit Läuterzucker abschmecken. Das Sojalecithin darüberstreuen, zu Schaum aufmixen und kurz ruhen lassen.

Königskrabbensalat

Das vorgegarte Königskrabbenfleisch in mundgerechte Stücke zerteilen und in eine Schüssel geben. Mit Meersalz, frisch gemahlenem Pfeffer, frisch geriebener Limettenschale und frisch gepresstem Limettensaft abschmecken. Mit etwas Olivenöl marinieren und die Kräuter-Julienne unterheben.

Zweierlei von der Melone

Die Melone schälen und von den Kernen befreien. Mit einem Kugelausstecher Melonenkugeln ausstechen und in eine Schüssel geben. Die Melonenfruchtfleischabschnitte für die Melonensauce beiseitestellen.

Die Melonenkugeln mit dem weißen Portwein und dem Olivenöl vermengen und 5 Minuten marinieren lassen. Die Estragon-Julienne unterrühren und anrichten.

CELLULITE? NEIN, DANKE! DAZU MUSS DER SÄURE-BASEN-HAUSHALT IM GLEICHGEWICHT SEIN. GRUNDLAGE DES SÄURE-BASEN-HAUSHALTS IST DIE TATSACHE, DASS GEWISSE NAHRUNGSMITTEL IM STOFFWECHSEL SÄUREN BILDEN, ANDERE BASEN. DA EIN SÄURE-BASEN-GLEICHGEWICHT EINEN POSITIVEN EINFLUSS AUF DAS BINDEGEWEBE UND VERMUTLICH AUCH AUF DIE HAUT HAT, SOLLTEN SIE ALSO VIELE BASENÜBERSCHÜSSIGE LEBENSMITTEL WIE GEMÜSE, SALAT UND FRÜCHTE VERZEHREN. ÜBRIGENS IST SOGAR DIE SAUER SCHMECKENDE ZITRONE SOWIE DIE MELONE IM KÖRPER BASENBILDEND.

MELONENSAUCE

Die Melonenabschnitte entsaften und 250 g Saft abwiegen. Den Melonensaft in einen Mixbecher geben und mit Meersalz, frisch gemahlenem weißen Pfeffer und etwas Olivenöl abschmecken. Mit dem Pürierstab kurz durchmixen und anrichten.

ANRICHTEN

Die marinierten Melonenkugeln und den Königskrabbensalat abwechselnd in 4 Gläser schichten. Die Melonensauce am Glasinnenrand entlang hineinlaufen lassen. Etwas Zitronen-Estragon-Schaum in die Gläser füllen, mit frischen Estragonblättchen garnieren und sofort servieren.

Ceviche vom Wolfsbarsch mit Papaya, Koriander und Chili

Papayasalat

- 2 reife, feste Papayas (ca. 15 cm lang)
- 8 EL natives Olivenöl
- 2 EL Cashewkerne
- 2 Schalotten
- 1 mittelscharfe Chilischote
- 1 Stück frischer Ingwer (5 cm)
- 2 Knoblauchzehen
- 4 Blätter Minze
- 4 Zweige Koriander
- 1 TL Sambal Oelek
- 2 Limetten
- 2 EL Sherryessig
- 2 EL helle Sojasauce

Cevichemarinade

- ½ weiße Zwiebel
- 4 unbehandelte Limetten
- 2 Prisen Meersalz
- ⅔ frische rote Fingerchili
- 100 ml ungesüßte Kokosmilch
- 2 Frühlingszwiebeln (nur das Grüne)

Ceviche vom Wolfsbarsch

- 240 g frisches Wolfsbarschfilet (Sushi-Qualität)
- Cevichemarinade (siehe Teilrezept)

Chilicreme

- 1 Ei
- 1–2 frische rote Thaichilischoten, nach Belieben
- 100 ml Rapsöl
- 100 ml Weizenkeimöl
- frisch geriebene unbehandelte Limettenzesten
- Meersalz
- frisch gemahlener weißer Pfeffer

Anrichten

- 4 Spalten frische Papaya
- 4 Limettenscheiben
- 4 Korianderblättchen
- etwas frisch gehobeltes Kokosfruchtfleisch
- etwas fein geschnittene rote Fingerchili (Julienne)

Papayasalat

Die Papayas schälen, entkernen und in ca. 1 ½ cm große Würfel schneiden.

1 EL Olivenöl in einer Pfanne erhitzen. Die Papayawürfel und die Cashewkerne darin bei mittlerer Hitze 1–2 Minuten braten, bis die Papayawürfel weich und die Cashewkerne leicht gebräunt sind. Die Pfanne vom Herd nehmen, den Inhalt in eine Schüssel füllen und abkühlen lassen.

Die Schalotten schälen, in feine Würfel schneiden und in eine große Schüssel geben. Die Chilischote längs halbieren, entkernen und in feine Würfel schneiden.

Den frischen Ingwer und die Knoblauchzehen schälen und mit einer Rohkostreibe raspeln.

Die Minzeblätter fein hacken.

Die Korianderblättchen abzupfen und fein hacken.

Die Chili, den Ingwer, den Knoblauch, die Minze und den Koriander zu den Schalotten geben.

Das Sambal Oelek, den frisch gepressten Saft von 2 Limetten, den Sherryessig, die Sojasauce und das restliche Olivenöl zugeben und gut verrühren.

Die abgekühlten Papayawürfel mit den Cashewkernen zugeben, vorsichtig vermengen und anrichten.

Cevichemarinade

Die Zwiebel schälen, fein würfeln und in eine Schüssel geben.

Mit einer feinen Reibe die Schale von 2 Limetten abreiben und zugeben. Den Saft von 2 Limetten und das Meersalz zugeben.

Die Fingerchili längs halbieren, entkernen, in feine Würfel schneiden und zugeben.

Die Kokosmilch zugeben und alles gut verrühren.

Die restlichen Limetten großzügig mit einem Messer schälen, bis die weiße Haut komplett entfernt ist. Mit einem Filetiermesser die einzelnen Filets herausschneiden und vorsichtig unter die Marinade heben.

Die Frühlingszwiebeln putzen, waschen, die grünen Bestandteile in feine Ringe schneiden und unterheben.

DER FRISCHE FISCH WIRD HIER NICHT GEKOCHT ODER GEBRATEN, SONDERN MIT ZITRUSSÄUREN MARINIERT. AUF DIESE WEISE BLEIBEN ALLE VITAMINE ERHALTEN, UND ES ENTSTEHEN KEINE STOFFE, DIE DIE ZELLALTERUNG BESCHLEUNIGEN.

CEVICHE VOM WOLFSBARSCH

Das Wolfsbarschfilet von der Haut befreien, entgräten und in ca. 2 cm große Würfel schneiden. Die rohen Wolfsbarschfiletwürfel in die Cevichemarinade legen, vorsichtig vermengen und 15 Minuten ziehen lassen. (Die Zitronensäure der Limetten denaturiert das Eiweiß und »gart« den Fisch.)

CHILICREME

Das Ei aufschlagen und in einen hohen Mixbecher geben. Die Chilischoten längs aufschneiden, entkernen, in feine Würfel schneiden und zugeben.
Das Rapsöl, das Weizenkeimöl, etwas frisch geriebene Limettenzesten, etwas Meersalz und frisch gemahlenen weißen Pfeffer zugeben.
Den Pürierstab in den Mixbecher stellen und die Zutaten von unten nach oben mit leichten Bewegungen zu einer Creme aufmixen. Die Chilicreme nochmals abschmecken und in eine Plastikspritzflasche oder einen Plastikspritzbeutel füllen.

ANRICHTEN

Je 1 Papayaspalte in 4 Gläser lehnen. Den Papayasalat in die Gläser füllen, mit der Ceviche bedecken und etwas Chilicreme auf die Ceviche spritzen. Mit je 1 Limettenscheibe und 1 Korianderblättchen garnieren. Mit etwas frisch gehobeltem Kokosfruchtfleisch und etwas Chili-Julienne bestreuen und sofort servieren.

Pochierte Gelbflossenmakrele mit Kamillengelee und geschmorten Karotten

Kamille ist wohl die bekannteste Heilpflanze überhaupt. Besonders wichtig sind ihre beruhigenden Eigenschaften. Zudem enthält sie das ätherische Öl Azulen, das entzündungshemmend wirkt. Die Makrele liefert reichlich Omega-3-Fettsäuren, die unter anderem für die Hautzellen wichtig sind.

Kamillengelee

- 500 ml »Carpe Diem Botanic Water belebend«
- 50 g frische Kamillenblüten (ersatzweise 20 g getrocknete ganze Kamillenblüten)
- 3 Blatt weiße Gelatine
- etwas Kristallzucker

Gelbflossenmakrele

- 200 g frisches Gelbflossenmakrelenfilet (ohne Haut)
- 200 g Kefir
- 20 g weißer Aceto balsamico
- 1 Msp. Kurkumapulver
- Meersalz
- Piment d'Espelette
- etwas frisch geriebene unbehandelte Limettenzesten
- etwas Limetten-Oliven-Öl

Geschmorte Karotten

- 1 gelbe Rübe
- 1 Karotte
- 1 Beta-Sweet-Karotte
- 8 Babykarotten mit Grün
- ½ TL Puderzucker
- ½ Tahitivanilleschote
- feines Meersalz
- 200 ml Gemüsebrühe (siehe Grundrezept Seite 274)
- 8 Bambusspieße

Karottenrohkost

- 100 g gemischte Karottenstücke (siehe Teilrezept »Geschmorte Karotten«)
- etwas Karottenschmorfond (siehe Teilrezept »Geschmorte Karotten«)
- etwas weißer Aceto balsamico
- etwas natives Olivenöl
- feines Meersalz

Anrichten

- zarte Karottengrünspitzen (siehe Teilrezept »Geschmorte Karotten«)

Kamillengelee

Das »Carpe Diem Botanic Water belebend« in einem Topf aufkochen. Die Kamillenblüten zugeben, den Topf vom Herd nehmen, mit einem Deckel verschließen und den Kamillenblütentee 8 Minuten ziehen lassen.
Die Blattgelatine 5 Minuten in kaltem Wasser einweichen, gut ausdrücken, in dem heißen Kamillenblütentee auflösen und leicht mit Kristallzucker süßen. Den Kamillenblütentee ca. 1 cm hoch in eine kleine Form füllen, abkühlen lassen und mindestens 2 Stunden in den Kühlschrank stellen. (Erfolgt die Zubereitung mit getrockneten Kamillenblüten, die Kamillenblüten nach dem Ziehen entfernen.)

Gelbflossenmakrele

Das Gelbflossenmakrelenfilet von allen feinen Gräten befreien. Den Kefir, den weißen Balsamicoessig, das Kurkumapulver, etwas Meersalz und etwas Piment d'Espelette in eine Schüssel geben und verrühren. Das rohe Gelbflossenmakrelenfilet hineinlegen und 1 Stunde im Kühlschrank marinieren lassen.
Etwas Wasser in einem Dampfgartopf aufkochen. Das Gelbflossenmakrelenfilet aus der Marinade nehmen und auf den Dampfeinsatz legen. Den Herd ausschalten, den Dampfeinsatz in den Topf setzen und den Dampfgartopf mit einem Deckel verschließen. (Der Dampfeinsatz darf das Wasser nicht berühren, und das Wasser darf nicht kochen.) Das Gelbflossenmakrelenfilet ca. 8–10 Minuten glasig garen, dann aus dem Dampfeinsatz nehmen, in mundgerechte Stücke schneiden und in eine Schüssel geben.
Die Gelbflossenmakrelenstücke mit etwas Meersalz, einigen frisch geriebenen Limettenzesten und etwas Limettenolivenöl marinieren und sofort servieren.

Geschmorte Karotten

Die gelbe Rübe, die Karotte und die Beta-Sweet-Karotte schälen und in beliebige Formen (Rauten, Balken, Scheiben, Kugeln) schneiden. Von den Karotten 100 g für die Karottenrohkost beiseitelegen.
Die Babykarotten waschen, schälen und vom Grün befreien. Einige zarte Karottengrünspitzen zum Anrichten beiseitestellen.
Eine Schwenkpfanne erhitzen, den Puderzucker hineinsieben, kurz karamellisieren, die Karotten und Babykarotten zugeben und sofort durchschwenken.
Die Tahitivanilleschote längs aufschlitzen und zugeben. Das Karottengemüse leicht salzen und mit der Gemüsebrühe aufgießen. Das Karottengemüse köchelnd und unter mehrmaligem Schwenken weich schmoren. Dann die Schwenkpfanne vom Herd nehmen und das Karottengemüse nochmals mit Meersalz abschmecken.
Die Karottenstücke auf die Bambusspieße stecken und sofort anrichten. Den Karottenschmorfond für die Karottenrohkost beiseitestellen.

Karottenrohkost

Die rohen Karottenstücke in einer Schüssel mit etwas Karottenschmorfond, etwas weißem Balsamico, etwas nativem Olivenöl und feinem Meersalz marinieren.

Anrichten

Je 2 Karottenspieße in 4 Gläser stecken. Die Gläser mit Kamillengelee und mit Gelbflossenmakrelenstücken füllen und mit der Karottenrohkost dekorieren. Mit zarten Karottengrünspitzen garnieren und sofort servieren.

Gedämpfte Lachsforelle mit Sojasprossen und Kopfsalatsauce

Kopfsalatsauce
- 100 g gemischter grüner Salat (Kopfsalat, Romanasalat)
- 30 g frischer Blattspinat
- 30 g Schalotten
- 15 g Knoblauchzehen
- 150 g rote Kirschtomaten
- 5 g Basilikumblätter
- 40 g natives Olivenöl
- 20 g weißer Aceto balsamico
- 250 ml klarer Tomatenfond (siehe Grundrezept Seite 276)
- Meersalz
- frisch gemahlener weißer Pfeffer
- feiner Kristallzucker

Sojabohnenkerne
- 100 g Edamame (Sojabohnenkerne, TK-Produkt)
- Meersalz

Gedämpfte Lachsforelle
- 200 g frisches Lachsforellenfilet ohne Haut, küchenfertig
- feines Meersalz

Sojasprossen
- 100 g frische Sojasprossen (Mungobohnenkeime)
- feines Meersalz
- etwas weißer Aceto balsamico
- etwas Limonen-Oliven-Öl

Kopfsalatherzen
- 4 kleine Kopfsalatherzen
- feines Meersalz
- etwas weißer Aceto balsamico
- etwas Limonen-Oliven-Öl

Anrichten
- einige Brunnenkresseblättchen
- einige Borretschblüten

Kopfsalatsauce
Den grünen Salat in einzelne Blätter teilen, waschen und die Blattrispen entfernen.
Den Blattspinat waschen und von den Stielen befreien.
Reichlich Wasser in einem Topf aufkochen. Die Salat- und Spinatblätter darin kurz blanchieren, dann in Eiswasser abschrecken, abtropfen lassen und gut ausdrücken.
Die Schalotten und die Knoblauchzehen schälen, fein würfeln und in einen Mixer geben.
Die Kirschtomaten waschen, vom Strunk befreien, halbieren und in den Mixer geben.
Die Basilikumblätter, das native Olivenöl, den weißen Balsamico und die gut ausgedrückten, blanchierten Salat- und Spinatblätter zugeben. Alles zu einer sehr feinen Salatpaste mixen. Die Salatpaste mit Meersalz, frisch gemahlenem weißen Pfeffer und etwas Kristallzucker abschmecken.
Den klaren Tomatenfond in einen Mixer geben, 2–3 EL der Salatpaste zugeben und gut durchmixen. Die Kopfsalatsauce durch ein feines Sieb passieren und mit Meersalz, frisch gemahlenem weißen Pfeffer und etwas feinem Kristallzucker abschmecken.

Sojabohnenkerne
Die Edamame auftauen lassen. Die Sojabohnenkerne aus den Hülsen pulen und von den Häuten befreien.
Reichlich Wasser in einem Topf zum Kochen bringen und salzen. Die Sojabohnenkerne in dem sprudelnd kochenden Salzwasser bissfest blanchieren, in Eiswasser abschrecken und abtropfen lassen.

Gedämpfte Lachsforelle
Das Lachsforellenfilet leicht salzen und in einen Bambusdämpfer legen.
Etwas Wasser in einem Topf aufkochen, den Bambusdämpfer auf den Topf setzen und mit einem Bambusdeckel verschließen. (Der Bambusdämpfer darf das kochende Wasser nicht berühren.) Den Herd ausschalten und das Lachsforellenfilet 6–8 Minuten dämpfen (das Wasser darf nicht mehr kochen). Das Lachsforellenfilet soll innen noch glasig sein. Das gedämpfte Lachsforellenfilet aus dem Bambusdämpfer nehmen, in einzelne Segmente teilen und sofort anrichten.

SOJA – EGAL OB IN FORM VON SOJABOHNEN, SOJADRINKS, SOJADESSERTS ODER TOFU – TUT DER HAUT GUT UND KANN AKNE MILDERN. GRUND SIND DIE IM SOJA ENTHALTENEN PHYTOÖSTROGENE, DIE AUCH DAS BINDEGEWEBE POSITIV BEEINFLUSSEN, VOR ALLEM IN KOMBINATION MIT VITAMIN C UND PROTEINEN. SOJA IST ÜBRIGENS DIE WERTVOLLSTE DER PFLANZLICHEN PROTEINQUELLEN.

SOJASPROSSEN

Die frischen Sojasprossen in eine Schüssel geben und leicht salzen. Die Sprossen mit etwas weißem Balsamico und etwas Limonen-Oliven-Öl marinieren und sofort anrichten.

KOPFSALATHERZEN

Die Kopfsalatherzen längs vierteln, in eine Schüssel geben und leicht salzen. Mit wenig Balsamico und wenig Limonen-Oliven-Öl beträufeln und sofort anrichten.

ANRICHTEN

Die Kopfsalatsauce in 4 Gläser füllen. Die Kopfsalatherzen, die Sojasprossen und die gedämpfte Lachsforelle in die Gläser geben. Mit den Edamame bestreuen, mit Brunnenkresseblättchen und Borretschblüten garnieren und sofort servieren.

Pochiertes Stubenküken mit geschmorten Kirschtomaten, Hüttenkäse und Pistazien

Pistaziencreme

40 ml Geflügelbrühe (siehe Grundrezept Seite 275)
½ Bund frisches Koriandergrün
3 EL ungesüßte Pistazienpaste
50 g Eiweiß
feines Meersalz
frisch gemahlener weißer Pfeffer
etwas frisch gepresster Limettensaft
100 ml Traubenkernöl
1 g Xanthan

Stubenküken

4 Stubenkükenbrüste (ca. 200 g, ohne Haut, alternativ Maishähnchenbrüste)
feines Meersalz
frisch gemahlener weißer Pfeffer
etwas natives Olivenöl

Hüttenkäse

250 g Hüttenkäse (grobkörniger Frischkäse)
½ Salatgurke
Meersalz
frisch gemahlener weißer Pfeffer
etwas frisch geriebene Limettenschale
etwas frisch gepresster Limettensaft
Piment d'Espelette

Anrichten

10 geschmorte rote Kirschtomaten (siehe Grundrezept Seite 277)
10 geschmorte gelbe Kirschtomaten (siehe Grundrezept Seite 277)
2 EL grüne Pistazienkerne
einige rote Shisokresseblättchen
einige Daikonkresseblättchen
natives Olivenöl zum Beträufeln

Pistaziencreme

Die Geflügelbrühe in einen hohen Mixbecher geben.
Die Korianderblättchen von den Zweigen zupfen und zugeben.
Die Pistazienpaste, das Eiweiß, etwas feines Meersalz, frisch gemahlenen weißen Pfeffer und etwas frisch gepressten Limettensaft zugeben und mit dem Pürierstab sehr fein mixen. Das Traubenkernöl zugeben, alles zu einer Creme pürieren und nochmals abschmecken. Das Xanthan zugeben und durchmixen. Die Pistaziencreme in einen Spritzbeutel füllen und bis zum Anrichten in den Kühlschrank stellen.

Stubenküken

Einen Topf ca. 1 cm hoch mit Wasser füllen und aufkochen. Den Herd ausschalten und das Wasser auf 58 °C abkühlen lassen. Die Stubenkükenbrüste in den Topf geben, diesen mit einem Deckel verschließen und das Fleisch ca. 6 Minuten gar ziehen lassen.
Die pochierten Stubenkükenbrüste aus dem Topf nehmen und mit feinem Meersalz und frisch gemahlenem Pfeffer würzen. Anschließend in lange, hauchdünne Scheiben schneiden und mit wenig Olivenöl abglänzen. Die Stubenkükenbrustscheiben in 4 Portionen teilen, mit einer Fleischgabel zu 4 Nestern drehen und sofort anrichten.

Hüttenkäse

Den Hüttenkäse in eine Schüssel geben.
Die ungeschälte Salatgurke waschen, längs halbieren und mit einem Löffel die Kerne ausschaben. Die ungeschälte Salatgurke in sehr feine Würfel (Brunoise) schneiden und mit einem Löffel unter den Hüttenkäse rühren.
Den Hüttenkäse mit Meersalz, frisch gemahlenem weißen Pfeffer, etwas frisch geriebener Limettenschale, etwas frisch gepresstem Limettensaft und Piment d'Espelette abschmecken und sofort anrichten.

TOMATEN SIND REICH AN LYCOPIN, EIN SEKUNDÄRER PFLANZENSTOFF, DER ZU DEN CAROTINOIDEN ZÄHLT. LYCOPIN IST UNTER ANDEREM BESTANDTEIL DER HAUTZELLEN, EINE GUTE LYCOPINVERSORGUNG HÄLT ALSO DIE HAUT JUNG. ZUDEM IST LYCOPIN ALS CAROTINOID EIN ANTIOXIDANS UND DAMIT »RADIKALFÄNGER«. IN ROHEN TOMATEN IST DER LYCOPINGEHALT ZWAR HÖHER ALS IN GEKOCHTEN, DOCH IST DAS LYCOPIN IN GEKOCHTEN TOMATEN FÜR DEN ORGANISMUS BESSER ZU VERWERTEN.

ANRICHTEN

Den Hüttenkäse auf 4 Gläser verteilen und mit den geschmorten Kirschtomaten bedecken. Je ein Stubenkükennest in die Glasmitte setzen, daneben je einen Klecks Pistaziencreme spritzen und mit grünen Pistazienkernen bestreuen. Die Stubenkükennester mit roten Shiso- und Daikonkresseblättchen garnieren. Zum Schluss mit etwas nativem Olivenöl beträufeln und sofort servieren.

Salat von Kürbis, Kichererbsen, roter Bete, Feta und Weizenkeimöl

Kichererbsen
100 g getrocknete Kichererbsen
Meersalz
etwas natives Olivenöl

Rote Bete
8 frische Baby-Rote-Bete
1 TL Kümmelsamen
Meersalz
frisch gemahlener weißer Pfeffer
etwas Rotweinessig
ca. 250 ml Rote-Bete-Saft (aus dem Glas)

Kürbissalat
600 g Muskatkürbis
3 Stängel Zitronengras
1 Kaffirlimettenblatt
1 Scheibe frischer Ingwer, geschält
Meersalz
frisch gemahlener weißer Pfeffer
1 EL natives Olivenöl

Weizenkeimcreme
1 Ei
1 EL mittelscharfer Senf
200 ml Weizenkeimöl
Meersalz
frisch gemahlener weißer Pfeffer
etwas frisch gepresster Zitronensaft

Feta
120 g Feta
1 EL natives Olivenöl

Anrichten
25 g geröstete Kürbiskerne, geschnitten
einige rote Shisokresseblättchen

Vitamin E, auch Tocopherol genannt, ist ein wichtiges »Anti-Aging-Vitamin«. In seiner wirksamsten Verbindung, dem D-Alpha-Tocopherol, findet es sich vor allem in Weizenkeimen, Weizenkeimöl und Sojaöl. Vitamin E ist ein wichtiges Antioxidans, daher sollte man täglich 20–50 Milligramm davon aufnehmen. Es fördert aber auch die Wundheilung und beugt trockener, faltiger Haut vor.

Kichererbsen
Die Kichererbsen 12 Stunden in reichlich kaltem Wasser einweichen.
Die eingeweichten Kichererbsen abgießen, in einen Topf geben und mit frischem kalten Wasser auffüllen. Das Wasser aufkochen, salzen und die Kichererbsen ca. 1–1 ½ Stunden köcheln lassen, bis sie weich sind.
Anschließend abgießen und in eine Schüssel geben. Die Kichererbsen mit Meersalz und etwas Olivenöl marinieren und abkühlen lassen.

Rote Bete
Die Baby-Rote-Beten vom Kraut befreien, dabei ca. 1 cm Stielansätze und die Wurzeln belassen. Die roten Beten gründlich waschen.
Einen Topf mit reichlich kaltem Wasser füllen, die Baby-Rote-Beten und die Kümmelsamen zugeben und aufkochen. Die Baby-Rote-Beten ca. 30–50 Minuten weich kochen. (Die exakte Garzeit richtet sich nach der Größe der Knollen.)
Die Baby-Rote-Beten aus dem Wasser nehmen, schälen, längs halbieren und in eine Schüssel geben. Mit Meersalz, frisch gemahlenem weißen Pfeffer und etwas Rotweinessig marinieren, in ein hohes Einmachglas geben und mit Rote-Bete-Saft auffüllen. Die roten Beten sollen vollständig mit Rote-Bete-Saft bedeckt sein. Anschließend verschließen und mindestens 6 Stunden in den Kühlschrank stellen. Kurz vor dem Anrichten abtropfen lassen.

Kürbissalat
Den ungeschälten Muskatkürbis in Spalten schneiden und die Kerne entfernen.
Ein großes Stück Alufolie in eine Auflaufform legen und die Muskatkürbisspalten nebeneinander darauflegen.
Das Zitronengras mit einem Hammer anklopfen, in grobe Stücke schneiden und auf die Kürbisspalten legen.
Das Kaffirlimettenblatt und die geschälte Ingwerscheibe zugeben.
Alles mit Meersalz und frisch gemahlenem weißen Pfeffer bestreuen, mit Olivenöl beträufeln und die Alufolie nach oben hin zusammenfalten und fest verschließen. Die Auflaufform ca. 75 Minuten in den auf 180 °C vorgeheizten Backofen

(Ober-/Unterhitze) geben, bis das Kürbisfleisch sehr weich gegart ist. Die Auflaufform dann aus dem Backofen nehmen, die Alufolie öffnen und den Kürbis kurz ausdampfen lassen. Die weichen Muskatkürbisspalten entnehmen und mit einer Gabel das weiche Kürbisfruchtfleisch abschaben. Das Kürbisfruchtfleisch in eine Schüssel geben und mit etwas Kürbisschmorsaft marinieren. Mit Meersalz und weißem Pfeffer abschmecken und abkühlen lassen.

WEIZENKEIMCREME

Das Ei aufschlagen und in einen hohen Mixbecher geben.
Den mittelscharfen Senf, das Weizenkeimöl, etwas Meersalz, weißen Pfeffer und frisch gepressten Zitronensaft zugeben. Mit dem Pürierstab zu einer Creme aufmixen. Abschmecken und gut aufmixen.

FETA

Den Feta in grobe Stücke brechen und in eine Schüssel geben. Das Olivenöl darüberträufeln und mit einem Löffel vorsichtig vermengen.

ANRICHTEN

Den Kürbissalat auf 4 Gläser verteilen und mit je 4 Rote-Bete-Hälften, einigen Kichererbsen und Fetawürfeln belegen. Die Weizenkeimcreme jeweils in die Glasmitte geben und mit geschnittenen Kürbiskernen bestreuen. Mit roten Shisokresseblättchen garnieren und sofort servieren.

Kürbis-Zitronengras-Suppe mit pochierten Seezungenklößchen

Kürbis-Zitronen-gras-Suppe

300 g Muskatkürbis
2 Schalotten
2 Knoblauchzehen
100 g Fenchelknolle
1 EL Rapsöl
3 Stück Champignons
15 g frischer Ingwer
10 Stängel Zitronengras
½ frische rote Fingerchili
3 Kaffirlimettenblätter
1 TL Madras-Currypulver
600 ml Geflügelbrühe (siehe Grundrezept Seite 275)
50 ml Sojasauce
30 ml Fischsauce
300 ml Sojamilch
frisch geriebene unbehandelte Zitronenzesten

Pochierte Seezungenklößchen

300 g frische, küchenfertige Seezungenfilets
1 Eiweiß, gut gekühlt
1 EL Crème fraîche, gut gekühlt
3 EL Sojamilch, gut gekühlt
Meersalz
frisch gemahlener weißer Pfeffer
Cayennepfeffer

Kürbiswürfel

4 Würfel Muskatkürbis (1 cm)
½ EL Rapsöl
Meersalz
100 ml Geflügelbrühe (siehe Grundrezept Seite 275)
40 g geröstete, fein geschnittene Kürbiskerne

Kürbiscroûtons

100 g Muskatkürbis
1 EL Rapsöl
Meersalz
frisch gemahlener weißer Pfeffer
4 dünne Scheiben Schwarzbrot (oder Knäckebrot)
etwas frisch geriebene unbehandelte Limettenschale
einige Daikonkresseblättchen
einige feine essbare Blüten (z. B. Gewürztagetesblüten, Borretschblüten)

Anrichten

2 Stängel Zitronengras, längs halbiert
etwas unbehandelte Limettenschale, in lange, feine Streifen geschnitten

Kürbis-Zitronengrassuppe

Den Muskatkürbis schälen, entkernen und in dünne Scheiben schneiden.
Die Schalotten und die Knoblauchzehen schälen und in feine Würfel schneiden.
Den Fenchel waschen, von Stielen und Strunk befreien und in dünne Scheiben schneiden.
Das Rapsöl in einem Topf erhitzen. Die Schalotten- und Knoblauchwürfel darin glasig anschwitzen. Dann den Kürbis und den Fenchel zugeben und farblos anschwitzen.
Die Champignons putzen und vierteln.
Den Ingwer schälen und in dünne Scheiben schneiden.
Das Zitronengras mit einem Hammer leicht zerklopfen und in grobe Stücke schneiden. Alles in den Topf geben.
Die Fingerchili entkernen, in Streifen schneiden und mit den Kaffirlimettenblättern unterrühren. Das Madras-Currypulver auf den Topfboden streuen und kurz anrösten, dann mit der Geflügelbrühe ablöschen. Die Sojasauce, die Fischsauce und die Sojamilch zugeben und aufkochen.
Die Kürbis-Zitronengras-Suppe 20 Minuten leicht köcheln lassen, anschließend in einen Mixer füllen und gut durchmixen.
Die Kürbis-Zitronengras-Suppe durch ein feines Sieb passieren und mit frisch geriebenen Limettenzesten abschmecken.
Die Kürbis-Zitronengras-Suppe kurz vor dem Anrichten nochmals erhitzen.

Pochierte Seezungenklößchen

Die Seezungenfilets in 1 cm große Würfel schneiden. Diese in eine Gefrierbox geben und 30 Minuten in das Tiefkühlfach stellen, bis sie angefroren (nicht gefroren) sind. Die angefrorenen Würfel in den Universalzerkleinerer geben.
Das gut gekühlte Eiweiß, die gut gekühlte Crème fraîche und die gut gekühlte Sojamilch zugeben und sehr fein zu einer Farce mixen. Die Seezungenfarce durch ein feines Sieb streichen und mit Meersalz, weißem Pfeffer und Cayennepfeffer abschmecken.
Reichlich Wasser in einem Topf zum Kochen bringen und salzen, dann den Herd ausschalten, das Salzwasser darf nicht mehr kochen.
Von der Seezungenfarce kleine Klößchen abstechen, in das Salzwasser gleiten lassen und ca. 10 Minuten pochieren. Die Klößchen mit einer Schaumkelle aus dem Wasser heben, abtropfen lassen und sofort anrichten.

KÜRBISFLEISCH IST MIT 27 KALORIEN PRO 100 GRAMM EXTREM KALORIENARM. REICH IST ES AN BETA-CAROTIN, DAS FÜR DIE BILDUNG UND REGENERATION DER HAUTZELLEN WICHTIG IST. ZUDEM IST ES EIN WICHTIGES ANTIOXIDANS. DA KÜRBISFLEISCH EINEN HOHEN WASSERGEHALT HAT UND VIEL KALIUM, ABER WENIG NATRIUM LIEFERT, WIRKT ES LEICHT ENTWÄSSERND. DAS IST WICHTIG IM KAMPF GEGEN CELLULITE.

KÜRBISWÜRFEL

Das Rapsöl in einem kleinen Topf erhitzen und die Muskatkürbiswürfel darin farblos anschwitzen. Mit Meersalz abschmecken und mit der Geflügelbrühe ablöschen. Den Topf verschließen und die Muskatkürbiswürfel leicht köcheln lassen, bis sie gar sind. Die Muskatkürbiswürfel aus dem Topf nehmen und in den fein geschnittenen gerösteten Kürbiskernen wälzen.

KÜRBISCROÛTONS

Den Muskatkürbis schälen, entkernen und mit einer Rohkostreibe grob raspeln.
Das Rapsöl in einer Pfanne erhitzen und die Kürbisraspeln darin farblos anbraten. Mit Meersalz und weißem Pfeffer würzen und bei milder Hitze kurz ziehen lassen.
Die Schwarzbrotscheiben in Rechtecke schneiden und diese im Toaster goldbraun toasten.
Die Kürbisraspeln mit etwas frisch geriebener Limettenschale abschmecken, auf die getoasteten Brotscheiben geben, mit Daikonkresseblättchen und essbaren Blüten garnieren und sofort anrichten.

ANRICHTEN

Die Kürbis-Zitronengras-Suppe in 4 Gläser füllen. Die pochierten Seezungenklößchen vorsichtig in die Kürbis-Zitronengras-Suppe legen. Je 1 Kürbiswürfel und 1 halbiertes Zitronengras in die Gläser geben und mit etwas Limettenschale bestreuen. Je 1 Kürbiscroûton auf die Glasoberfläche legen und sofort servieren.

Erbsensüppchen mit Vanillekartoffeln, Erbsensprossen und Aloe Vera

Aloe-Vera-Espuma

3 Blatt weiße Gelatine
1 Zitrone
400 ml Gemüsebrühe (siehe Grundrezept Seite 274)
100 ml Aloe-Vera-Saft
feines Meersalz

Vanilleöl

100 ml Rapsöl
½ Vanilleschote (am besten Tahitivanille)

Erbsengemüse

200 g frisch gepalte Erbsenkerne
2 Schalotten
1 EL Rapsöl
20 g frische Erbsensprossen
feines Meersalz
Vanilleöl (siehe Teilrezept)

Vanillekartoffeln

120 g festkochende Kartoffeln
Meersalz
Vanilleöl (siehe Teilrezept)

Erbsensüppchen

1,2 l kalte Gemüsebrühe (siehe Grundrezept Seite 274)
300 g Erbsen (TK-Produkt)
5–6 Blättchen frische Minze
Meersalz
frisch gemahlener weißer Pfeffer
etwas frisch geriebene Limettenschale

Anrichten

½ ausgekratzte Vanilleschote, längs in 4 gleiche Stücke geschnitten

Aloe-Vera-Espuma

Die Blattgelatine 5 Minuten in kaltem Wasser einweichen.
Den frisch gepressten Zitronensaft in einen kleinen Topf geben und erhitzen, dann die ausgedrückte Gelatine darin auflösen, dann 2 EL Gemüsebrühe unterrühren.
Die restliche Gemüsebrühe gut mit dem Aloe-Vera-Saft und der aufgelösten Blattgelatine verrühren und mit feinem Meersalz abschmecken. Die Mischung in eine Espumaflasche füllen, diese mit 2 Kapseln bestücken und mindestens 4 Stunden in den Kühlschrank stellen.

Vanilleöl

Das Rapsöl in einen Mixbecher geben.
Die Vanilleschote längs aufschlitzen, das Vanillemark herauskratzen und zu dem Öl geben. Die Mischung mit dem Pürierstab aufmixen und mindestens 30 Minuten ruhen lassen.
Die leere Vanilleschote bis zum Anrichten beiseitestellen.

Erbsengemüse

Reichlich Wasser in einem Topf aufkochen und salzen.
Die frisch gepalten Erbsenkerne in dem sprudelnd kochenden Salzwasser sehr bissfest blanchieren, in Eiswasser abschrecken und abtropfen lassen.
Vor dem Anrichten die Schalotten schälen und fein würfeln.
Das Rapsöl in einer Schwenkpfanne erhitzen und die Schalottenwürfel darin glasig anschwitzen, dann die blanchierten Erbsenkerne und die Erbsensprossen zugeben und unter Schwenken erwärmen. Das Erbsengemüse mit feinem Meersalz abschmecken, mit etwas Vanilleöl parfümieren und sofort anrichten.

Vanillekartoffeln

Die Kartoffeln waschen und schälen. Mit einem Kugelausstecher kleine Kartoffelkugeln ausstechen oder mit einem Messer Halbmonde tournieren. Die Kartoffelkugeln oder -halbmonde sofort in einen Topf mit kaltem Wasser geben, aufkochen und salzen. Die Kartoffelkugeln (bzw. -halbmonde) weich kochen, abgießen und in einer Schüssel mit etwas Vanilleöl parfümieren. Mit Meersalz abschmecken und sofort anrichten.

DAS 1939 ENTDECKTE VITAMIN BIOTIN HIESS FRÜHER AUCH VITAMIN H. H STEHT FÜR »HAUT«, WEIL EIN BIOTINMANGEL AN SPRÖDEM HAAR ZU ERKENNEN IST. BIOTIN IST AUCH EIN WICHTIGER BAUSTEIN FÜR DIE NÄGEL UND DAS BINDEGEWEBE. LINSEN SIND EINE HERVORRAGENDE BIOTINQUELLE. DA BIOTIN EIN WASSERLÖSLICHES VITAMIN IST, SOLLTEN LINSENSPROSSEN ROH GEGESSEN ODER GEDÜNSTET STATT GEKOCHT WERDEN.

ERBSENSÜPPCHEN

Die kalte Gemüsebrühe in einen Mixer geben.
Die gefrorenen Erbsen, die Minzeblättchen, etwas Meersalz, etwas frisch gemahlenen weißen Pfeffer und etwas frisch geriebene Limettenschale zugeben und gut durchmixen. Die Masse durch ein feines Sieb in einen Topf passieren und nochmals abschmecken. Das Erbsensüppchen aufkochen und sofort anrichten.

ANRICHTEN

Das Erbsengemüse auf 4 Gläser verteilen und mit den Vanillekartoffeln belegen. Das Erbsensüppchen vorsichtig angießen und mit etwas Aloe-Vera-Espuma bedecken. Die Gläser mit je 1 Vanilleschotenstück garnieren und sofort servieren.

Tomatensuppe mit Saibling-Basilikum-Nocken und Mozzarella

Tomatensuppe
- 40 g Schalotten
- 1 EL natives Olivenöl
- 20 g Zucker
- 300 g rote Kirschtomaten
- 500 g klarer Tomatenfond (siehe Grundrezept Seite 276)
- ½ Bund Basilikum
- Meersalz

Saibling-Basilikum-Nocken
- 200 g frisches Saiblingsfilet (ohne Haut)
- 1 Bund Basilikum
- 1 Eiweiß, gut gekühlt
- 1 EL Crème fraîche, gut gekühlt
- 3 EL Sojamilch, gut gekühlt
- Meersalz
- frisch gemahlener weißer Pfeffer
- Piment d'Espelette
- frisch geriebene unbehandelte Limettenschale

Büffelmozzarella
- 200 g kleine Büffelmozzarella-Kugeln
- Meersalz
- 1 EL natives Olivenöl

Anrichten
- 20 geschmorte rote Kirschtomaten (siehe Grundrezept Seite 277)
- 4 EL fein geschnittene Basilikumblätter

Tomatensuppe
Die Schalotten schälen und fein würfeln.
Das Olivenöl in einem Topf erhitzen und die Schalottenwürfel darin farblos anschwitzen. Den Zucker darüberstreuen und unter Rühren karamellisieren lassen.
Die roten Kirschtomaten waschen, halbieren und zugeben. Die Kirschtomaten leicht salzen und unter Rühren anschwitzen. Anschließend mit dem klaren Tomatenfond auffüllen und aufkochen. Die Basilikumzweige zugeben und 30 Minuten köcheln lassen. Die Tomatensuppe dann durch ein feines Sieb passieren und mit Meersalz abschmecken.

Saibling-Basilikum-Nocken
Das Saiblingsfilet entgräten und in 1 cm große Würfel schneiden. Die Saiblingswürfel in eine Gefrierbox geben und ca. 30 Minuten in das Tiefkühlgerät stellen, bis die Saiblingswürfel angefroren, aber noch nicht durchgefroren sind.
Reichlich Wasser in einem Topf zum Kochen bringen und salzen. Die Blätter von den Basilikumzweigen zupfen, kurz in dem kochenden Salzwasser blanchieren, dann in Eiswasser abschrecken und anschließend sehr gut ausdrücken. Die ausgedrückten Basilikumblätter in einen Universalzerkleinerer geben und zu einer feinen Paste mixen, dann beiseitestellen und den Mixbehälter reinigen.
Die angefrorenen Saiblingswürfel in den Universalzerkleinerer geben. Das gut gekühlte Eiweiß, die gut gekühlte Crème fraîche und die gut gekühlte Sojamilch zugeben und sehr fein mixen. 1 EL Basilikumpaste zugeben und gut durchmixen.
Die Saibling-Basilikum-Farce durch ein feines Sieb streichen und mit Meersalz, frisch gemahlenem weißen Pfeffer, Piment d'Espelette und frisch geriebener Limettenschale abschmecken.
Reichlich Wasser in einem Topf zum Kochen bringen und salzen, anschließend den Herd ausschalten, das Salzwasser darf nicht mehr kochen. Von der Saibling-Basilikum-Farce kleine Nocken abstechen, in das Salzwasser gleiten lassen und ca. 10 Minuten pochieren. Die garen Saibling-Basilikum-Nocken mit einer Schaumkelle aus dem Salzwasser heben, kurz abtropfen lassen und sofort anrichten.

Büffelmozzarella
Die Büffelmozzarella-Kugeln abtropfen lassen und mit Meersalz und Olivenöl marinieren.

Anrichten
Die geschmorten Kirschtomaten auf 4 Gläser verteilen und mit der Tomatensuppe aufgießen. Die Saibling-Basilikum-Nocken vorsichtig in die Gläser geben und den Büffelmozzarella an die Glasinnenwand setzen. Je 1 EL Basilikum-Julienne auf dem Büffelmozzarella drapieren und sofort servieren.

AUF DER JAPANISCHEN INSEL OKINAWA LEBEN ÜBERDURCHSCHNITTLICH VIELE MENSCHEN, DIE ÜBER 100 JAHRE ALT SIND. EIN WESENTLICHER GRUND DAFÜR IST IHRE ERNÄHRUNG, DIE VIEL FISCH, SOJA, TOFU UND NORI-ALGEN ENTHÄLT. DIESE SUPPE MIT SAIBLING UND SOJAMILCH IST ALSO DAS ANTI-AGING-ESSEN SCHLECHTHIN.

Kräutersüppchen mit geschmorten Tomaten und Kaninchenrücken

Es ist eine unbestrittene Tatsache: Das in Tomaten enthaltene Lycopin, ein sekundärer Pflanzenstoff, der zu den Carotinoiden zählt, hält jung. Denn Lycopin ist unter anderem Bestandteil der Hautzellen. Zudem ist Lycopin als Carotinoid ein Antioxidans und damit »Radikalfänger«.

Kräuterpaste

50 g Kerbel
20 g Dillspitzen
20 g Estragonblättchen
20 g Blattpetersilienblättchen
50 g Basilikumblätter
1 EL Thymianblättchen
2 EL Crème fraîche
Meersalz
frisch gemahlener weißer Pfeffer
frisch geriebene Muskatnuss

Kräutersüppchen

1 weiße Zwiebel
1 Knoblauchzehe
1 Karotte
1 gelbe Rübe
2 Stangen Staudensellerie
1 Stange Lauch
1 EL Rapsöl
1 ½ l Gemüsebrühe (siehe Grundrezept Seite 274)
500 ml Vollmilch (3,5 % Fettgehalt)
1–2 EL Kräuterpaste (siehe Teilrezept)
Meersalz
frisch gemahlener weißer Pfeffer

Kaninchenrücken

200 g ausgelöste Kaninchenrückenfilets
2 EL Traubenkernöl
feines Meersalz
frisch gemahlener weißer Pfeffer

Anrichten

10 geschmorte rote Kirschtomaten (siehe Grundrezept Seite 277)
10 geschmorte gelbe Kirschtomaten (siehe Grundrezept Seite 277)
1 EL fein gehackte Blattpetersilienblätter
einige Kerbelblättchen
einige Basilikumspitzen
einige Dillspitzen
4 Gewürztagetesblüten

Kräuterpaste

Reichlich Wasser in einem Topf zum Kochen bringen und salzen. Die Kräuter in das sprudelnd kochende Salzwasser geben und weich blanchieren, dann aus dem Salzwasser heben und in Eiswasser abschrecken. Die blanchierten Kräuter gut ausdrücken und in einen Mixer geben.
Die Crème fraîche, etwas Meersalz, frisch gemahlenen weißen Pfeffer und etwas frisch geriebene Muskatnuss zugeben und zu einer sehr feinen Kräuterpaste aufmixen.

Kräutersüppchen

Die weiße Zwiebel und die Knoblauchzehe schälen und in kleine Würfel schneiden.
Die Karotte und die gelbe Rübe schälen und in 1 cm große Stücke schneiden.
Den Staudensellerie waschen, von den Fäden befreien und in 1 cm große Stücke schneiden.
Den Lauch längs halbieren, waschen und in 1 cm große Stücke schneiden.
Das Rapsöl in einem Topf erhitzen und die Zwiebel- und Knoblauchwürfel darin glasig anschwitzen. Dann die Karotten- und Gelbe-Rüben-Stücke zugeben und unter Rühren andünsten. Die Staudensellerie- und Lauchstücke zugeben, leicht salzen und so lange andünsten, bis die Karottenstücke fast weich sind. Mit der Gemüsebrühe auffüllen und köchelnd auf ca. 1 l reduzieren.
Die Milch zugeben, aufkochen und um ein Drittel reduzieren. Die Suppe durch ein feines Sieb in einen Topf gießen, die Suppe vorher nicht mixen. 1–2 EL Kräuterpaste zugeben und mit dem Pürierstab schaumig aufmixen. Das Süppchen mit Meersalz und frisch gemahlenem weißen Pfeffer abschmecken, nochmals aufmixen und anrichten.

KANINCHENRÜCKEN

Die ausgelösten Kaninchenrückenfilets in eine Schüssel geben und mit dem Traubenkernöl übergießen. Die Kaninchenrückenfilets nebeneinander in einen Vakuumierbeutel geben und vakuumieren. Reichlich Wasser in einem Topf zum Kochen bringen, das Wasser dann auf 55 °C abkühlen lassen, den Vakuumierbeutel einlegen und das Fleisch 8–10 Minuten pochieren. Dabei die Hitze so regulieren, dass das Wasser konstante 55 °C hat.
Die pochierten Kaninchenrückenfilets aus dem Vakuumierbeutel nehmen und in mundgerechte Stücke schneiden. Anschließend mit Meersalz und frisch gemahlenem weißen Pfeffer würzen und sofort anrichten.

ANRICHTEN

Das aufgeschäumte Kräutersüppchen auf 4 Gläser verteilen und mit einigen fein gehackten Blattpetersilienblättchen bestreuen. Die geschmorten Tomaten und das Kaninchenfleisch in 4 kleinen Glasschalen anrichten und mit Kerbelblättchen, Basilikumspitzen, Dillspitzen und je 1 Gewürztagetesblüte garnieren. Die Glasschalen auf die Süppchengläser stellen und sofort servieren.

Gedämpfte Aubergine mit Couscous, Oliven und Sesam-Kefir-Espuma

Sesam-Kefir-Espuma

3 ½ Blatt weiße Gelatine
360 g Kefir
5 g Meersalz
30 g weiße Sesampaste (Tahin)
1 Msp. Raz el Hanout
6 g weißer Aceto balsamico
6 g mittelscharfer Senf

Gedämpfte Aubergine

2 mittelgroße Auberginen
Meersalz
etwas natives Olivenöl

Couscous

500 ml Wasser
1 Zweig Thymian
150 g Couscous
20 g Rosinen
Meersalz
Piment d'Epelette
etwas Raz el Hanout
etwas frisch gepresster Zitronensaft
1 EL natives Olivenöl

Oliven

16 große grüne Oliven mit Stein
4 Bambusspieße

Anrichten

1 EL weiße Sesamsaat
1 EL schwarze Sesamsaat
einige Korianderkresse-blättchen
einige Rucolakresse-blättchen

Oliven und Olivenöl machen nicht nur von innen schön. Olivenöl wird auch äußerlich angewendet. Ob eingenommen oder aufgetragen, wichtig sind die im Olivenöl enthaltenen Vitamine A und E, die als Antioxidantien freie Radikale fangen und die Zellen jung halten. Sesam wiederum liefert reichlich Kalzium, das für eine elastische Haut und straffes Bindegewebe unabdingbar ist.

Sesam-Kefir-Espuma

Die Blattgelatine 5 Minuten in kaltem Wasser einweichen.
Den Kefir, das Meersalz, die weiße Sesampaste, das Raz el Hanout, den weißen Aceto balsamico und den Senf in eine Schüssel geben und gut verrühren.
Die Blattgelatine ausdrücken und in einem kleinen Topf bei milder Hitze auflösen. 2 EL Kefirmasse unterrühren und das Gelatinegemisch sofort unter die restliche Kefirmasse rühren. Die Kefirmasse in eine Espumaflasche füllen, diese mit 2 Kapseln bestücken und mindestens 4 Stunden in den Kühlschrank stellen.

Gedämpfte Aubergine

Die Aubergine schälen und 1 Stunde in kaltem Salzwasser einlegen.
Etwas Wasser in einem Topf zum Kochen bringen.
Die Aubergine aus dem Salzwasser nehmen und in einen Bambusdämpfer mit Bambusdeckel geben. Den verschlossenen Bambusdämpfer in den Topf setzen, der Bambusdämpfer darf dabei das sprudelnd kochende Wasser nicht berühren. Die Aubergine ca. 15–20 Minuten dämpfen, bis sie weich ist, anschließend aus dem Bambusdämpfer nehmen und in Streifen schneiden.
Die Auberginenstreifen in eine Schüssel geben, mit etwas Meersalz und etwas Olivenöl marinieren und lauwarm anrichten.

Couscous

Das Wasser in einem Topf aufkochen, den Thymianzweig zugeben und die Hitze reduzieren.
Das Couscous und die Rosinen in einen weiteren Topf geben und mit so viel heißem Wasser aufgießen, dass das Couscous gerade bedeckt ist. Leicht salzen und das Couscous bei milder Hitze ausquellen lassen. Wenn das Couscous das heiße Wasser aufgenommen hat, mit einer Gabel auflockern und immer wieder heißes Wasser nachgießen, bis das Couscous weich gegart ist. Anschließend mit Meersalz, Piment d'Espelette, Raz el Hanout, etwas frisch gepresstem Zitronensaft und Olivenöl abschmecken.

OLIVEN

Je 1 Olive auf 4 Holzspieße stecken und beiseitelegen. Von den restlichen Oliven das Olivenfruchtfleisch in Form von Stiften vom Stein schneiden.

ANRICHTEN

Einige gedämpfte Auberginenstreifen mit Marinierfond in je 4 Gläser geben. Mit den Olivenstiften belegen, mit weißer und schwarzer Sesamsaat und einigen Koriander- und Rucolakresseblättchen bestreuen. Das Couscous in die Gläser geben, mit der Sesam-Kefir-Espuma bedecken und mit den restlichen gedämpften Auberginenstreifen und mit den restlichen Koriander- und Rucolakresseblättchen belegen. Je einen Olivenspieß auf die Glasoberseite legen und sofort servieren.

Pochiertes Ei mit mariniertem Fenchel und Artischocken mit Kurkuma-Vinaigrette

Pochiertes Ei
4 Eier
2 l Wasser
5 EL weißer Aceto balsamico

Geschmorte Artischocken
4 frische Artischocken
1 Zitrone, in Scheiben geschnitten
1 EL natives Olivenöl
250 ml Gemüsebrühe (siehe Grundrezept Seite 274)
1 g Kurkumapulver
Meersalz

Geschmorter Fenchel
1 Babyfenchel mit Grün
½ EL natives Olivenöl
150 ml Gemüsebrühe (siehe Grundrezept Seite 274)
1 Msp. Kurkumapulver
Meersalz

Vinaigrette
Artischockenschmorsaft (siehe Teilrezept »Geschmorte Artischocken«)
Fenchelschmorsaft (siehe Teilrezept »Geschmorter Fenchel«)
1 EL natives Olivenöl
1 EL weißer Aceto balsamico
Fenchelgrün (siehe Teilrezept »Geschmorter Fenchel«)
1 Prise getrocknete Fenchelpollen (erhältlich im Feinkostladen)
1 Prise Piment d'Espelette
Meersalz

Artischocken-Fenchel-Rohkost
1 Artischocke
3 Zitronenscheiben
1 Knolle Babyfenchel mit Grün
etwas weißer Aceto balsamico
1 EL Artischocken-schmorsaft (siehe Teilrezept »Geschmorte Artischocken«)
1 EL Fenchel-Schmorsaft (siehe Teilrezept »Geschmorter Fenchel«)
etwas natives Olivenöl
Meersalz

Artischockenchips
2 Artischocken
1 Zitrone, in Scheiben geschnitten
500 ml Rapsöl
Meersalz

Anrichten
feines Meersalz
etwas Fenchelgrün

Pochiertes Ei
Die Eier 30 Minuten vor der Zubereitung aus dem Kühlschrank nehmen. Das Wasser in einem breiten Topf aufkochen lassen und den weißen Aceto balsamico unterrühren. Ein Ei aufschlagen und vorsichtig in eine Tasse gleiten lassen. (Das Eigelb darf dabei nicht verletzt werden.) Das aufgeschlagene Ei so nah wie möglich an der Wasseroberfläche vorsichtig in das siedende Wasser gleiten lassen. (Das Wasser darf nicht mehr kochen.) Das Ei 2 Minuten pochieren, anschließend mit einer Schaumkelle aus dem Wasser heben und auf Küchenkrepp abtropfen lassen. Die restlichen Eier nach und nach einzeln pochieren, dabei nach jedem Vorgang das Wasser erneut aufkochen lassen.

Geschmorte Artischocken
Die harten Stiele der Artischocken abschneiden und die harten äußeren Blätter entfernen. Die Artischocken um mindestens ein Drittel kürzen, das Heu entfernen und die Böden schälen. Die Artischocken sofort in kaltes Wasser mit Zitronenscheiben legen, damit sie sich nicht verfärben.
Das Olivenöl in einer Pfanne erhitzen. Die Artischockenböden aus dem Zitronenwasser nehmen, trocken tupfen und in die Pfanne geben. Die Artischockenböden bei mittlerer Hitze farblos anbraten, leicht salzen und mit der Gemüsebrühe auffüllen. Das Kurkumapulver zugeben und die Artischockenböden zugedeckt bei milder Hitze weich schmoren. Dann alles durch ein Sieb passieren und 1 EL Artischockenschmorsaft für die Artischocken-Fenchel-Rohkost und den Rest für die Artischocken-Fenchel-Kurkuma-Vinaigrette beiseitestellen.

Geschmorter Fenchel
Den Babyfenchel längs in 4 Teile schneiden. Das Fenchelgrün für die Artischocken-Fenchel-Sauce beiseitestellen.
Das Olivenöl in einer Pfanne erhitzen. Den Babyfenchel darin bei mittlerer Hitze farblos anbraten, leicht salzen und mit der Gemüsebrühe auffüllen. Den Kurkuma zugeben und den Babyfenchel zugedeckt bei milder Hitze weich schmoren. Dann durch ein Sieb passieren und 1 EL Fenchelschmorsaft für die Rohkost und den Rest für die Vinaigrette beiseitestellen.

ARTISCHOCKEN-FENCHEL-KURKUMA-VINAIGRETTE

Den Artischocken- und den Fenchelschmorsaft in einen Mixbecher geben. Das Olivenöl und den weißen Balsamico zugeben und mit einem Pürierstab aufmixen.
Das Fenchelgrün fein hacken und mit einem Löffel unterrühren. Die Artischocken-Fenchel-Kurkuma-Vinaigrette mit Fenchelpollen, Piment d'Espelette, etwas Meersalz und ggf. mit weißem Balsamico abschmecken.

DIE ARTISCHOCKE WIRKT WIE EIN APERITIF, DENN DIE IN IHR ENTHALTENEN BITTERSTOFFE, DIE CYNARINE, REGEN DEN STOFFWECHSEL VON LEBER UND GALLE AN. (SO BEKOMMT MAN APPETIT.) ZUDEM HELFEN DAS FLAVONOID LUTEOLIN UND DAS CYNAROSIN AUS DER ARTISCHOCKE, DEN CHOLESTERINSPIEGEL ZU SENKEN UND SO, ARTERIOSKLEROSE VORZUBEUGEN.

ARTISCHOCKEN-FENCHEL-ROHKOST

Die Artischocke wie im Teilrezept »Geschmorte Artischocken« beschrieben putzen und in kaltes Wasser mit Zitronenscheiben legen, damit sie sich nicht verfärbt.
Den Babyfenchel halbieren, das Grün zum Anrichten beiseitelegen. Den Babyfenchel in hauchdünne, lange Streifen hobeln und 5 Minuten in Eiswasser legen.
Die Artischocke aus dem Wasser nehmen und in hauchdünne Scheiben hobeln. Diese sofort mit den Fenchelstreifen vermischen und mit etwas Balsamico marinieren. Den Artischocken- und Fenchelschmorfond und etwas Olivenöl zugeben und vermischen. Die Rohkost mit Meersalz abschmecken, sofort anrichten.

ARTISCHOCKENCHIPS

Die Artischocken wie im Teilrezept »Geschmorte Artischocken« beschrieben putzen und in kaltes Wasser mit Zitronenscheiben legen.
Das Rapsöl in einem Topf erhitzen. Die Artischocken aus dem Zitronenwasser nehmen, gut trocken tupfen und in dünne Scheiben hobeln. Diese portionsweise im heißen Rapsöl knusprig ausbacken, auf Küchenkrepp abtropfen lassen, leicht salzen und anrichten.

ANRICHTEN

Jedes pochierte Ei in ein Glas geben und leicht salzen. Je 1 geschmorten Artischockenboden auf dem pochierten Ei platzieren und die Artischocken-Fenchel-Kurkuma-Vinaigrette um den Artischockenboden verteilen. Die Artischocken-Fenchel-Rohkost auf den Artischockenböden drapieren und mit Fenchelgrün und Artischockenchips garnieren. Je 1 geschmortes Fenchelviertel in die Gläser stecken und sofort servieren.

Rührei mit Spinat, Hüttenkäse und schwarzer Trüffel

Hüttenkäse
150 g Hüttenkäse (körniger Frischkäse)
etwas Trüffelöl (mit schwarzer Trüffel)
Meersalz
frisch gemahlener weißer Pfeffer

Blattspinat
250 g frischer Babyspinat
1 Schalotte
10 g Butter
50 ml Geflügelbrühe (siehe Grundrezept Seite 275)
feines Meersalz
frisch gemahlener weißer Pfeffer
frisch geriebene Muskatnuss

Spinatrohkost
40 g frischer Babyspinat
20 g Ziegenhartkäse

Schwarze Trüffel
10 g frische schwarze Trüffel, nach Belieben
10 g Butter

Rührei
8 Eier
feines Meersalz
frisch gemahlener weißer Pfeffer
10 g Butter

Anrichten
10 g frische schwarze Trüffel, nach Belieben, roh in feine Streifen geschnitten (Julienne)

Hüttenkäse
Den Hüttenkäse in eine Schüssel geben und mit etwas Trüffelöl, Meersalz und weißem Pfeffer abschmecken.

Blattspinat
Den Babyspinat waschen und gut abtropfen lassen.
Die Schalotte schälen und in sehr feine Würfel schneiden.
Die Butter in einer Pfanne aufschäumen, den Babyspinat zugeben und mit der Geflügelbrühe ablöschen. Die Pfanne kurz mit einem Deckel verschließen, bis der Babyspinat zusammenzufallen beginnt. Den Deckel abnehmen und den Babyspinat mit etwas Meersalz, frisch gemahlenem weißen Pfeffer und frisch geriebener Muskatnuss bestreuen. Gut durchschwenken und sofort anrichten.

Spinatrohkost
Den Babyspinat waschen, gut abtropfen lassen und trocken tupfen. Die Babyspinatblätter in sehr feine Streifen (Julienne) schneiden und auf einen Teller geben.
Den Ziegenhartkäse mit einer feinen Reibe darüberreiben.

Schwarze Trüffel
Die Trüffel säubern und in dünne Scheiben schneiden.
Die Butter in einer Pfanne aufschäumen, die Trüffelscheiben darin kurz anschwitzen und sofort anrichten.

Rührei
Die Eier aufschlagen und in eine Schüssel geben. Die Eier mit Meersalz und frisch gemahlenem weißen Pfeffer würzen und gut verquirlen.
Die Butter in einer Pfanne aufschäumen. Die Eiermasse in die Pfanne gleiten lassen und bei milder Temperatur mit einem Kochlöffel zu einem weichen Rührei rühren.

Anrichten
Die Hälfte des Rühreis auf 4 Gläser verteilen und mit der Hälfte des Hüttenkäses und mit dem gesamten Blattspinat bedecken. Den restlichen Hüttenkäse und das restliche Rührei in die Gläser füllen und mit den Trüffelscheiben belegen. Die Spinatrohkost in die Gläser geben und mit der rohen Trüffel-Julienne abschließen.

FÜR DAS WACHSTUM VON HAAREN, HAUT UND FINGERNÄGELN BRAUCHT DER KÖRPER AMINOSÄUREN. AUCH UM BINDEGEWEBSFASERN – DIE KOLLAGENE – ZU BILDEN, SIND AMINOSÄUREN UNABDINGBAR. EIER UND MILCHPRODUKTE LIEFERN DIESE AMINOSÄUREN IN FORM VON PROTEINEN. (PROTEINE SETZEN SICH AUS AMINOSÄUREN ZUSAMMEN.) DER SPINAT ENTHÄLT VITAMIN C UND DIE TRÜFFEL BALLASTSTOFFE UND EISEN.

Poelierte Steinbuttröllchen mit Mais, Romanesco und Apfel-Meerrettich-Sud

Fisch hilft gegen Akne und andere Hautunreinheiten – denn die in ihm enthaltenen Omega-3-Fettsäuren lassen Entzündungen rascher abklingen. Meerrettich unterstützt diesen Effekt: Seine ätherischen Öle wirken desinfizierend.

Apfel-Meerrettich-Sud

500 ml klarer Bio-Apfelsaft
50 g frisch geriebener Meerrettich
feines Meersalz
etwas frisch gepresster Zitronensaft

Romanescopüree

½ Romanesco
Meersalz
frisch gemahlener weißer Pfeffer
etwas frisch gepresster Zitronensaft
1 EL Weizenkeimöl

Romanescoröschen und Babymais

½ Romanesco
12 frische Babymaiskölbchen
Meersalz
250 ml Apfel-Meerrettich-Sud (siehe Teilrezept)
Steinbutt-Apfel-Meerrettich-Sud (siehe Teilrezept »Steinbuttröllchen«)

Steinbuttröllchen

240 g frisches Steinbuttfilet, küchenfertig
feines Meersalz
frisch gemahlener weißer Pfeffer
etwas frisch geriebene Limettenzesten
250 ml Apfel-Meerrettich-Sud (siehe Teilrezept)
12 Bambusspieße in Form von schmalen Stimmgabeln

Anrichten

4 breite Streifen rote Apfelschale
etwas frisch gehobelte Meerrettichspäne
12 feine Brunnenkressetriebe

Apfel-Meerrettich-Sud

Den Bio-Apfelsaft in einem Topf einmal aufkochen.
Den frisch geriebenen Meerrettich in einen großen Teebeutel füllen und in den aufgekochten Bio-Apfelsaft geben. Den Topf vom Herd nehmen, mit einem Deckel verschließen und den Saft 10 Minuten ziehen lassen. Den Teebeutel entnehmen und den Apfel-Meerrettich-Sud mit feinem Meersalz und frisch gepresstem Zitronensaft abschmecken. 250 ml abmessen und für die Steinbuttröllchen beiseitestellen. Den restlichen Apfel-Meerrettich-Sud beiseitestellen.

Romanescopüree

Den Romanesco in einzelne Röschen teilen.
Reichlich Wasser in einem Topf zum Kochen bringen und salzen. Die Romanescoröschen im Salzwasser weich kochen, in Eiswasser abschrecken und gut abtropfen lassen.
Die Romanescoröschen, etwas Meersalz, frisch gemahlenen weißen Pfeffer, etwas frisch gepressten Zitronensaft und das Weizenkeimöl in einen Mixer geben und zu feinem Romanescopüree mixen, dann nochmals abschmecken. Kurz vor dem Anrichten das Romanescopüree in einer Sauteuse bei milder Hitze behutsam erwärmen und sofort anrichten.

Romanescoröschen und Babymais

Den Romanesco in einzelne Röschen teilen.
Reichlich Wasser in einem Topf aufkochen und salzen. Die Romanescoröschen in dem Salzwasser bissfest blanchieren, in Eiswasser abschrecken und gut abtropfen lassen.
Das Salzwasser abgießen und erneut reichlich Wasser in einem Topf zum Kochen bringen und salzen. Die Babymaiskölbchen in dem Salzwasser bissfest blanchieren, in Eiswasser abschrecken und gut abtropfen lassen.
Kurz vor dem Anrichten in einem Topf den Apfel-Meerrettich-Sud und den Steinbutt-Apfel-Meerrettich-Sud erhitzen, die Romanescoröschen und die längs halbierten Babymaiskölbchen zugeben und erwärmen.

STEINBUTTRÖLLCHEN

Das Steinbuttfilet in 12 lange Tranchen schneiden, nur auf einer Seite mit feinem Meersalz und frisch gemahlenem Pfeffer würzen und mit frisch geriebenen Limettenzesten bestreuen. Jede Steinbutttranche mit der gewürzten Seite nach innen zu einem Röllchen aufrollen und mit einem Bambusspieß fixieren.
Den Apfel-Merrettich-Sud in einem breiten Topf einmal aufkochen, den Herd ausschalten und die Steinbuttröllchen nebeneinander in den Apfel-Meerrettich-Sud legen. (Der Apfel-Meerrettich-Sud darf nicht mehr kochen.) Sofort den Topf mit einem Deckel verschließen und die Steinbuttröllchen in wenigen Minuten gar ziehen lassen. Die Steinbuttröllchen aus dem Topf nehmen und sofort anrichten.
Den Steinbutt-Apfel-Meerrettich-Sud durch ein Sieb passieren und für die Romanescoröschen und den Babymais bereitstellen.

ANRICHTEN

Das Romanescopüree jeweils in die Mitte von 4 Gläsern geben und mit den Romanescoröschen und dem Babymais belegen. Den Apfel-Meerrettich-Sud vorsichtig angießen und je 1 Apfelschalenstreifen in die Gläser stecken und mit frisch gehobelten Meerrettichspänen bestreuen. Je 3 Steinbuttspieße auf den Glasrand stecken, die Steinbuttröllchen mit je 1 Brunnenkressetrieb garnieren und sofort servieren.

Seehecht in Kräutertee gegart, Venerereis, Karotten und Brokkoli

Venerereis
100 g Riso Venere (schwarzer Vollkornreis aus dem Piemont)
1 EL natives Olivenöl
Meersalz

Kräutertee
500 ml »Carpe Diem Botanic Water belebend«
1 Zweig Basilikum
1 Zweig Kerbel
1 Zweig Estragon
1 Zweig Dill
1 Zweig krause Petersilie
1 EL fein gehackte gemischte Kräuter (Estragon, Dill, Kerbel, krause Petersilie)
Meersalz
etwas frisch geriebene unbehandelte Zitronenschale

Karotten-Brokkoli-Gemüse
½ Brokkoli
1 Karotte
1 Beta-Sweet-Karotte
1 gelbe Rübe
1 EL Rapsöl
100 ml Kräutertee (siehe Teilrezept)
Meersalz
frisch gemahlener weißer Pfeffer

Seehecht
320 g frisches, küchenfertiges Seehechtfilet ohne Haut
400 ml Kräutertee (siehe Teilrezept)
etwas Maisstärke
Meersalz
2 EL fein gehackte gemischte Kräuter (Estragon, Dill, Kerbel, krause Petersilie)

Anrichten
einige rote Shisokresseblättchen
einige Daikonkresseblättchen
einige gemischte Kräuterspitzen (Kerbel, Dill)

Venerereis
Reichlich Wasser in einem Topf zum Kochen bringen und salzen. Den Riso Venere zugeben und in dem sprudelnd kochenden Salzwasser ca. 50–60 Minuten bissfest garen. Den garen Reis abgießen und abtropfen lassen.
Das Olivenöl in einer Pfanne erhitzen und den abgetropften Reis darin ansautieren. Mit Meersalz abschmecken und anrichten.

Kräutertee
Das »Carpe Diem Botanic Water belebend« in einem Topf aufkochen. Den Topf vom Herd nehmen und den Basilikum-, den Kerbel-, den Estragon-, den Dillzweig, den Zweig krause Petersilie und die fein gehackten gemischten Kräuter zugeben. Den Topf mit einem Deckel verschließen und den Kräutertee 10 Minuten ziehen lassen, anschließend durch ein feines Sieb gießen und leicht mit Meersalz und etwas frisch geriebener Zitronenschale würzen. 100 ml Kräutertee für das Karotten-Brokkoli-Gemüse und 400 ml für den Seehecht beiseitestellen.

Karotten-Brokkoli-Gemüse
Den Brokkoli waschen und die einzelnen Röschen vom Strunk schneiden.
Reichlich Wasser in einem Topf aufkochen und salzen. Die Brokkoliröschen in dem kochenden Salzwasser kurz blanchieren, in Eiswasser abschrecken und gut abtropfen lassen. Die Karotte, die Beta-Sweet-Karotte und die gelbe Rübe schälen und in ca. ½–1 cm große Würfel schneiden.
Das Rapsöl in einem Topf erhitzen. Die Karotten- und Gelbe-Rüben-Würfel zugeben, leicht salzen und farblos anschwitzen. Mit dem Kräutertee aufgießen und zugedeckt bei mittlerer Hitze dünsten, ggf. noch etwas Wasser hinzufügen.
Wenn die Gemüsewürfel gar sind, den Brokkoli zugeben, durchschwenken und erwärmen. Das Karotten-Brokkoli-Gemüse mit Meersalz und frisch gemahlenem weißen Pfeffer abschmecken und sofort anrichten.

SEEHECHT

Den Kräutertee in einem Topf einmal aufkochen. Die Hitze reduzieren und das frische Seehechtfilet in den Kräutertee legen. Den Kräutertee bei milder Hitze simmern lassen und das Seehechtfilet glasig pochieren. (Die exakte Garzeit richtet sich nach der Dicke des Seehechtfilets.) Das Seehechtfilet vorsichtig aus dem Kräutertee heben und kurz abtropfen lassen.
Den Kräutertee durch ein feines Sieb in einen Topf gießen, aufkochen und mit etwas in kaltem Wasser angerührter Maisstärke leicht abbinden, dann mit Meersalz abschmecken. Das Seehechtfilet in einzelne Segmente zerteilen. Die Seehechtstücke mit Meersalz würzen, in den fein gehackten Kräutern wälzen und sofort anrichten.

ANRICHTEN

Den Reis und das Karotten-Brokkoli-Gemüse wechelweise in 4 Gläser schichten, mit dem Kräutertee aufgießen und mit den Seehechtstücken belegen. Alles mit roten Shisokresse- und Daikonkresseblättchen und feinen Kräuterspitzen garnieren und sofort servieren.

EIWEISSE SIND UNABDINGBARE BAUSTEINE DER FINGERNÄGEL, HAARE UND DES BINDEGEWEBES. SIE MÜSSEN DEM KÖRPER REGELMÄSSIG MIT DER NAHRUNG ZUGEFÜHRT WERDEN. EINWEISSREICHE NAHRUNGSMITTEL WIE ZUM BEISPIEL FISCH SORGEN ALSO FÜR EIN JUGENDLICHSTRAFFES ÄUSSERES.

Gedämpfter Kabeljau mit Navetten, schwarzer Trüffel und Kräuter-Holunderblüten-Sud

Kräuter-Holunderblüten-Sud

500 ml »Carpe Diem Kombucha Quitte«
1 EL Holunderblütensirup
3 Zweige Kerbel
1 Zweig Blattpetersilie
2 Zweige Estragon
3 Brunnenkressetriebe
etwas Maisstärke
feines Meersalz

Navetten

16 frische Navetten
Meersalz

Gedämpfter Kabeljau

360 g frisches Kabeljaufilet (Mittelstück)
1 EL Holunderblütensirup
feines Meersalz

Anrichten

frische schwarze Trüffel nach Belieben, in dünne Scheiben geschnitten
4 Bambusspieße
12 kleine Blätter Radicchio Rosso di Treviso
4 zarte Navetten-Stielblätter

Kräuter-Holunderblüten-Sud

Den »Carpe Diem Kombucha Quitte« in einem Topf einmal aufkochen. Den Topf vom Herd nehmen und den Holunderblütensirup, die Kerbelzweige, den Blattpetersilienzweig, die Estragonzweige und die Brunnenkressetriebe zugeben und mit einem Deckel verschließen. Den Kräuter-Holunderblüten-Sud 1 Stunde ziehen lassen, anschließend durch ein feines Sieb in einen Topf gießen. Den Kräuter-Holunderblüten-Sud erhitzen und mit etwas in kaltem Wasser angerührter Maisstärke leicht sämig binden, mit wenig Meersalz abschmecken und warm anrichten.

Navetten

Die Navetten waschen, die Stielblätter und die Wurzel abschneiden und putzen. 4 zarte innere Stielblätter zum Anrichten beiseitelegen.
Reichlich Wasser in einem Topf zum Kochen bringen und salzen. Die geputzten, ganzen Navetten in dem sprudelnd kochenden Salzwasser bissfest garen, anschließend aus dem Salzwasser nehmen, in dicke Scheiben schneiden und warm anrichten.

Gedämpfter Kabeljau

Das Kabeljaufilet in einen Bambusdämpfer legen und diesen mit einem Bambusdeckel verschließen.
Etwas Wasser in einem Topf aufkochen und den Holunderblütensirup in das heiße Wasser geben. Die Hitze reduzieren, bis das Holunderblütenwasser nur leicht siedet. Den Bambusdämpfer in den Topf setzen. (Dabei darf der Dämpfer das Wasser nicht berühren.) Das Kabeljaufilet ca. 10–15 Minuten dämpfen. (Der Fisch soll glasig sein.) Das Kabeljaufilet aus dem Bambusdämpfer nehmen, in einzelne Segmente zerteilen, mit feinem Meersalz würzen und sofort anrichten.

Anrichten

Die warmen Navettenscheiben abwechselnd mit den Trüffelscheiben auf 4 Bambusspieße stecken. Je 1 Spieß in 1 Glas stellen, die restlichen Navettenscheiben danebensetzen und mit dem gedämpften Kabeljau bedecken. Den warmen Kräuter-Holunderblüten-Sud über die Navetten-Trüffel-Spieße träufeln. Jedes Glas mit 3 kleinen Radicchioblättern und 1 zarten Navetten-Stielblatt garnieren und sofort servieren.

DER KABELJAU WIRD HIER BEWUSST GEDÄMPFT, NICHT GEBRATEN. BEIM STARKEN ERHITZEN VON LEBENSMITTELN ENTSTEHEN NÄMLICH »AGES« (»ADVANCED GLYCATION ENDPRODUCTS«), DIE DER HAUTALTERUNG VORSCHUB LEISTEN.

GEDÄMPFTER KANINCHENRÜCKEN MIT FENCHEL, TOMATENPÜREE UND SAFRAN-TAPIOKA

TOMATENPÜREE

200 g rote Kirschtomaten
100 g rote Strauchtomaten
2 Schalotten
1 Knoblauchzehe
1 EL natives Olivenöl
etwas Kristallzucker
2 Wacholderbeeren
1 Zweig Basilikum
Meersalz
frisch gemahlener weißer Pfeffer

SAFRAN-TAPIOKA

250 ml Orangensaft (aus der Flasche)
50 g weiße Tapiokaperlen
1 Prise Safranfäden
Meersalz
etwas Kaninchen-Fenchelschmorsaft (siehe Teilrezept »Kaninchenrücken«)

GESCHMORTER FENCHEL

3 Fenchelknollen
1 EL natives Olivenöl
Meersalz
1–2 Prisen Kristallzucker
10 Safranfäden

KANINCHENRÜCKEN

260 g ausgelöste Kaninchenrückenfilets
Meersalz
frisch gemahlener weißer Pfeffer
Fenchelschmorsaft (siehe Teilrezept »Geschmorter Fenchel«)

ROH MARINIERTER FENCHELSALAT

2 Babyfenchelknollen
Meersalz
frisch gemahlener weißer Pfeffer
etwas frisch gepresster Zitronensaft
etwas natives Olivenöl

ANRICHTEN

einige Daikonkresseblättchen
4 Gewürztagetesblüten
etwas natives Olivenöl zum Beträufeln

FENCHEL ENTHÄLT KAUM KALORIEN, DAFÜR EISEN, PHOSPHOR UND KALZIUM. ZUDEM LIEFERT ER DOPPELT SO VIEL VITAMIN C WIE DIE GLEICHE MENGE ORANGEN. VITAMIN C IST EINES DER WICHTIGSTEN ANTI-AGING-VITAMINE. DA ES DURCH ERHITZEN, LICHT ODER IM KONTAKT MIT SAUERSTOFF LEICHT ZERSTÖRT WIRD, IST ES EMPFEHLENSWERT, FENCHEL – WIE HIER IM SALAT – ROH ZU GENIESSEN.

TOMATENPÜREE

Die Kirschtomaten waschen und halbieren.
Die Strauchtomaten waschen, halbieren, vom Strunk befreien und würfeln.
Die Schalotten schälen und in sehr feine Würfel schneiden.
Die Knoblauchzehe schälen, längs halbieren, den Keim entfernen und in feine Würfel schneiden.
Das Olivenöl in einem Topf erhitzen. Die Schalotten- und Knoblauchwürfel darin glasig anschwitzen. Alles leicht mit Kristallzucker bestreuen und karamellisieren lassen.
Die Kirschtomatenhälften, die Strauchtomatenwürfel und die leicht angedrückten Wacholderbeeren zugeben und anschwitzen. Leicht salzen und aufkochen. Den Basilikumzweig zugeben und alles 30 Minuten bei mittlerer Hitze weich schmoren. Anschließend durch ein Sieb streichen und das Püree mit Meersalz, Kristallzucker und weißem Pfeffer würzen.

SAFRAN-TAPIOKA

Den Orangensaft in einem Topf aufkochen. Die Tapiokaperlen und die Safranfäden unterrühren, leicht salzen und so lange köcheln, bis nur noch ein kleiner, weißer Punkt in der Mitte der Tapiokaperlen zu sehen ist. Die Tapiokaperlen durch ein Sieb gießen und unter fließendem kalten Wasser abschrecken.
Kurz vor dem Anrichten die Safran-Tapioka in etwas inzwischen zubereitetem, heißem Kaninchen-Fenchel-Schmorsaft erwärmen und anrichten.

GESCHMORTER FENCHEL

Die Fenchelknollen waschen, von den Stielen befreien und abtropfen lassen. 2 Fenchelknollen in grobe Stücke schneiden und mit einem Gemüseentsafter entsaften. Die restliche Fenchelknolle längs halbieren und dann längs in Spalten schneiden. Nur so viel Strunk entfernen, bis die Fenchelspalte gerade noch durch den restlichen Strunk zusammengehalten wird und nicht auseinanderfällt.
Das Olivenöl in einer Pfanne erhitzen und die Fenchelspalten darin farblos anbraten, mit etwas Meersalz und etwas Kristallzucker bestreuen und karamellisieren lassen. Die Safranfäden zugeben und mit dem frisch entsafteten Fenchelsaft aufgießen. Die Fenchelspalten köchelnd weich schmoren. Dann nochmals abschmecken, durch ein Sieb gießen und den Fenchelschmorsaft für die Kaninchenrückenfilets beiseitestellen.
Die Fenchelspalten beiseitestellen. Kurz vor dem Anrichten in etwas Kaninchen-Fenchel-Sud erwärmen und anrichten.

KANINCHENRÜCKEN

Den Fenchelschmorsaft in einem breiten Topf aufkochen, anschließend die Hitze reduzieren. Die Kaninchenrückenfilets nebeneinander in den Fenchelschmorsaft legen und den Topf mit einem Deckel verschließen. Den Fenchelschmorsaft leicht simmern lassen und die Kaninchenrückenfilets auf eine Kerntemperatur von 52 °C dämpfen, dabei ein Fleischthermometer zu Hilfe nehmen. Die Kaninchenrückenfilets aus dem Fenchelschmorsaft nehmen und mit Meersalz und frisch gemahlenem weißen Pfeffer würzen. Etwas Kaninchen-Fenchel-Schmorsaft für die Safran-Tapioka beiseitestellen. In dem restlichen Kaninchen-Fenchel-Schmorsaft die bereitgestellten geschmorten Fenchelspalten erwärmen. Die Kaninchenrückenfilets in Tranchen schneiden und sofort anrichten.

ROH MARINIERTER FENCHELSALAT

Den Babyfenchel putzen, waschen und längs halbieren, dann mit einer Aufschnittmaschine in hauchdünne Streifen schneiden. Die Fenchelstreifen 5 Minuten in Eiswasser legen, dann herausnehmen, gut abtropfen lassen und mit Meersalz, frisch gemahlenem weißen Pfeffer, etwas frisch gepresstem Zitronensaft und etwas Olivenöl marinieren.

ANRICHTEN

Die Safran-Tapioka auf 4 Gläser verteilen und mit dem Tomatenpüree bedecken. Die geschmorten Fenchelspalten in die Gläser stecken. Die Kaninchenrückentranchen in die Gläser geben und mit dem restlichen Kaninchen-Fenchel-Schmorsaft beträufeln. Den Fenchelsalat auf die Kaninchenrückentranchen setzen und mit ein paar Tropfen Olivenöl beträufeln. Die Gläser mit Daikonkresseblättchen und je 1 Gewürztagetesblüte garnieren. Sofort servieren.

Pochiertes Kalbsfilet mit Romanasalat, Grapefruit und Granatapfelsud

Granatapfelsud

- 2 EL frische Granatapfelkerne
- 50 ml Granatapfelsirup
- 400 ml klarer Tomatenfond (siehe Grundrezept Seite 276)
- 20 g Tomatenessig
- 7 g Meersalz
- 80 g natives Olivenöl
- etwas Xanthan
- etwas Piment d'Espelette

Pochiertes Kalbsfilet

- 320 g frisches Kalbsfilet
- 1 l Geflügelbrühe (siehe Grundrezept Seite 275)
- feines Meersalz
- frisch gemahlener weißer Pfeffer

Grüner Spargel

- 8 Stangen grüner Spargel
- Meersalz

Grapefruit

- 1 rosa Grapefruit

Anrichten

- 2 kleine Romanasalatherzen, in 1 cm dicke Scheiben geschnitten
- 2 dünne Scheiben Grapefruit, halbiert

Granatapfelsud

Die frischen Granatapfelkerne mit dem Granatapfelsirup in einer Tasse vermischen und beiseitestellen.
Den klaren Tomatenfond in einen hohen Mixbecher geben, den Tomatenessig, das Meersalz und das native Olivenöl zugeben und mit dem Pürierstab mixen. Den Sud mit etwas Piment d'Espelette würzen, etwas Xanthan zugeben, nochmals gut durchmixen und bis zum Anrichten beiseitestellen.
Kurz vor dem Anrichten die Granatapfelkerne aus dem Granatapfelsirup nehmen, unter den zimmerwarmen Sud rühren und sofort anrichten.

Pochiertes Kalbsfilet

Das Kalbsfilet 30 Minuten vor der Zubereitung aus dem Kühlschrank nehmen.
Die Geflügelbrühe in einem Topf aufkochen. Den Herd ausschalten und das Kalbsfilet in die Fleischbrühe legen. Den Topf mit einem Deckel verschließen und das Kalbsfilet darin 25 Minuten pochieren. Das Fleisch anschließend aus der Brühe nehmen und in 1 cm dicke Scheiben schneiden. Die Kalbsfiletscheiben mit feinem Meersalz und etwas frisch gemahlenem weißen Pfeffer würzen und sofort anrichten.

Grüner Spargel

Den grünen Spargel mit einem Spargelschäler schälen.
Reichlich Wasser in einem Topf aufkochen und salzen. Den grünen Spargel in dem kochenden Salzwasser bissfest blanchieren, in Eiswasser abschrecken, anschließend längs halbieren und in 5 cm lange Stücke schneiden.

Grapefruit

Die Grapefruit großzügig mit einem Messer schälen, bis die weiße Haut gänzlich entfernt ist.
Mit einem Filetiermesser die einzelnen Filets herausschneiden und längs halbieren.

Anrichten

Die pochierten Kalbsfiletscheiben, den Romanasalat, die Grapefruitfilets und den grünen Spargel abwechselnd in 4 Gläser schichten. Den Granatapfelsud vorsichtig darüberträufeln und mit den Granatapfelkernen bestreuen. Jedes Glas mit ½ Grapefruitscheibe garnieren und sofort servieren.

KAUM EIN PFLANZLICHES NAHRUNGSMITTEL ENTHÄLT SO VIEL GAMMA-LINOLENSÄURE WIE GRANATAPFELKERNE. GAMMA-LINOLENSÄURE IST EINE ESSENZIELLE FETTSÄURE, DIE FÜR DIE BARRIEREFUNKTION DER HAUT UNABDINGBAR IST. ZUDEM IST GAMMA-LINOLENSÄURE ANTIOXIDATIV WIRKSAM. DIE IM GRANATAPFEL EBENFALLS REICHLICH VORHANDENEN FLAVONOIDE (PFLANZENFARBSTOFFE) BEUGEN HAUTIRRITATIONEN VOR.

Poelierte Kalbsschulter mit weissem Spargel und Kerbelcreme

Schwefelhaltige Aminosäuren sind unverzichtbare Bausteine kräftiger, glänzender und strapazierfähiger Haare. Aminosäuren finden sich in Proteinen, also in Fleisch. Das Kalbfleisch liefert zudem Eisen, was ebenfalls gut für die Haare ist – führt ein Eisenmangel doch zu Haarausfall.

Poelierte Kalbsschulter

1 Kalbsschulter (ca. 500–700 g)
1 EL Rapsöl
Meersalz
frisch gemahlener weißer Pfeffer
150 g Wurzelgemüse (Mirepoix: Knollensellerie, Karotte, weiße Zwiebel), grob gewürfelt
3–4 schwarze Pfefferkörner
1 frisches Lorbeerblatt
500 ml Geflügelbrühe (siehe Grundrezept Seite 275)

Gekochte Eier

2 Eier

Gekochter Spargel

8 Stangen weißer Spargel
Meersalz

Kerbelcreme

50 ml Eiweiß
½ Bund Kerbel
45 ml kalte Geflügelbrühe (siehe Grundrezept Seite 275)
100 ml Traubenkernöl
Meersalz

Roh marinierter Spargel

4 Stangen weißer Spargel
1 EL frisch gepresster Limettensaft
1 EL weißer Aceto balsamico
3 EL Haselnussöl
etwas frisch geriebene unbehandelte Limettenschale
feines Meersalz

Anrichten

4 Kerbelzweige
einige Brunnenkresseblättchen

Poelierte Kalbsschulter

Die Kalbsschulter sauber parieren.
Das Rapsöl in einer Pfanne erhitzen. Die Kalbsschulter darin bei mittlerer Hitze von allen Seiten ohne Röststoffe anbraten. Die Kalbsschulter aus der Pfanne nehmen von allen Seiten mit Meersalz und frisch gemahlenem weißen Pfeffer würzen. Das Wurzelgemüse, die Pfefferkörner und das Lorbeerblatt in die Pfanne geben, farblos anschwitzen, mit der Geflügelbrühe aufgießen und aufkochen.
Die Kalbsschulter auf das Wurzelgemüse setzen und die Pfanne ohne Deckel in den auf 120 °C vorgeheizten Backofen (Ober-/Unterhitze) stellen. Die Kalbsschulter auf eine Kerntemperatur von 54 °C garen, dabei ein Fleischthermometer zu Hilfe nehmen. Die Pfanne aus dem Backofen nehmen. Den Schmorfond durch ein Sieb passieren und mit Meersalz abschmecken.
Die poelierte Kalbsschulter in dünne Scheiben schneiden und sofort anrichten.

Gekochte Eier

Reichlich Wasser in einem Topf zum Kochen bringen. Die Eier vorsichtig in den Topf geben und in 10 Minuten hart kochen. Die Eier aus dem Wasser nehmen, in kaltem Wasser abschrecken und abkühlen lassen. Die Eier schälen und in Eiweiß und Eigelb trennen. Kurz vor dem Anrichten zuerst die Eiweiße und dann die Eigelbe durch eine Kartoffelpresse drücken.

Gekochter Spargel

Reichlich Wasser in einem Topf zum Kochen bringen und salzen. Die Spargelstangen schälen und in dem sprudelnd kochenden Salzwasser sehr bissfest kochen, aus dem Salzwasser heben, kurz abtropfen lassen und anrichten.

KERBELCREME

Das Eiweiß in einen hohen Mixbecher geben.
Die Kerbelzweige waschen und gut trocken tupfen. Die Kerbelblättchen abzupfen, in feine Streifen schneiden und zu dem Eiweiß geben. Die kalte Geflügelbrühe und das Traubenkernöl zugeben.
Den Pürierstab in den Mixbecher stellen und die Zutaten von unten nach oben mit leichten Bewegungen zu einer Creme aufmixen.
Die Kerbelcreme mit Meersalz abschmecken, dann in einen kleinen Plastikspritzbeutel füllen.

ROH MARINIERTER SPARGEL

Die Spargelstangen schälen, dann längs in hauchdünne Streifen hobeln. Diese Spargelstreifen längs in dünne Streifen (Julienne) schneiden. In einer Schüssel den frisch gepressten Limettensaft, den weißen Balsamico, das Haselnussöl, etwas frisch geriebene Limettenschale und etwas feines Meersalz zu einer Vinaigrette verrühren. Die Spargel-Julienne zugeben, locker vermengen und anrichten.

ANRICHTEN

⅔ der Kerbelcreme in 4 Gläser spritzen. Die Kalbsschulterscheiben daraufgeben und mit wenig Schmorfond beträufeln. Das Fleisch mit dem gekochten Eiweiß und -gelb bedecken. Den roh marinierten Spargel daraufgeben und mit je 1 Tupfen Kerbelcreme garnieren. Je 2 gekochte Spargelstangen und je 1 Kerbelzweig in die Gläser stecken. Mit Brunnenkresseblättchen garnieren und sofort servieren.

Ragout vom Kalb, Paprikagemüse, Sojabohnen und Wildreis

Ragout vom Kalb

1 Kalbsschulter (ca. 500–700 g)
Meersalz
frisch gemahlener weißer Pfeffer
1 EL Rapsöl
200 g Wurzelgemüse (Mirepoix: Karotte, Knollensellerie, Zwiebel)
10 rote Kirschtomaten
1 Zweig Rosmarin
1 Zweig Thymian
1 l Geflügelbrühe (siehe Grundrezept Seite 275)
200 ml Sojamilch
etwas Maisstärke

Wildreis

100 g Wildreis
Meersalz
1 EL Weizenkeimöl

Paprika-Sojabohnen-Gemüse

100 g Edamame (Sojabohnenkerne, TK-Produkt)
1 gelbe Paprikaschote
1 rote Paprikaschote
1 EL natives Olivenöl
100 g frische japanische Shimeji-Pilze
feines Meersalz

Anrichten

2 EL fein geschnittene Blattpetersilienblättchen (Julienne)

Ragout vom Kalb

Die Kalbsschulter von allen Seiten mit Meersalz und frisch gemahlenem weißen Pfeffer würzen.
Das Rapsöl in einem Bräter erhitzen und die Kalbsschulter darin bei mittlerer Hitze von allen Seiten anbraten. Die Kalbsschulter aus dem Bräter nehmen und beiseitestellen.
Das gesamte Wurzelgemüse in den Bräter geben und darin anschwitzen.
Die Kirschtomaten waschen, halbieren, in den Bräter geben und anbraten. Die angebratene Kalbsschulter auf das Wurzelgemüse setzen und mit dem Rosmarin- und dem Thymianzweig und den angebratenen Kirschtomaten belegen. Mit 300 ml heißer Geflügelbrühe aufgießen und unverschlossen in den auf 160 °C vorgeheizten Backofen (Ober-/Unterhitze) stellen. Die Kalbsschulter ca. 70–80 Minuten auf eine Kerntemperatur von 78 °C garen. (Dabei ein Fleischthermometer zu Hilfe nehmen. Das Fleisch ist weich gegart, wenn es beim Anstechen locker von der Fleischgabel fällt.) Während des Garens die Kalbsschulter immer wieder mit etwas Schmorfond beträufeln. Wenn der Schmorfond etwas reduziert ist, nach und nach mit heißer Geflügelbrühe aufgießen.
Die Kalbsschulter aus dem Bräter nehmen und beiseitestellen. Den Schmorfond durch ein Sieb in einen Topf passieren, mit der Sojamilch aufgießen und einmal aufkochen. Die Sauce leicht mit in etwas kaltem Wasser angerührter Maisstärke abbinden und mit Meersalz und frisch gemahlenem weißen Pfeffer abschmecken. Die Kalbsschulter in ca. 2 cm große Würfel schneiden und ca. 20 Minuten in die Sauce legen. Die Sauce darf dabei nicht kochen.
Kurz vor dem Servieren die Kalbsschulterwürfel aus der Sauce nehmen und anrichten. Die Sauce anschließend nochmals erhitzen.

Wildreis

1 l Wasser in einem Topf zum Kochen bringen, den Wildreis zugeben und leicht salzen. Den Wildreis bei milder Hitze ca. 45–55 Minuten köcheln lassen, bis er weich ist. Den garen Wildreis abgießen, mit Meersalz und etwas Weizenkeimöl abschmecken und anrichten.

WARUM SOJA SCHÖN MACHT? WEIL ER EINE BESONDERS WIRKSAME KOMBINATION VON PHYTOÖSTROGENEN, ALSO HORMONÄHNLICHEN SUBSTANZEN, EIWEISSBAUSTEINEN UND VITAMIN C ENTHÄLT. SIE HÄLT DAS BINDEGEWEBE STRAFF. DAS GLAUBEN SIE NICHT? SCHAUEN SIE DIE JAPANERINNEN AN – DIE SEHEN UM JAHRE JÜNGER AUS, ALS SIE WIRKLICH SIND! DAS VERDANKEN SIE AUCH IHRER ERNÄHRUNG, IN DER SOJA, TOFU UND CO. EINE WICHTIGE ROLLE SPIELEN.

PAPRIKA-SOJABOHNEN-GEMÜSE

Die Edamame auftauen lassen. Die Sojabohnenkerne dann aus den Hülsen pulen und von den Häuten befreien.
Reichlich Wasser in einem Topf zum Kochen bringen und salzen. Die Sojabohnenkerne in dem sprudelnd kochenden Salzwasser bissfest blanchieren, in Eiswasser abschrecken und abtropfen lassen.
Die Paprikaschoten mit einem Gemüseschäler schälen, der Länge nach halbieren, von Stiel, Scheidewänden und Kernen befreien und in sehr dünne Streifen schneiden (Julienne).
Das Olivenöl in einer Schwenkpfanne erhitzen und die Paprikastreifen darin farblos ansautieren, dabei mehrmals durchschwenken. Kurz bevor die Paprikastreifen weich sind, die Shimeji-Pilze zugeben und kurz mitschwitzen. Das Paprikagemüse salzen, die blanchierten Edamame zugeben, gut durchschwenken und anrichten.

ANRICHTEN

Den Wildreis in 4 Gläser geben und daneben die Kalbsschulterwürfel setzen. Die Kalbssauce vorsichtig angießen und das Paprika-Sojabohnen-Gemüse auf die Kalbsschulterwürfel geben. Mit Blattpetersilien-Julienne bestreuen und sofort servieren.

Zickleinkeule in Kefir geschmort mit Kopfsalat, geschmorten Karotten und Kohlrabi

Zickleinkeule

450 g ausgelöste Zickleinkeule (ersatzweise Milchlammkeule)
250 g Kefir
½ TL Madras-Currypulver
Piment d'Espelette
Meersalz
frisch gemahlener weißer Pfeffer

Geschmorter Kohlrabi

2 Kohlrabi
1 EL natives Olivenöl
5 g Butter
1 Zweig Thymian
250 ml Gemüsebrühe (siehe Grundrezept Seite 274)
Meersalz

Geschmorte Karotten

16 Babykarotten mit Grün
1 EL natives Olivenöl
Meersalz
etwas Kristallzucker
½ Vanilleschote
250 ml Gemüsebrühe (siehe Grundrezept Seite 274)
1 Zweig Blattpetersilie

Karotten-Orangen-Vanille-Sud

1 große Orange
150 ml frisch gepresster Karottensaft
1 Msp. Vanillemark
Meersalz
etwas Kristallzucker
1 Msp. Xanthan
2 frische Kaffirlimettenblätter

Anrichten

¼ Kohlrabi, geschält und in hauchdünne Scheiben geschnitten
2 Babykarotten, geschält und längs in hauchdünne Scheiben geschnitten
4 kleine Blätter Kohlrabigrün
1 frisches Kaffirlimettenblatt, in feine Streifen geschnitten (Julienne)

Zickleinkeule

Die Zickleinkeule mit Küchengarn zu einem Rollbraten von 3–4 cm Durchmesser binden.
Den Kefir und das Madras-Currypulver in einer Schüssel verrühren. Diese Kefir-Curry-Marinade mit Piment d'Espelette, Meersalz und weißem Pfeffer abschmecken.
Die Zickleinkeule in einen Vakuumierbeutel geben, die Kefirmarinade zugeben, gut vermischen und vakuumieren. Die Zickleinkeule 24 Stunden im Kühlschrank marinieren.
Den Vakuumierbeutel dann in einen Gourmetthermalisierer legen und das Fleisch bei 80 °C 35–40 Minuten garen. (Alternativ reichlich Wasser in einem großen Topf aufkochen und auf 80 °C abkühlen lassen. Den Vakuumierbeutel in das Wasser legen und das Fleisch bei konstanten 80 °C 35–40 Minuten garen, dabei immer die Hitze regulieren.) Den Vakuumierbeutel aus dem Wasserbad nehmen, die Zickleinkeule entnehmen und in mundgerechte Stücke schneiden.

Geschmorter Kohlrabi

Den Kohlrabi schälen, das Grün entfernen und den Kohlrabi in Halbmonde tournieren oder in 1 cm dicke Stifte schneiden.
Das Olivenöl in einer Schwenkpfanne erhitzen, die Butter zugeben und aufschäumen. Den Kohlrabi darin farblos anschwitzen, leicht salzen und den Thymianzweig zugeben. Anschließend mit der Gemüsebrühe auffüllen und aufkochen. Den Kohlrabi köchelnd gar schmoren, dabei mehrmals durchschwenken und die Gemüsebrühe sämig reduzieren. Den Kohlrabi nochmals mit Meersalz abschmecken und anrichten.

Geschmorte Karotten

Das Grün von den Babykarotten entfernen, dabei etwas Stielansatz belassen. Die Babykarotten schälen und längs halbieren.
Das Olivenöl in einer Schwenkpfanne erhitzen und die Babykarotten darin farblos anschwitzen. Mit etwas Meersalz und Kristallzucker bestreuen und karamellisieren lassen. Die aufgeschlitzte Vanilleschote zugeben und kurz durchschwenken. Mit der Gemüsebrühe aufgießen, den Blattpetersilienzweig zugeben und aufkochen. Die Babykarotten köchelnd gar schmoren, dabei mehrmals durchschwenken und die Gemüsebrühe sämig reduzieren. Die Babykarotten nochmals mit Meersalz und Kristallzucker abschmecken, anschließend anrichten.

AMINOSÄUREN SIND FÜR DIE ZELLTEILUNG WICHTIG UND SORGEN FÜR EIN STRAFFES BINDEGEWEBE. ZUDEM SIND AMINOSÄUREN BAUSTEINE VON KOLLAGENEN, ELASTINEN UND KERATINEN – DIESE GERÜSTEIWEISSE GEBEN KNORPELN, SEHNEN UND DER HAUT FESTIGKEIT. SCHWEFELHALTIGE AMINOSÄUREN WIE DAS METHIONIN UND DAS CYSTEIN SIND FÜR DAS WACHSTUM DER HAARE UND NÄGEL WICHTIG. DIESE BEIDEN FINDEN SICH VOR ALLEM IN MILCHPRODUKTEN SOWIE IN FLEISCH.

KAROTTEN-ORANGEN-VANILLE-SUD

Die Orange auspressen und den Orangensaft in einen Topf geben.
Den frisch gepressten Karottensaft und das Vanilleschotenmark zugeben, einmal aufkochen und vom Herd nehmen. Den Karotten-Orangen-Vanille-Sud mit Meersalz und etwas Kristallzucker abschmecken. Das Xanthan darüberstreuen und mit einem Pürierstab schaumig aufmixen. Die Kaffirlimettenblätter 5 Minuten in den Sud legen, anschließend entfernen und den Karotten-Orangen-Vanille-Sud anrichten.

ANRICHTEN

Die Zickleinkeulenstücke in 4 Gläser geben und mit dem geschmorten Kohlrabi belegen. Die geschmorten Babykarotten, die rohen Kohlrabischeiben und die rohen Babykarottenscheiben in die Gläser stecken. Den Karotten-Orangen-Vanille-Sud vorsichtig angießen. Mit je 1 Blatt Kohlrabigrün und einigen Kaffirlimettenstreifen garnieren und sofort servieren.

Hausgemachter Tofu mit Kabeljau, Pilzen, Maronen und Dashi-Sud

Kabeljau
240 g frisches, küchenfertiges Kabeljaufilet
100 ml Sojasauce
50 ml Sweet Chili Sauce für Geflügel
30 g Hoisin-Sauce
30 g Mizkan-Reisessig
30 g Fischsauce
1 Limette
2 Stängel Zitronengras
2 frische rote Chilischoten
30 g frischer Ingwer
1 EL Rapsöl

Tofu
300 g Eigelb
400 g Sojamilch
Meersalz
frisch gemahlener weißer Pfeffer
frisch geriebene Muskatnuss
4 EL fein geschnittener roher Babyspinat (Julienne)

Dashi-Sud
6 g getrocknete Kombu-Algen
600 ml Wasser
18 g Bonitoflakes (erhältlich im Asialaden)
15 g Tamari-Sojasauce
6 g Fischsauce
etwas Maisstärke

Pilze
80 g Kräutersaitlinge
80 g Shiitakepilze
80 g japanische Shimeji-Pilze
80 g eingeweichte Mu-Err-Pilze (in kaltem Wasser vorgequollen)
Dashi-Sud (siehe Teilrezept)

Anrichten
8 rohe Maronen, geschält
einige Daikonkresseblättchen
einige rote Shisokresseblättchen

Kabeljau
Die Sojasauce, die Sweet Chili Sauce, die Hoisin-Sauce, den Mizkan-Reisessig und die Fischsauce in einer Schüssel verrühren.
Die Limette schälen, fein würfeln und unterrühren.
Das Zitronengras mit einem Hammer zerklopfen, in grobe Stücke schneiden und unterrühren.
Die Chilischoten längs aufschlitzen, entkernen, in Würfel schneiden und unterrühren.
Den Ingwer schälen, fein würfeln und unterrühren.
Die Marinade 24 Stunden kühl stellen.
Den Kabeljau in mundgerechte Stücke schneiden und in eine Schüssel geben. Mit der Marinade vermengen und 12 Stunden im Kühlschrank marinieren.
Kurz vor dem Anrichten die Kabeljaustücke aus der Marinade nehmen.
Das Rapsöl in einer Pfanne erhitzen, die Kabeljaustücke darin bei starker Hitze auf beiden Seiten anbraten, anschließend sofort anrichten.

Tofu
Das Eigelb und die Sojamilch in einen Mixer geben und gut durchmixen. Mit Meersalz, frisch gemahlenem weißen Pfeffer und frisch geriebener Muskatnuss abschmecken. Die Tofumasse in eine Schüssel geben, den fein geschnittenen Babyspinat zugeben und verrühren.
Eine Metallauflaufform mit Klarsichtfolie auskleiden und die Tofumasse ca. 1½–2 cm hoch einfüllen. Ein hohes Backblech mit 2–3 Küchenkreppblättern belegen und die gefüllte Metallauflaufform auf das Backblech setzen. Das Backblech in den auf 120 °C vorgeheizten Backofen geben und mit ca. 2 cm kochend heißem Wasser befüllen. Die Tofumasse ca. 25–30 Minuten im Ofen stocken lassen. Anschließend die Metallauflaufform aus dem Wasserbad nehmen, den gestockten Tofu von der Folie befreien, in lange, ca. 1½ cm dicke Streifen oder Würfel schneiden und sofort anrichten.

TOFU ENT-
HÄLT WERTVOLLE
PROTEINE (15,7 G PRO
100 G), ABER NUR WENIG FETT
UND KOHLENHYDRATE. DAFÜR WAR-
TET ER ABER AUCH MIT REICHLICH
ISEN, MAGNESIUM, KALIUM, NIKOTIN-
ÄURE, KUPFER, KALZIUM, ZINK UND
HOSPHOR AUF SOWIE ETWAS FOLSÄURE,
VITAMIN B_1, B_2 UND B_6. WER WERT AUF
SCHÖNE BEINE LEGT, MUSS TOFU ES-
SEN: ER WIRKT IM KÖRPER BASEN-
UND NICHT WIE FLEISCH SÄURE-
BILDEND, WAS CELLULITE
VORBEUGT.

DASHI-SUD

Die getrockneten Kombu-Algen mit 200 ml Wasser in einem Topf zum Kochen bringen. Die Bonitoflakes zugeben, einmal aufkochen und sofort durch ein Sieb in einen Topf passieren. Die Tamari-Sojasauce und die Fischsauce zugeben, verrühren und aufkochen. Etwas Maisstärke mit etwas kaltem Wasser anrühren, zugeben und leicht sämig abbinden.

PILZE

Die Kräutersaitlinge putzen und in mundgerechte Stücke schneiden.
Die Shiitakepilze putzen und vierteln.
Die Shimeji-Pilze ganz belassen und beiseitestellen.
Die bereits eingeweichten Mu-Err-Pilze in mundgerechte Stücke zerzupfen.
Den Dashi-Sud in einem Topf aufkochen, die vorbereiteten Pilze zugeben und bei milder Hitze 3–4 Minuten köcheln lassen, dann sofort anrichten.

ANRICHTEN

Den hausgemachten Tofu auf 4 Gläser verteilen und mit dem Kabeljau belegen. Die Hälfte der Pilze in die Gläser füllen und mit etwas Dashi-Sud beträufeln. 4 Maronen in Stücke brechen und in die Gläser geben. Die restlichen Pilze darübergeben und mit etwas Dashi-Sud beträufeln. Mit einer feinen Reibe pro Glas 1 Marone fein darüberreiben. Mit Daikonkresse- und roten Shisokresseblättchen garnieren und sofort servieren.

Leichte Joghurtmousse mit exotischem Fruchtsalat und Himbeeren

Joghurtmousse
350 g Magerjoghurt (0,1 % Fettgehalt)
175 g Sahne
75 g Puderzucker

Exotischer Fruchtsalat
2 Babyananas
1 Thaimango
1 Papaya (ca. 300 g)
3 Kiwis
4 Passionsfrüchte
20 g Agavendicksaft

Anrichten
4 EL leicht gesüßtes Himbeerpüree
12 frische Himbeeren
4 Physalis
einige Zitronenverbenespitzen

Joghurtmousse
Den Magerjoghurt, die flüssige Sahne und den Puderzucker in einer Schüssel glatt rühren. Die Joghurtcreme in eine Espumaflasche füllen, diese mit 2 Kapseln bestücken und mindestens 1 Stunde in den Kühlschrank stellen.

Exotischer Fruchtsalat
Die Babyananas längs vierteln, schälen und vom Strunk befreien. Das Babyananasfruchtfleisch in ½ cm große Würfel schneiden und in eine Schüssel geben.
Die Thaimango schälen und vom Kern befreien. Das Mangofruchtfleisch in ½ cm große Würfel schneiden und in die Schüssel geben.
Die Papaya schälen, längs halbieren und mit einem Löffel entkernen. Das Papayafruchtfleisch in ½ cm große Würfel schneiden und in eine Schüssel geben.
Die Kiwis schälen, in ½ cm große Würfel schneiden und in die Schüssel geben.
Die Passionsfrüchte halbieren und mit einem Löffel aushöhlen. Das Passionsfruchtfleisch mit Kernen in eine kleine Schüssel geben, mit dem Agavendicksaft verrühren und behutsam anschließend mit den Obstwürfeln vermengen.

Anrichten
Die Häfte des exotischen Fruchtsalats auf 4 Gläser verteilen und mit der leichten Joghurtmousse bedecken. Den restlichen exotischen Fruchtsalat auf die Joghurtmousse geben und mit je 3 Himbeeren belegen. Das Himbeerpüree in eine Kunststoff-Einwegspritze oder Plastikspritzflasche füllen und entlang der Glasinnenseite in die Joghurtmousse spritzen. Je 1 Phyysalis in den Glasrand stecken, mit Zitronenverbenenspitzen garnieren und sofort servieren.

MILCH UND MILCHPRODUKTE ENTHALTEN REICHLICH VITAMIN B_2. EIN MANGEL AN VITAMIN B_2 ENTSTEHT RELATIV RASCH, DOCH IST ER AUCH SCHNELL ZU ERKENNEN: ER MANIFESTIERT SICH IN ENTZÜNDLICHEN, EKZEMARTIGEN HAUTVERÄNDERUNGEN, TROCKENEN LIPPEN ODER EINGERISSENEN MUNDWINKELN. CHARAKTERISTISCH SIND AUCH SCHUPPIGE, FETTIGE FALTEN ZWISCHEN MUND UND NASE. JOGHURT – REICH AN VITAMIN B_2 – BEUGT DIESEM HÄSSLICHEN MANGEL VOR.

Holunderblütenjoghurt mit Holundersuppe und Himbeersorbet

Holunderbeeren enthalten unter anderem den Pflanzenfarbstoff Sambucyanin. Dieser zählt zu den sekundären Pflanzenstoffen der Flavonoide. Flavonoide sind antioxidativ wirksam, sie binden also freie Radikale, und sie wirken antientzündlich. Dieses Holunderdessert bekämpft also Akne und beugt ihr auch vor. Da freie Radikale – die zum Beispiel beim Sonnenbaden oder unter Stress freigesetzt werden –, die Haut altern lassen, sorgt der Holunder auch für eine jugendliche Haut.

Himbeerchip

- 25 g Kristallzucker
- 10 g Eiweiß
- 5 g gefriergetrocknetes Himbeerpulver
- 1 g Zitronensäure
- 2 EL gefriergetrocknete Himbeerstücke

Holunderblütengranité

- 130 g Holunderblütensirup
- 250 g Wasser

Himbeergelee

- 1 Blatt weiße Gelatine
- 2 g Kristallzucker
- 2 g Agar-Agar
- 90 g gesüßtes Himbeerpüree (10 % Zuckergehalt, von Boiron)

Holunderblütenjoghurt

- 8 g weiße Blattgelatine
- 400 g Naturjoghurt (3,5 % Fettgehalt)
- 120 g Holunderblütensirup

Himbeersorbet

- 51 g Kristallzucker
- 15 g Glucosepulver
- 15 g Dextrosepulver
- 110 g Wasser
- 300 g gesüßtes Himbeerpüree (10 % Zuckergehalt)
- 50 g frisch gepresster Zitronensaft

Holundersuppe

- 125 g gekühlter Holunderblütensirup
- 260 g kaltes Wasser
- 1 Zitrone
- 1 g Xanthan

Anrichten

- 32 frische Himbeeren
- 4 Zitronenverbenenspitzen oder Zitronenmelissespitzen

Himbeerchip

Den Kristallzucker, das flüssige Eiweiß, das Himbeerpulver und die Zitronensäure in einen Mixbecher geben und mit einem Pürierstab mixen.
Die Masse dünn auf eine Silpatmatte streichen, mit den gefriergetrockneten Himbeerstücken bestreuen und 12 Stunden im auf 50 °C vorgeheizten Backofen (Ober-/Unterhitze) trocknen lassen. Dabei die Backofentüre einen kleinen Spalt offen lassen. Die getrockneten Himbeerchips aus dem Backofen nehmen und in große Stücke brechen.

Holunderblütengranité

Den Holunderblütensirup mit dem Wasser in einer Schüssel verrühren. Die Flüssigkeit in eine Gefrierbox füllen und mindestens 4 Stunden im Tiefkühlgerät gefrieren lassen. Kurz vor dem Anrichten das Holunderblütengranité aus dem Tiefkühlgerät nehmen, mit einem Löffel feine Granitéflocken abschaben und sofort anrichten.

Himbeergelee

Die Blattgelatine 5 Minuten in kaltem Wasser einweichen.
Den Zucker und das Agar-Agar in einer Tasse vermischen.
Das Himbeerpüree in einem kleinen Topf mit dem Zuckergemisch verrühren und einmal aufkochen. Den Topf vom Herd nehmen und die ausgedrückte Blattgelatine in der heißen Himbeersauce auflösen.
Eine kleine Form oder einen Suppenteller mit Klarsichtfolie auskleiden, die heiße Himbeersauce einfüllen und auf Zimmertemperatur abkühlen lassen. Anschließend mindestens 1 Stunde in den Kühlschrank stellen.
12 kleine Kreise aus dem Gelee stechen. Je 3 Himbeergeleekreise an die Glasinnenwand von 4 Gläsern heften und kalt stellen.

Holunderblütenjoghurt

Die Gelatine 5 Minuten in kaltem Wasser einweichen. Den Naturjoghurt und den Holunderblütensirup in einer Schüssel verrühren.
Die ausgedrückte Gelatine in einen kleinen Topf geben und bei milder Hitze unter Rühren auflösen. 2 EL Holunderblütenjoghurt in die aufgelöste Gelatine rühren und dieses Gemisch sofort unter den restlichen Joghurt rühren. Den Holunderblütenjoghurt in die mit Himbeergelee dekorierten Gläser füllen und mindestens 4 Stunden in den Kühlschrank stellen.

Himbeersorbet

Den Kristallzucker, das Glucosepulver und das Dextrosepulver in einer Schüssel mischen.
Das Wasser in einem Topf erhitzen und die Zuckermischung unterrühren und aufkochen. Den Topf vom Herd nehmen und das Gemisch abkühlen lassen, dann das Himbeerpüree und den frisch gepressten Zitronensaft unterrühren. Die Sorbetmasse 1 Stunde in den Kühlschrank stellen. Anschließend in einer Sorbetiere oder Eismaschine zu Sorbet gefrieren.

Holundersuppe

Den gekühlten Holunderblütensirup und das kalte Wasser in einen Mixbecher geben. Den Saft der Zitrone zugeben und mit einem Pürierstab mixen. Das Xanthan darüberstreuen, nochmals gut durchmixen, 2 Minuten ruhen lassen und anrichten.

Anrichten

Die mit Holunderblütenjoghurt gefüllten Gläser aus dem Kühlschrank nehmen. Je 8 frische Himbeeren auf den Holunderblütenjoghurt setzen und mit der kalten Holundersuppe bedecken. Je 1 Nocke Himbeersorbet in die Holunderblütensuppe geben. Die Holundenblütengranite-Flocken neben das Himbeersorbet setzen. Je 1 Zitronenverbenenspitze in das Himbeersorbet stecken, mit Himbeerchips garnieren und sofort servieren.

Ingwer-Thymian-Mousse mit Pfirsich und Honigeis

Honigeis
250 g Vollmilch (3,5 % Fettgehalt)
250 g Sahne
200 g Eigelb
125 g flüssiger Honig

Pfirsichragout
6 frische Blutpfirsiche (ersatzweise frische gelbe Pfirsiche)
40 g Kristallzucker
½ Vanilleschote

Ingwer-Thymian-Mousse
100 g Sahne
2 g frische Thymianblättchen
20 g frisch entsafteter Ingwersaft
525 g Magerjoghurt (0,1 % Fettgehalt)
125 g Sahne
40 g Kristallzucker

Anrichten
2 El eingelegter, gesüßter Ingwer, in feine Streifen geschnitten
einige frische Thymianblättchen

Honigeis

Die Milch und die Sahne in einem Topf verrühren, einmal aufkochen und vom Herd nehmen.
Das Eigelb und den Honig in eine Schüssel geben und verrühren, die heiße Milch-Sahne-Mischung zugeben und verrühren. Die Masse zurück in den Topf geben und unter Rühren auf 82 °C erhitzen, dabei ein Küchenthermometer zu Hilfe nehmen. Den Topf vom Herd nehmen, die Mischung in eine Metallschüssel füllen und auf ein Eiswürfelbad stellen. Die Honigeismasse kalt rühren und anschließend mindestens 2 Stunden in den Kühlschrank stellen.
Vor dem Anrichten die Honigeismasse in eine Eismaschine geben und zu cremigem Honigeis gefrieren. Anschließend das Honigeis in einen Spritzbeutel füllen und in langen dünnen Strängen auf ein kleines, vorab im Tiefkühlgerät gekühltes Blech spritzen. Das Blech 30 Minuten in das Tiefkühlgerät stellen.

Pfirsichragout

Die Haut der Blutpfirsiche vorsichtig abziehen. Die Blutpfirsiche halbieren und vom Stein befreien. 4 Pfirsichhälften in einen Mixbecher geben und mit einem Pürierstab fein mixen. Die restlichen Pfirsiche in ca. 1 ½ cm große Stücke schneiden und beiseitestellen.
Einen Topf erhitzen, den Kristallzucker einstreuen und karamellisieren, dann sofort mit dem Blutpfirsichpüree ablöschen.
Die Vanilleschote längs halbieren, das Vanillemark herauskratzen, beides zu dem Blutpfirsichpüree geben und aufkochen. Dann die Blutpfirsichwürfel zugeben, vermengen und aufkochen. Die Blutpfirsichwürfel 1–2 Minuten (je nach Reifegrad der Pfirsiche) köcheln lassen, anschließend vom Herd nehmen und das Pfirsichragout in eine Schüssel füllen. Das Pfirsichragout auf Zimmertemperatur abkühlen lassen, die Vanilleschote entfernen und bei Bedarf nochmals mit Zucker abschmecken.

Ingwer-Thymian-Mousse

Die Sahne in einem kleinen Topf aufkochen, dann vom Herd nehmen. Die Thymianblättchen zugeben, den Topf mit einem Deckel verschließen und 10 Minuten ziehen lassen. Anschließend die Thymiansahne durch ein feines Sieb gießen und abkühlen lassen.
Den frisch entsafteten Ingwersaft in einem kleinen Topf aufkochen lassen und unter die Thymiansahne rühren.
Den Magerjoghurt, die flüssige Sahne und den Kristallzucker in einer Schüssel verrühren. Die Ingwer-Thymian-Sahne zugeben, gut verrühren und anschließend in eine Espumaflasche füllen, diese mit 2 Kapseln bestücken und mindestens 1 Stunde in den Kühlschrank stellen.

INGWER ENTHÄLT ZAHLREICHE ÄTHERISCHE ÖLE UND »SCHARFSTOFFE«, DIE GINGEROLE. LETZTERE MILDERN ÜBELKEIT UND REGEN DIE DARMTÄTIGKEIT AN. DAS WIEDERUM MACHT SCHÖNE BEINE: JE BESSER DER DARM FUNKTIONIERT, UMSO KLEINER IST DAS RISIKO FÜR CELLULITE. DENN WENN EIN VERSTOPFTER DARM DIE DURCHBLUTUNG DES KLEINEN BECKENS BEHINDERT, FÖRDERT DAS DIE ENTSTEHUNG DER UNSCHÖNEN DELLEN.

ANRICHTEN

⅔ des Pfirsichragouts in 4 Gläser füllen. Etwas Ingwer-Thymian-Mousse in die Gläser füllen und mit dem restlichen Pfirsichragout bedecken. Die gefrorenen Honigeisstränge in Stücke brechen und in die Gläser geben. Mit fein geschnittenem Ingwer und frischen Thymianblättchen garnieren und sofort servieren.

Aloe-Vera-Joghurt-Creme mit Ananasragout und Waldbeerensorbet

Der Saft der Wüstenlilie Aloe Vera wirkt in der äußeren Anwendung beruhigend auf die Haut, denn er enthält antibakterielle und pilztötende Substanzen. So beugt Aloe Vera entzündeten Talgdrüsen und Akne vor.

Aloe-Vera-Joghurt-Creme

1 Blatt weiße Gelatine
170 g Magerjoghurt (0,1 % Fettgehalt)
25 g Naturjoghurt (3,5 % Fettgehalt)
15 g Puderzucker
25 g Aloe-Vera-Pflanzensaft
30 g Magermilch (0,1 % Fettgehalt)

Ananasragout

2 Babyananas
50 g Kristallzucker
200 g Ananassaft (aus dem Glas)
½ Vanilleschote
etwas frisch gepresster Zitronensaft

Waldbeerensorbet

50 g Kristallzucker
15 g Glucosepulver
15 g Dextrosepulver
120 g Wasser
300 g gesüßtes Waldbeerenpüree (10 % Zuckergehalt)
10 g frisch gepresster Zitronensaft

Anrichten

12 frische Himbeeren, ca. 1 Stunde gefroren

Aloe-Vera-Joghurt-Creme

Die Blattgelatine 5 Minuten in kaltem Wasser einweichen.
Den Magerjoghurt, den Naturjoghurt, den Puderzucker und den Aloe-Vera-Pflanzensaft in einer Schüssel verrühren.
Die Magermilch in einem kleinen Topf erwärmen, die ausgedrückte Blattgelatine zugeben und darin auflösen.
2 EL von der Joghurtcreme abnehmen und unter die aufgelöste Gelatine rühren. Sofort das Gelatinegemisch unter die restliche Joghurtcreme rühren.
Die Aloe-Vera-Joghurt-Creme in 4 Gläser füllen und mindestens 4 Stunden in den Kühlschrank stellen.

Ananasragout

Die Babyananas längs vierteln, schälen und vom Strunk befreien. Das Babyananasfruchtfleisch in ½ cm große Würfel schneiden und in eine Schüssel geben.
Den Kristallzucker in einen Topf streuen und bei mittlerer Hitze karamellisieren lassen, anschließend mit dem Ananassaft ablöschen.
Die Vanillestange aufschlitzen und das Vanillemark mit einem Messer herauskratzen. Die aufgeschlitzte Vanillestange und das Vanillemark in den Ananaskaramell geben und so lange köcheln lassen, bis sich der Karamell gelöst hat. Dann die Ananaswürfel zugeben, vorsichtig vermengen und bei mittlerer Hitze weich köcheln lassen.
Anschließend das Ananasragout durch ein Sieb gießen, den Ananassud in einer Schüssel auffangen und mit etwas frisch gepresstem Zitronensaft und evtl. etwas Wasser abschmecken. Die Ananaswürfel zugeben und vorsichtig vermischen. Das Ananasragout auf Zimmertemperatur abkühlen lassen.

WALDBEERENSORBET

Den Zucker, das Glucosepulver und das Dextrosepulver in einer Schüssel mischen.
Das Wasser in einem Topf erhitzen, die Zuckermischung unterrühren und aufkochen. Den Topf vom Herd nehmen, das Gemisch abkühlen lassen, dann das Waldbeerenpüree und den frisch gepressten Zitronensaft unterrühren.
Die Masse 1 Stunde in den Kühlschrank stellen. Anschließend in eine Sorbetiere oder Eismaschine geben und zu Sorbet gefrieren.

ANRICHTEN

Die mit Aloe-Vera-Joghurt-Creme gefüllten Gläser aus dem Kühlschrank nehmen und mit dem Ananasragout bedecken. Je 1 Nocke Waldbeerensorbet in die Glasmitte geben. Die gefrorenen Himbeeren vorsichtig zerstoßen, in die Gläser streuen und sofort servieren.

Aprikosenkompott mit Mandelsorbet und Joghurtschaum

Aprikosenkompott

400 g frische reife Aprikosen
100 g Läuterzucker
½ Vanillestange
½ Zitrone
1 Blatt weiße Gelatine

Mandelsorbet

9 g Kristallzucker
9 g Dextrosepulver
200 g Wasser
60 g blanchierte Mandelkerne, zu einer feinen Paste gemixt

Joghurtschaum

350 g Magerjoghurt (0,1 % Fettgehalt)
175 g Sahne
75 g Puderzucker

Mandelkaramell

50 g gestiftelte Mandelkerne
100 g Isomalt
10 g Wasser

Anrichten

etwas essbarer Goldstaub nach Belieben

Die in Aprikosen und anderen orangefarbenen Früchten vorhandenen Carotinoide schützen die Haut vor negativen Auswirkungen von UV-Strahlen. Aprikosen liefern zudem Folsäure, ein wasserlösliches Vitamin der B-Gruppe. Die Folsäure ist für zahlreiche Stoffwechselprozesse wichtig, außerdem für das Zellwachstum und die Zellteilung – davon profitieren natürlich auch die Haut und die Haare.

Aprikosenkompott

Die Aprikosen waschen, entsteinen und vierteln.
Den Läuterzucker in einen Topf geben.
Die Vanillestange aufschlitzen und das Vanillemark mit einem Messer herauskratzen.
Den Läuterzucker mit der aufgeschlitzten Vanillestange und dem Vanillemark aufkochen, die Aprikosenviertel zugeben und vorsichtig vermengen. Den Topf mit einem Deckel verschließen und die Aprikosenviertel bei mittlerer Hitze weich dünsten.
Anschließend das Aprikosenkompott durch ein Sieb gießen und den Aprikosensud in einer Schüssel auffangen.
Die Blattgelatine 5 Minuten in kaltem Wasser einweichen.
Den Saft von ½ Zitrone auspressen und in den Aprikosensud rühren. Die gut ausgedrückte Blattgelatine zugeben und darin auflösen. Die Aprikosenviertel zugeben und vorsichtig vermischen. Das Aprikosenkompott dicht mit Klarsichtfolie abdecken, dabei darauf achten, dass zwischen Aprikosenkompott und Klarsichtfolie keine Lufteinschlüsse vorhanden sind. Das Aprikosenkompott auf Zimmertemperatur abkühlen lassen.

Mandelsorbet

Den Kristallzucker und das Dextrosepulver in einer Schüssel vermischen.
Das Wasser in einem Topf aufkochen und die Zuckermischung unterrühren.
Den Topf vom Herd nehmen, die Zuckerlösung in einen Mixbecher füllen, kurz abkühlen lassen und die Mandelpaste mit einem Pürierstab untermixen. Die Sorbetmasse auf Zimmertemperatur abkühlen lassen und anschließend 1 Stunde in den Kühlschrank stellen.
Kurz vor dem Anrichten die Sorbetmasse in eine Sorbetiere oder Eismaschine geben und zu Sorbet gefrieren.

Joghurtschaum

Den Magerjoghurt, die flüssige Sahne und den Puderzucker in einer Schüssel glattrühren. Die Joghurtcreme in eine Espumaflasche füllen, diese mit 2 Kapseln bestücken und mindestens 1 Stunde in den Kühlschrank stellen.

MANDELKARAMELL

Eine Pfanne erhitzen, die gestiftelten Mandelkerne zugeben und unter Rühren goldbraun rösten. Die Mandelsplitter aus dem Topf nehmen und abkühlen lassen.
Das Isomalt und das Wasser in einem Topf verrühren und ohne Rühren auf 170 °C erhitzen. Den Karamell sofort auf eine Silpatmatte gleiten lassen und abkühlen lassen. Den ausgehärteten Karamell in Stücke brechen, in einen Mixer geben und zu sehr feinem Pulver mixen.
Ein Backblech mit einer Silpatmatte belegen. Das Pulver in ein Sieb geben und gleichmäßig auf die Silpatmatte sieben. Die Mandelsplitter darüberstreuen und das Backblech in den auf 175 °C vorgeheizten Backofen (Ober-/Unterhitze) geben. Das Karamellpulver in wenigen Minuten schmelzen lassen, die Silpatmatte sofort aus dem Backofen nehmen und den Mandelkaramell abkühlen lassen. Anschließend in große Stücke brechen.

ANRICHTEN

Das Aprikosenkompott in 4 Gläser füllen. Etwas Joghurtschaum auf das Aprikosenkompott spritzen und mit je 1 Nocke Mandelsorbet belegen. Je nach Belieben etwas Goldstaub auf das Mandelsorbet streuen, mit Mandelkaramell garnieren und sofort servieren.

Quittenmousse
mit Lingonbeeerengranité und Safranespuma

Lingonbeerenchips
20 g Lingonbeerenpüree (10 % Zuckergehalt)
2 g Trockeneiweißpulver (von Sosa)

Safranespuma
4 Blatt weiße Gelatine
500 g Vollmilch (3,5 % Fettgehalt)
50 g Magermilchpulver
1 g Safranfäden
45 g Kristallzucker

Quittenmousse
1 Blatt weiße Gelatine
10 g frisch gepresster Zitronensaft
110 g ungesüßtes Quittenpüree
25 g Eiweiß
20 g feiner Kristallzucker
75 g halbsteif geschlagene Sahne

Lingonbeeren-granité
100 g Lingonbeeren (TK-Produkt), ersatzweise 50 g Lingonbeerensaft aus dem Glas
60 g Kristallzucker
50 g Wasser

Quittenstäbchen
1 Quitte
200 ml Apfelsaft

Anrichten
40 g Lingonbeeren (frisch oder TK-Produkt)

LINGONBEEREN SIND REICH AM »ZELLSCHUTZ-VITAMIN« C, AN VITAMIN B1, B2, B3 UND AUCH AN BETA-CAROTIN (VITAMIN A). ZUDEM LIEFERN SIE DIE MINERALSTOFFE KALIUM, KALZIUM, MAGNESIUM UND PHOSPHAT. AUCH BEUGT DER VERZEHR VON LINGONBEEREN NIEREN- UND BLASENINFEKTIONEN VOR – DENN DIE BEEREN ENTHALTEN DIE SEKUNDÄREN PFLANZENSTOFFE PROANTHOCYANIDINE (PAC). DIESE HINDERN BAKTERIEN DARAN, SICH AN DEN SCHLEIMHÄUTEN ANZUSIEDELN.

Lingonbeerenchips
Das Lingonbeerenpüree und das Trockeneiweißpulver in einer kleinen Schüssel verrühren. Die Masse dünn auf eine Silpatmatte streichen und 12 Stunden im auf 50 °C vorgeheizten Backofen (Ober-/Unterhitze) trocknen lassen. Dabei die Backofentüre einen kleinen Spalt offen lassen. Die getrockneten Lingonbeerenchips aus dem Backofen nehmen und in Streifen brechen.

Safranespuma
Die Blattgelatine mindestens 5 Minuten in kaltem Wasser einweichen.
Die Milch in einem Topf auf 25 °C erwärmen, dann das Magermilchpulver, die Safranfäden und den Kristallzucker unterrühren und aufkochen. Den Topf vom Herd nehmen und die Safranmilch 3 Minuten abkühlen lassen, dann die ausgedrückte Gelatine zugeben und auflösen. Die Safranmilch durch ein feines Sieb passieren und auf Zimmertemperatur abkühlen lassen. Die abgekühlte Safranmilch in eine Espumaflasche füllen, diese mit 2 Kapseln bestücken und mindestens 6 Stunden in den Kühlschrank stellen.

Quittenmousse
Die Blattgelatine 5 Minuten in kaltem Wasser einweichen.
Das Quittenpüree in eine Schüssel geben.
Den frisch gepressten Zitronensaft und die ausgedrückte Blattgelatine in einen kleinen Topf geben und bei milder Hitze auflösen. 2 EL Quittenpüree zugeben, verrühren und das Gemisch sofort unter das restliche Quittenpüree rühren. Die Schüssel in den Kühlschrank stellen, bis das Quittenpüree zu gelieren beginnt.
Das Eiweiß in eine Schüssel geben und mit dem feinen Kristallzucker zu steifem Eischnee schlagen. Den Eischnee unter das Quittenpüree heben. Anschließend die halbsteif geschlagene Sahne unterheben und die Quittenmousse in 4 Gläser füllen. Die Gläser mindestens 4 Stunden in den Kühlschrank stellen.

LINGONBEERENGRANITÉ

Die aufgetauten Lingonbeeren und 10 g Kristallzucker in einem Topf vermischen und aufkochen. Die Lingonbeeren in ein Passiertuch geben, den Saft abtropfen lassen. Vom abgetropften Lingonbeerensaft 50 g abwiegen.
Das Wasser und 50 g Kristallzucker in einem Topf vermischen und einmal aufkochen. Den Topf vom Herd nehmen, den Zuckersirup in eine Schüssel umfüllen und abkühlen lassen. 50 g Lingonbeerensaft unterrühren, in eine Gefrierbox füllen und mindestens 4 Stunden gefrieren lassen.

QUITTENSTÄBCHEN

Die Quitte schälen, vom Kernhaus befreien und in ca. ½ cm dicke Stäbchen schneiden. Die Quittenstäbchen in einen Topf geben, sofort mit dem Apfelsaft vermischen und aufkochen. Den Topf mit einem Deckel verschließen und die Quittenstäbchen bei mittlerer Hitze weich dünsten. Den Topf vom Herd nehmen und die Quitten auf Zimmertemperatur abkühlen lassen. Kurz vor dem Anrichten die Quittenstäbchen abtropfen lassen.

ANRICHTEN

Die mit Quittenmousse gefüllten Gläser aus dem Kühlschrank nehmen. Etwas Safranespuma in die Gläser spritzen. Je 4 Quittenstäbchen in die Gläser stecken und mit den Lingonbeerenchips belegen. Das Lingonbeerengranité aus dem Tiefkühlgerät nehmen und mit einem Löffel feine Flocken abschaben. Die Granitéflocken auf die Safranespuma setzen, mit Lingonbeeren bestreuen und sofort servieren.

Bananen-Himbeer-Salat, Himbeersorbet und Granatapfelschaum

Himbeerchip
- 50 g gesüßtes Himbeerpüree (TK-Produkt von Boiron)
- 5 g Trockeneiweißpulver (von Sosa)

Granatapfelschaum
- 2 ½ Blatt weiße Gelatine
- 430 g Granatapfelsaft

Himbeersorbet
- 50 g Kristallzucker
- 15 g Glucosepulver
- 15 g Dextrosepulver
- 110 g Wasser
- 300 g gesüßtes Himbeerpüree (TK-Produkt von Boiron)
- 50 g frisch gepresster Zitronensaft

Bananen-Himbeer-Salat
- 2 unbehandelte Limetten
- 50 g Läuterzucker
- 1 Banane
- 16 frische Himbeeren
- 4 EL frische Granatapfelkerne

Anrichten
- einige dunkle Basilikumkresseblättchen oder dunkle Basilikumspitzen

Himbeerchip
Das aufgetaute Himbeerpüree und das Trockeneiweißpulver in einer kleinen Schüssel verrühren. Die Masse dünn auf eine Silpatmatte streichen und 12 Stunden im auf 50 °C vorgeheizten Backofen (Ober-/Unterhitze) trocknen lassen. Dabei die Backofentüre einen kleinen Spalt offen lassen. Die getrockneten Himbeerchips aus dem Backofen nehmen und in große Stücke brechen.

Granatapfelschaum
Die Blattgelatine 5 Minuten in kaltem Wasser einweichen.
50 ml Granatapfelsaft in einem kleinen Topf erwärmen, die gut ausgedrückte Blattgelatine zugeben und unter Rühren auflösen. Den restlichen Granatapfelsaft in einen Mixbecher geben, das warme Gelatinegemisch zugeben und mixen. Den Granatapfelsaft in eine Espumaflasche füllen und diese mit 2 Kapseln bestücken. Die Espumaflasche mindestens 4 Stunden im Kühlschrank durchkühlen lassen.

Himbeersorbet
Den Kristallzucker, das Glucosepulver und das Dextrosepulver in einer Schüssel mischen. Das Wasser in einem Topf erhitzen, die Zuckermischung unterrühren und einmal aufkochen. Den Topf vom Herd nehmen, das Gemisch abkühlen lassen, dann das aufgetaute Himbeerpüree und den frisch gepressten Zitronensaft unterrühren. Die Sorbetmasse 1 Stunde in den Kühlschrank stellen. Anschließend in eine Sorbetiere oder Eismaschine geben und zu Sorbet gefrieren.

Bananen-Himbeer-Salat
Die Schale der Limetten fein abreiben, in eine kleine Schüssel geben und mit dem Läuterzucker verrühren.
Die Limetten auspressen, den Limettensaft zugeben und gut verrühren.
Die Banane schälen, längs vierteln und in 2–3 cm lange Stücke schneiden. Die Bananenstücke in eine Schüssel geben und sofort mit dem Limettensirup vermischen.
Die Himbeeren halbieren und mit den Granatapfelkernen untermischen. Den Bananen-Himbeer-Salat sofort anrichten.

Anrichten
Den Bananen-Himbeer-Salat auf 4 Gläser verteilen.
Je 1 Nocke Himbeersorbet in die Glasmitte geben und etwas Granatapfelschaum an die Seite setzen. Mit dunklen Basilikumkresseblättchen und Himbeerchips garnieren und sofort servieren.

HIMBEEREN ENTHALTEN REICHLICH OPCS (OLIGOMERE PROANTHOCYANIDINE), SEKUNDÄRE PFLANZENSTOFFE, DIE ZU DEN STÄRKSTEN ANTIOXIDANTIEN ÜBERHAUPT ZÄHLEN. HIMBEEREN SIND ALSO WAHRES ANTI-AGING-FOOD. ZUDEM DECKEN NUR 100 GRAMM HIMBEEREN EIN DRITTEL UNSERES TÄGLICHEN VITAMIN-C-BEDARFS. DER GRANATAPFEL IST REICH AN POLYPHENOLEN (DAS SIND SEKUNDÄRE PFLANZENSTOFFE). DIESE SIND EBENFALLS ANTIOXIDATIV WIRKSAM UND SCHÜTZEN SO DIE KÖRPERZELLEN. MEHR ANTI-AGING GEHT ALSO NICHT!

Ananassalat
mit Passionsfruchtespuma und Kurkumaeis

Passionsfrucht-espuma
4 Blatt weiße Gelatine
50 g Wasser
500 g gesüßtes Passionsfruchtpüree (TK-Produkt, 10 % Zuckeranteil)

Kurkumaeis
250 g Vollmilch (3,5 % Fettgehalt)
250 g Sahne
200 g Eigelb
125 g Agavensirup
½ TL Kurkumapulver

Safrancreme
½ Blatt weiße Gelatine
200 g Vollmilch (3,5 % Fettgehalt)
½ g Safranfäden
50 g Eigelb
20 g Kristallzucker

Ananassalat
½ Ghana-Ananas (Flugananas)
50 g Kristallzucker
200 g Apfelsaft
½ Vanilleschote
1 g Safranfäden
etwas frisch gepresster Zitronensaft
1 Msp. Xanthan

Anrichten
1 Scheibe Ghana-Ananas, geviertelt
4 Ananasblätter

Passionsfruchtespuma
Die Blattgelatine 5 Minuten in kaltem Wasser einweichen.
Das Wasser in einem kleinen Topf erwärmen, die gut ausgedrückte Blattgelatine zugeben und darin auflösen.
Das Passionsfruchtpüree in einen Mixbecher geben, die warme Gelatinemasse zugeben und mixen. Das Passionsfruchtpüree in eine Espumaflasche füllen und diese mit 2 Kapseln bestücken. Die Espumaflasche mindestens 4 Stunden im Kühlschrank durchkühlen lassen.

Kurkumaeis
Die Milch und die Sahne in einem Topf verrühren, einmal aufkochen und vom Herd nehmen.
Das Eigelb und den Agavensirup in eine Schüssel geben und verrühren, die heiße Milch-Sahne-Mischung zugeben und verrühren. Die Mischung zurück in den Topf geben, das Kurkumapulver zugeben und unter Rühren auf 82 °C erhitzen, dabei ein Küchenthermometer zu Hilfe nehmen. Den Topf vom Herd nehmen, die Eismasse in eine Metallschüssel füllen und auf ein Eiswürfelbad stellen. Die Eismasse kalt rühren und anschließend mindestens 2 Stunden in den Kühlschrank stellen.
Vor dem Anrichten die Eismasse in eine Eismaschine geben und zu cremigem Kurkumaeis gefrieren.

Safrancreme
Die Blattgelatine 5 Minuten in kaltem Wasser einweichen.
Die Milch und die Safranfäden in einem Topf aufkochen, dann vom Herd nehmen.
Das Eigelb und den Zucker in einer Schüssel verrühren, die heiße Safranmilch zugeben und verrühren. Das Gemisch in den Topf geben und unter Rühren auf 82 °C erhitzen (Küchenthermometer). Den Topf vom Herd nehmen, die ausgedrückte Gelatine zugeben und auflösen. Die Creme durch ein Sieb in eine Metallschüssel passieren und auf ein Eiswürfelbad stellen. Die Safrancreme kalt rühren, dann mindestens 2 Stunden in den Kühlschrank stellen.

Ananassalat
Die Ananas längs halbieren, schälen und vom Strunk befreien. Das Ananasfruchtfleisch in ½–1 cm große Würfel schneiden und in eine Schüssel geben.
Den Kristallzucker in einen Topf streuen und bei mittlerer Hitze karamellisieren, dann mit dem Apfelsaft ablöschen.
Die Vanillestange aufschlitzen und das Vanillemark mit einem Messer herauskratzen. Die aufgeschlitzte Vanillestange, das Vanillemark und die Safranfäden zugeben und so lange köcheln lassen, bis sich der Karamell gelöst hat. Die Ananaswürfel zugeben, vorsichtig vermengen und bei mittlerer Hitze weich köcheln lassen.

EINE GUTE VERDAUUNG SCHÜTZT VOR CELLULITE, DA EIN TRÄGER, VERSTOPFTER DARM DIE DURCHBLUTUNG DES KLEINEN BECKENS UND DER OBERSCHENKEL BEHINDERT. IN DIESER HINSICHT HILFT ANANAS GEGEN ORANGENHAUT, DENN DIE ANANAS ENTHÄLT DAS ENZYM BROMELIN. DIESES WIEDERUM REGT DEN EIWEISS- UND FETTSTOFFWECHSEL AN. UND DIE ANANAS IST KALORIENARM, DENN 100 G ENTHALTEN NUR 55 KALORIEN – TROTZDEM SIE SO SCHÖN SÜSS SCHMECKT.

Anschließend den Ananassalat durch ein Sieb gießen, den Ananassud in einer Schüssel auffangen und mit etwas frisch gepresstem Zitronensaft und evtl. etwas Wasser abschmecken. Das Xanthan über den Sud streuen und mit einem Pürierstab untermixen. Die Ananaswürfel zugeben und vorsichtig vermischen. Den Ananassalat auf Zimmertemperatur abkühlen lassen.

ANRICHTEN

Den Ananassalat auf 4 Gläser verteilen. Den Ananassalat mit einem Löffel etwas zur Seite schieben und die Safrancreme auf den Glasboden geben. Je ¼ Ananasscheibe in die Gläser legen, dabei darauf achten, dass die Ananasscheibe den Ananassalat und die Safrancreme nicht berührt. Die Passionsfruchtespuma auf die Ananasscheibe spritzen und mit je 1 Nocke Kurkumaeis belegen. Die Gläser mit je 1 Ananasblatt garnieren und sofort servieren.

Spiess von Sticky Rice mit Mango, Gingkonüssen und Pandaneis

Gingkonüsse
100 g Wasser
25 g Kristallzucker
½ Zitrone
1 frisches Pandanblatt (erhältlich im Asialaden)
50 g gekochte Gingkonüsse (aus der Dose)

Sticky-Rice-Marinade
190 g ungesüßte Kokosmilch
50 g Kristallzucker
2,5 g Meersalz
¾ frisches Pandanblatt (erhältlich im Asialaden)

Sticky Rice
115 g Klebreis
55 g warme Sticky-Rice-Marinade (siehe Teilrezept)
50 g weiße Sesamsaat
50 g schwarze Sesamsaat

Pandanmilch
375 g Vollmilch (3,5 % Fettgehalt)
½ frisches Pandanblatt (erhältlich im Asialaden)
etwas Vollmilch zum Aufgießen

Pandaneis
375 g Pandanmilch (siehe Teilrezept)
65 g Palmzucker
40 g Glucosepulver
30 g Magermilchpulver
135 g Sahne
10 g Kristallzucker
1 Prise Meersalz

Mango
½ reife Thaimango

Anrichten
4 lange Metallspieße
4 Amuse-Bouche-Löffel
etwas essbares Blattgold nach Belieben

Gingkonüsse
Das Wasser und den Kristallzucker in einen Topf geben und verrühren.
Den Saft der halben Zitrone auspressen und zugeben.
Das Pandanblatt zugeben und einmal aufkochen. Den Topf vom Herd nehmen, dicht mit Klarsichtfolie verschließen und 10 Minuten ziehen lassen. Die Klarsichtfolie abnehmen und die Marinade abkühlen lassen, anschließend durch ein feines Sieb gießen.
Die Gingkonüsse zugeben und 12 Stunden marinieren lassen. Kurz vor dem Anrichten die Gingkonüsse aus der Marinade nehmen und abtropfen lassen.

Sticky-Rice-Marinade
Die Kokosmilch, den Kristallzucker und das Meersalz in einen Topf geben und verrühren. Das Pandanblatt zugeben und aufkochen. Den Topf vom Herd nehmen und dicht mit Klarsichtfolie verschließen. Die Marinade 30 Minuten ziehen lassen und anschließend durch ein feines Sieb passieren.

Sticky Rice
Den Klebreis dreimal mit kaltem Wasser waschen und in einen Reiskocher geben. Den Klebreis ca. 30 Minuten weich dämpfen, dann aus dem Reiskocher nehmen und in eine Schüssel geben.
Die warme Sticky-Rice-Marinade unter den heißen Klebreis mischen und 5 Minuten ziehen lassen.
Eine Auflaufform mit Klarsichtfolie auslegen, den Klebreis einfüllen und flach drücken (ca. 1 cm dick). Den Klebreis dicht mit Klarsichtfolie bedecken, dabei darauf achten, dass keine Lufteinschlüsse vorhanden sind, und anschließend 4 Stunden bei Zimmertemperatur ruhen lassen. Den Klebreis aber nicht in den Kühlschrank stellen.
Die weiße und die schwarze Sesamsaat in eine Schüssel geben und vermischen. Kurz vor dem Anrichten kleine Kreise aus dem Klebreis stechen und diese in der gemischten Sesamsaat wälzen.

Ginkgonüsse haben einen sehr niedrigen Fettgehalt (nur 3 Prozent), bestehen aber zu 13 Prozent aus Proteinen. Diese sind für die Bildung von Haut- und Bindegewebszellen und für die Haare wichtig. In der traditionellen chinesischen Medizin werden Ginkgonüsse seit Jahrhunderten eingesetzt. Man schreibt ihnen desinfizierende und durchblutungsfördernde Eigenschaften zu.

Pandanmilch

Die Milch und das Pandanblatt in einen Topf geben und einmal aufkochen. Den Topf vom Herd nehmen, dicht mit Klarsichtfolie verschließen und die Milch 30 Minuten ziehen lassen. Die Pandanmilch durch ein Sieb gießen, abwiegen und auf 375 g mit Milch auffüllen.

Pandaneis

Die Pandanmilch in einen Topf geben und auf 25 °C erwärmen. Den Palmzucker, das Glucosepulver und das Magermilchpulver unterrühren und auf 40 °C erhitzen. Die flüssige Sahne und den Kristallzucker unterrühren und auf 85 °C erhitzen. Den Topf vom Herd nehmen und die Eismasse in eine Schüssel geben. Die Eismasse abkühlen lassen, anschließend mindestens 2 Stunden in den Kühlschrank stellen. Kurz vor dem Anrichten die Pandaneismasse in eine Eismaschine geben und zu cremigem Eis gefrieren.

Mango

Die Thaimango schälen und vom Kern lösen. Das Fruchtfleisch in mundgerechte Rechtecke schneiden.

Anrichten

Den marinierten Sticky Rice, die Mangostücke und die Gingkonüsse abwechselnd auf je 4 lange Metallspieße stecken. Je 1 Spieß in 1 hohes Glas stellen. Je 1 Nocke Pandaneis auf einen Amuse-Bouche-Löffel setzen. Je 1 Amuse-Bouche-Löffel quer über den Glasrand legen. Mit etwas Blattgold verzieren und sofort servieren.

Grüner Eistee mit »Carpe Diem Kombucha Cranberry«, Honig und Ananas

Cranberries sind reich an Vitamin C, Flavonoiden und Pektin, damit reich an Antioxidantien. Wissenschaftliche Studien haben zudem ergeben, dass Cranberrysaft Infektionen wie etwa Erkältungen vorbeugt – offensichtlich schützen seine Inhaltsstoffe die Schleimhäute vor Bakterien.

- 5–6 frische Babyananaswürfel
- 2 cl flüssiger Honig
- 15 cl japanischer Sencha-Tee, gekühlt
- 10 cl »Carpe Diem Kombucha Cranberry«, gekühlt
- 5 getrocknete Cranberries
- 4–5 Eiswürfel
- 1 Spalte frische Pitahaya (Drachenfrucht)

Die Babyananasstücke und den Honig in einen Shaker oder in eine Tasse geben. Die Babyananasstücke mit einem Barstößel oder Holzmörser leicht zerstoßen. Die Eiswürfel in ein Glas geben und mit dem gekühlten Grüntee und dem »Carpe Diem Kombucha Cranberry« auffüllen. Die Babyananasstücke mit dem Honig und den getrockneten Cranberries unterrühren. Eine Spalte frische Pitahaya an den Glasrand stecken und sofort servieren.

Weisser Eistee mit Trauben und »Carpe Diem Kombucha Quitte«

Trauben enthalten die Vitamine A, B, C und E, ausserdem wichtige Mineralstoffe wie Phosphor, Kalium, Kalzium, Fluor, Eisen und Magnesium. Auch enthalten Trauben viele zellschützende sekundäre Pflanzenstoffe wie »OPCs« (Flavonoide), Tannine (pflanzliche Gerbstoffe) oder Anthocyane (Pflanzenfarbstoffe). (Blaue Trauben sind im Hinblick auf diese Antioxidantien wesentlich wertvoller als weisse.)

4–5 Eiswürfel
15 cl weißer Tee, gekühlt
10 cl »Carpe Diem Kombucha Quitte«, gekühlt
1 cl frisch gepresster Limettensaft
2 cl flüssiger Honig
2 Bambusspieße
10 blaue Trauben

Die Eiswürfel in ein Glas geben und mit dem gekühlten weißen Tee und dem »Carpe Diem Kombucha Quitte« auffüllen. Den frisch gepressten Limettensaft und den Honig unterrühren. Je 5 Trauben auf einen Bambusspieß stecken. Einen Traubenspieß in das Glas geben, den zweiten Traubenspieß auf das Glas legen und sofort servieren.

Weisser Eistee mit Zitrusfrüchten, Minze und »Carpe Diem Botanic Water beruhigend«

Weisstee reduziert den Taillenumfang. Verantwortlich dafür sind die Catechine (Flavonoide der Teegerbsäure), die Fettablagerungen in der Leber verhindern. Zudem sind Catechine hochwirksame Antioxidantien – weisser Tee ist also ein Anti-Aging-Getränk. Zitrusfrüchte – obwohl sauer – wirken im Stoffwechsel basenbildend, dienen also einer schönen Haut und einem straffen Bindegewebe.

4–5 Eiswürfel
12 cl weißer Tee, gekühlt
10 cl »Carpe Diem Botanic Water beruhigend«, gekühlt
1 cl frisch gepresster Limettensaft
1 cl frisch gepresster Zitronensaft
4 cl frisch gepresster Orangensaft
1 cl Holunderblütensirup
¼ unbehandelte Limette
¼ unbehandelte Zitrone
1/8 unbehandelte Orange
4 frische Blättchen Minze
einige frische, lange Orangenzesten
1 kleiner Zweig Minze

Die Eiswürfel in ein großes Glas geben und mit dem gekühlten weißen Tee und dem »Carpe Diem Botanic Water beruhigend« auffüllen. Den frisch gepressten Limetten-, Zitronen- und Orangensaft und den Holunderblütensirup zugeben und mit einem Löffel umrühren. Die Limette, die Zitrone und die Orange jeweils ungeschält in Stücke schneiden und zugeben. Die Minzeblättchen zugeben und nochmals mit einem Löffel umrühren. Einen kleinen Minzezweig in das Glas stecken, mit frischen, langen Orangenzesten garnieren und sofort servieren.

Karotten-Maracuja-Preiselbeer-Smoothie

Bienenhonig enthält Spuren von zehn verschiedenen Vitaminen, zum Beispiel Vitamin C, B1, B2, B6, Biotin und Pantothensäure. Auch liefert er die Mineralstoffe Kalium, Magnesium und Kalzium sowie die Spurenelemente Eisen, Kupfer, Mangan und Chrom. Wollen wir nicht alle einen schönen braunen Teint haben? Wenn nur nicht UV-Strahlen die Haut altern und Falten entstehen lassen würden. Wer täglich Karotten mit etwas Öl verzehrt (das ist wichtig, denn Carotine sind fettlöslich), der bekommt auch ohne ein Sonnenbad einen Bronzeteint.

100 g Karotte
6 cl Preiselbeer- oder Cranberrysaft
4 cl frisch gepresster Orangensaft
3 cl Maracujasaft
3 cl flüssiger Honig
4 EL Crushed Ice
½ Maracuja
1 EL fein geschnittene Karottenstreifen (Julienne)

Die Karotte schälen, würfeln und in einen Mixer (Blender) geben. Den Preiselbeersaft, den Orangensaft, den Maracujasaft, den Honig und das Crushed Ice zugeben und gut durchmixen. Den Karotten-Maracuja-Preiselbeer-Smoothie in ein Champagnerglas füllen. Die Maracuja aushöhlen und das Fruchtfleisch in das Glas geben. Die Karotten-Julienne auf das Glas legen und sofort servieren.

Erdbeer-Kurkuma-Joghurt-Smoothie

Gegen unreine Haut oder Pickel hilft Kurkuma. Er enthält den Pflanzenfarbstoff Kurkumin, der ebenso gut gegen Entzündungen hilft wie Cortison – aber nicht dessen Nebenwirkungen hat. Zudem liefert Kurkuma Vitamin B6, das wichtig für die Blutgefässe ist und Arteriosklerose vorbeugt.

4 EL Crushed Ice
8 cl probiotischer fettarmer Naturjoghurt (0,1 % Fettgehalt)
1 Kugel leicht gesüßtes Joghurteis
1 TL gemahlener Kurkuma
4 cl Erdbeerpüree
½ frische Erdbeere, gewürfelt
1 Prise gemahlener Kurkuma zum Bestreuen
1 TL frische Kresseblättchen
2 Gewürztagetesblüten

Das Crushed Ice in einen Mixer (Blender) geben. Den probiotischen Naturjoghurt, das Joghurteis und den gemahlenen Kurkuma zugeben und gut durchmixen. Den Smoothie in ein Glas füllen. Das Erdbeerpüree vorsichtig mit einem Löffel in den Smoothie geben. Die Erdbeerwürfel auf den Smoothie setzen und mit 1 Prise gemahlenem Kurkuma bestreuen. Mit Kresseblättchen und Gewürztagetesblüten garnieren und sofort servieren.

Smoothie von Aroniasaft, Himbeere und Basilikum

DIE APFELBEERE (ARONIA)
ENTHÄLT REICHLICH ANTHO-
CYANE (PFLANZENFARBSTOFFE),
DANEBEN FOLSÄURE UND DIE
VITAMINE C UND K. VOR ALLEM DIE
ANTHOCYANE SIND WIRKSAME ANTI-
OXIDANTIEN UND HALTEN SO DIE
ZELLEN JUNG. DIESER SMOOTHIE
MACHT ALSO DIE HAUT GLATT
UND HÄLT JUNG.

4–5 EL Crushed Ice
10 cl Bio-Aroniasaft
8 cl Himbeerpüree
2 cl Vanillesirup
4–5 frische Blätter Basilikum
3 frische Himbeeren, halbiert
3–4 kleine frische Basilikumspitzen

Das Crushed Ice in einen Mixer (Blender) geben. Den Bio-Aroniasaft, das Himbeerpüree, den Vanillesirup und die frischen Basilikumblätter zugeben und gut durchmixen. Den Smoothie in ein Glas füllen und mit den halbierten Himbeeren belegen. Mit frischen Basilikumspitzen garnieren und sofort servieren.

Mango-Passionsfrucht-Avocado-Honig-Smoothie

Mangos enthalten reichlich Vitamin B und C sowie das Provitamin A. Wenn Sie eine überreife, für den Verzehr nicht mehr geeignete Mango haben, machen Sie Folgendes: Pürieren Sie die Mango und legen das Püree 15 Minuten als Gesichtsmaske auf. Sie werden staunen, wie frisch und rosig der Teint danach aussieht!

⅓ reife Avocado
4 EL Crushed Ice
10 cl Passionsfruchtsaft
8 cl Mangopüree
2 cl flüssiger Honig
2 Spalten frische Avocado
1 EL fein geschnittene Thaimangostreifen (Julienne)

Die Avocado schälen, vom Kern befreien und das Avocadofruchtfleisch in einen Mixer (Blender) geben. Das Crushed Ice, den Passionsfruchtsaft, das Mangopüree und den Honig zugeben und gut durchmixen. Den Mango-Passionsfrucht-Avocado-Honig-Smoothie in ein Glas füllen. Mit frischen Avocadospalten und Thaimango-Julienne garnieren und sofort servieren.

Rote-Bete-Birnen-Apfel-Smoothie

Rote Beten sind kalorienarm, aber reich an Mineralstoffen wie Magnesium, Kalium, Eisen, Kupfer und Mangan. Äpfel liefern zahlreiche Vitamine und haben einen niedrigen glykämischen Index, was für einen konstanten Blutzuckerspiegel sorgt. Die in Äpfeln enthaltenen Pektine – lösliche Ballaststoffe – regen die Verdauung an und binden Blutfette.

50 g rohe rote Beten
1 säuerliche Birne
1 Apfel (Granny Smith)
1 cl frisch gepresster Limettensaft
4 EL Crushed Ice
1 kleiner Zweig Minze
etwas Puderzucker zum Bestäuben

Die roten Beten schälen und in kleine Würfel schneiden. Die Birne und den Apfel vom Kerngehäuse befreien und ungeschält in Würfel schneiden. Das Crushed Ice in einen Mixer (Blender) geben. Die Rote-Bete-Würfel, die Birnen- und Apfelwürfel und den frisch gepressten Limettensaft zugeben und gut durchmixen. Den Rote-Bete-Birnen-Apfel-Smoothie in ein Glas füllen und mit einem kleinen Minzezweig dekorieren, leicht mit Puderzucker bestäuben und sofort servieren.

WEISSER EISTEE MIT ERDBEEREN UND »CARPE DIEM KOMBUCHA QUITTE«

WIE WIRD DER BAUCH MÖGLICHST RASCH FLACH? STUDIEN HABEN GEZEIGT, DASS DAS TRINKEN VON 4–5 TASSEN WEISS- ODER GRÜNTEE TÄGLICH DEN TAILLENUMFANG REDUZIERT. VERANTWORTLICH DAFÜR SIND DIE CATECHINE (FLAVONOIDE DER TEEGERBSÄURE), DIE FETTABLAGERUNG IN DER LEBER VERHINDERN. CATECHINE SOLLEN AUCH HELFEN, KREBS VORZUBEUGEN.

4–5 Eiswürfel
15 cl weißer Tee, gekühlt
10 cl »Carpe Diem Kombucha Quitte«, gekühlt
4 frische Erdbeeren
1 cl Holunderblütensirup
3 frische Erdbeerscheiben, dünn geschnitten

Die Eiswürfel in ein Rotweinglas geben und mit dem gekühlten weißen Tee und dem »Carpe Diem Kombucha Quitte« auffüllen. Die Erdbeeren waschen, vom Blütenansatz befreien und in Scheiben schneiden. Die Erdbeerscheiben und den Holunderblütensirup unterrühren. Die dünn geschnittenen Erdbeerscheiben an die Glasinnenwand legen und sofort servieren.

Addis-Ababa-Eistee mit Birnensaft, Holunder und »Red Bull Sugarfree«

Holunderblütensirup ist reich an Vitamin C, wertvollen ätherischen Ölen, Flavonoiden, Fruchtsäuren und Folsäure. Holunderblütensirup ist also das Mittel der Wahl gegen fiebrige Erkältungen. Er wirkt schweißtreibend, und dank seiner Gerb- und Bitterstoffe schleimlösend und fiebersenkend. Erkältungsbedingte Schnupfnasen findet schließlich niemand sexy, oder?

4–5 Eiswürfel
15 cl Addis-Ababa-Tee (von Afro Tea), gekühlt
8 cl Birnensaft
1 cl Holunderblütensirup
4 cl »Red Bull Sugarfree«
6–7 kleine frische Birnenkugeln, gefroren

Die Eiswürfel in ein Glas geben und mit dem gekühlten Addis-Ababa-Tee und dem Birnensaft auffüllen. Den Holunderblütensirup unterrühren und mit »Red Bull Sugarfree« auffüllen. Die gefrorenen Birnenkugeln ins Glas geben und sofort servieren.

Gemüsebrühe

1 Zwiebel
1 kleine Stange Lauch
2 Stangen Staudensellerie
½ Knollensellerie
2 Petersilienwurzeln
3 Karotten
½ Bund Blattpetersilie
1 frisches Lorbeerblatt
8 schwarze Pfefferkörner
etwas Meersalz

Die Zwiebel schälen und vierteln.
Den Lauch vom Wurzelansatz befreien, längs halbieren, waschen und in grobe Stücke schneiden.
Den Staudensellerie waschen und in grobe Stücke schneiden.
Den Knollensellerie, die Petersilienwurzeln und die Karotten schälen und in grobe Stücke schneiden.
Die Gemüse in einen großen Suppentopf geben und mit 4 l kaltem Wasser bedecken. Die Blattpetersilie, das Lorbeerblatt, die Pfefferkörner und etwas Meersalz zugeben und langsam zum Kochen bringen. Die Hitze reduzieren und die Gemüsebrühe im verschlossenen Topf ca. 1 ½ Stunden leicht simmern lassen. Den Topf vom Herd nehmen und auf Raumtemperatur abkühlen lassen, anschließend die Gemüsebrühe durch ein feines Sieb passieren, das Gemüse dabei aber nicht ausdrücken.
Die Gemüsebrühe jetzt nicht erneut salzen, je nach Weiterverarbeitung kann später das Endprodukt entsprechend gewürzt werden.

Tipp: Es empfiehlt sich, die Gemüsebrühe auf Vorrat zu kochen!

1. Die abgekühlte Gemüsebrühe in kleine Gefrierboxen füllen und tiefgefrieren, so hat man immer für Suppen aller Art, Saucen etc. einen Vorrat.
2. Einen Teil der Gemüsebrühe kann man auch in Eiswürfelbehälter oder Eiswürfeltüten füllen und tiefgefrieren. Einfach die gefrorene Portion entnehmen und gedünstetes Gemüse, Saucen oder auch Dressings je nach Belieben verfeinern.

Die Gemüsebrühe hält sich im Kühlschrank mindestens 2 Tage und gefroren mindestens 6 Monate. Die Gemüsesorten können beliebig variiert werden, jedoch niemals Kohl oder färbendes Gemüse verwenden.

Geflügelbrühe

1 Suppenhuhn, küchenfertig
(ca. 1–1,3 kg)
oder 1 kg Geflügelkarkassen
1 Zwiebel
½ kleine Stange Lauch
2 Stangen Staudensellerie
¼ Knollensellerie
2 Petersilienwurzeln
2 Karotten
1 Handvoll Petersilienstängel
1 frisches Lorbeerblatt
10 schwarze Pfefferkörner
etwas Meersalz

Das Suppenhuhn gründlich waschen und in einen großen Suppentopf geben.
Die Zwiebel schälen und vierteln.
Den Lauch vom Wurzelansatz befreien, längs halbieren, waschen und in grobe Stücke schneiden.
Den Staudensellerie waschen und in grobe Stücke schneiden.
Den Knollensellerie, die Petersilienwurzeln und die Karotten schälen und in grobe Stücke schneiden.
Die Gemüse in den Topf geben und mit 4 l kaltem Wasser bedecken. Die Petersilienstängel, das Lorbeerblatt, die Pfefferkörner und etwas Meersalz zugeben und langsam zum Kochen bringen. Den aufsteigenden Schaum abschöpfen. Die Hitze reduzieren und die Geflügelbrühe im verschlossenen Topf ca. 1½–2 Stunden leicht simmern lassen. Den Topf vom Herd nehmen und auf Raumtemperatur abkühlen lassen, anschließend die Geflügelbrühe durch ein feines Sieb passieren, das Suppenhuhn und das Gemüse dabei aber nicht ausdrücken. Die Geflügelbrühe nicht erneut salzen, je nach Weiterverarbeitung kann dann das Endprodukt entsprechend gewürzt werden.

Tipp: Es empfiehlt sich, die Geflügelbrühe auf Vorrat zu kochen!

1. Die abgekühlte Geflügelbrühe in kleine Gefrierboxen füllen und tiefgefrieren, so hat man immer für Suppen aller Art, Risottozubereitungen, Schmorgerichte etc. einen Vorrat.
2. Einen Teil der Geflügelbrühe kann man auch in Eiswürfelbehälter oder Eiswürfeltüten füllen und tiefgefrieren. Einfach portionsweise entnehmen und Espumas, Saucen oder auch Dressings je nach Belieben verfeinern.

Die Geflügelbrühe hält sich im Kühlschrank mindestens 2 Tage und gefroren mindestens 6 Monate.
Verwenden Sie stets Suppenhühner bester Qualtiät aus Freilandhaltung, nicht nur aus Geschmacksgründen!

Klarer Tomatenfond

500 g vollreife rote Strauchtomaten
500 g rote Kirschtomaten
2 Basilikumzweige
1 EL Meersalz
1 EL Kristallzucker
1 Knoblauchzehe, geschält und gewürfelt

Die Strauchtomaten waschen, vom Stunk befreien und vierteln.
Die Kirschtomaten waschen und halbieren.
Alle Tomaten in einen Mixer geben und mit den Basilikumzweigen, dem Meersalz, dem Zucker und der Knoblauchzehe fein pürieren.
Ein Passiertuch in eine hohe Schüssel legen und das Tomatenpüree hineinfüllen. Die Enden des Passiertuches verknoten und mithilfe eines langen Kochlöffels über der Schüssel aufhängen. Das Ganze 12 Stunden in den Kühlschrank stellen. Der abtropfende klare Tomatenfond sammelt sich nun in der Schüssel. (Die abtropfende Menge hängt von der Konsistenz der Tomaten ab und kann daher stark variieren).

Varianten zur Weiterverarbeitung

1. Kalt servieren: verfeinert Espumas, geeiste Gazpacho, kalte Kräutersuppen, pikante Mousses, Salatdressings
2. Warm servieren: verfeinert pikante Suppen, Tomatensaucen
3. Auf Vorrat zubereiten: Den abgetropften klaren Tomatenfond in Eiswürfelbehälter oder Eiswürfeltüten füllen und tiefgefrieren. Nach Bedarf können einzelne Portionen entnommen werden. Der klare Tomatenfond hält sich tiefgefroren mindestens 4 Monate.

Geschmorte Kirschtomaten

10 rote Kirschtomaten
10 gelbe Kirschtomaten
etwas natives Olivenöl
feines Meersalz
frisch gemahlener weißer Pfeffer
etwas Puderzucker
1 Zweig Thymian
1 kleiner Zweig Rosmarin

Reichlich Wasser in einem Topf zum Kochen bringen.
Mit einem spitzen Messer vorsichtig den Strunk der Kirschtomaten entfernen. Die Kirschtomaten kurz in dem sprudelnd kochenden Wasser blanchieren, dann in Eiswasser abschrecken, häuten und halbieren.
Ein kleines Blech oder eine Auflaufform mit wenig Olivenöl auspinseln und die Kirschtomatenhälften mit der Schnittfläche nach unten nebeneinander auf das Blech setzen, anschließend mit feinem Meersalz und frisch gemahlenem weißen Pfeffer bestreuen. Die Kirschtomatenhälften mit etwas Puderzucker übersieben und mit etwas Olivenöl beträufeln. Den Thymian- und den Rosmarinzweig auf die Kirschtomatenhälften legen. Das Blech oder die Aufflaufform so lange in dem auf 150 °C vorgeheizten Backofen (Ober-/Unterhitze) lassen, bis die Kirschtomatenhälften an der Oberfläche angetrocknet sind.

Varianten zur Weiterverarbeitung

1. Warm servieren: Das Blech oder die Auflaufform aus dem Backofen nehmen und die Kirschtomatenhälften mit dem Schmorfond in eine Schüssel geben. Den Thymian- und Rosmarinzweig entfernen, behutsam vermengen und sofort anrichten.
2. Kalt servieren: Das Blech oder die Auflaufform aus dem Backofen nehmen und die Kirschtomatenhälften auf dem Blech/in der Auflaufform abkühlen lassen. Anschließend zimmerwarm servieren.
3. Auf Vorrat zubereiten: Das Blech oder die Auflaufform aus dem Backofen nehmen und die Kirschtomatenhälften auf dem Blech/in der Auflaufform abkühlen lassen. Die Kirschtomatenhälften in ein verschließbares Glas schichten und mit nativem Olivenöl bedecken. Die marinierten Kirschtomaten halten sich ohne Weiteres mindestens 1 Woche im Kühlschrank.

Das Rezept kann auch nur mit roten oder nur mit gelben Kirschtomaten zubereitet werden.
Auf diese Weise kann man auch Strauch- oder Eiertomaten zubereiten, dabei aber die Tomaten nach dem Blanchieren vierteln und von den Kernen befreien.

Glossar

Ajo blanco
kalte andalusische Knoblauchsuppe

Ascorbinsäure
farb- und geruchsloses Vitamin-C-Pulver

Belper Knolle
Schweizer Kuhrohmilchkäse, neun Wochen gereifte Kuhrohmilchkäse-Kugel mit pikant-säuerlichen Noten, eingehüllt in schwarzem Pfeffer. Die Belper Knolle hat eine brüchige Struktur und ist ideal zum Hobeln oder Reiben.

Bonitoflakes
Getrocknete Thunfisch-Flocken – der Bonito wird gekocht, anschließend mehrmals geräuchert und getrocknet, bis er sehr hart geworden ist. Die Flocken werden dann vom Fisch geschabt. Mit ihrem starken, salzigen Aroma werden sie vorwiegend für Suppen, z.B. für Dashi-Brühe verwendet. Erhältlich im Asialaden.

Brunoise (Schneideart)
sehr fein in Würfel (1–2 mm) geschnittenes Gemüse (z.B. Sellerie, Karotte, Lauch usw.)

Bulgur
aus geschältem und gedämpftem Weizen hergestellte Grütze

Ceviche
Ceviche ist ursprünglich eine peruanische Spezialität aus rohem Fisch. Dieser wird gewürfelt und in eine Marinade aus Limettensaft gelegt. Die in den Limetten enthaltene Zitronensäure bewirkt die Denaturierung des Eiweißes und der Fisch wird »gegart«.

Cru de cacao
geröstete Kakaobohnensplitter

Dextrose
Traubenzucker

Erbsenaubergine, thailändische
Eine Auberginensorte, die etwas größer als Erbsen ist und eine glatte Haut hat. Unreif ist sie von heller grüner Farbe, reif von hellem Gelb. Erbsenauberginen schmecken jung, wenn sie von zartgrüner Farbe sind, am besten. Dann haben sie ein leicht bitteres bis herbes Aroma. In der Thaiküche ist die Erbsenaubergine wichtige Zutat zahlreicher Currys.

Fenchelpollen
Fenchelpollen stammen von einem wild wachsenden Fenchel in den kalifornischen Küstenregionen. Bei der Ernte werden die Dolden von Hand gepflückt und getrocknet. Danach werden die Dolden verlesen, wobei die aromatischen Blüten und Pollen gewonnen werden.

Five-Spice-Pulver
Klassisches Fünf-Gewürze-Pulver aus Sternanis, Fenchel, Pfeffer, Ingwer und Zimt. Five-Spice-Pulver würzt asiatische Gerichte mit typisch süßen und scharfen Noten.

Galangal
Thai-Ingwer, auch großer Galgant *(Alpinia galanga)* genannt, ist eine Pflanze aus der Familie der Ingwergewächse. Thai-Ingwer ist in der thailändischen Küche ein unverzichtbarer Bestandteil zahlreicher Gewürzpasten.

Galangal, echter
Echter Galgant *(Alpinia officinarum),* auch Galgantwurzel, kleiner Galgant oder Siamgalgant genannt, ist eine Pflanze aus der Familie der Ingwergewächse. Er wird als Gewürz- und Heilpflanze verwendet.

GHOA-KRESSE
hat ein frisches Zitrusaroma. Ihr milder Duft und ihr Aroma erinnern an Koriander. Ihren Namen verdankt sie ihrer ursprünglichen Herkunft aus dem indischen Ghoa.

HOISIN-SAUCE
eine dickflüssige, dunkle Sauce aus der chinesischen und vietnamesischen Küche. Sie wird vornehmlich zu Fleischgerichten gereicht. Sie wird aus fermentierten roten Sojabohnen, Zucker, Weizenmehl, Knoblauch, Essig, Chili, Salz und Sesamöl hergestellt. Hoisin-Sauce hat ein süßlich-kräftiges Aroma.

ISOMALT
Zuckeraustauschstoff, der aus Rübenzucker hergestellt wird. Seine besondere Eigenschaft ist, dass er bei niedrigeren Temperaturen verarbeitet werden kann als Kristallzucker – denn Isomalt kristallisiert nicht.

JULIENNE (SCHNEIDEART)
sehr fein in Streifen (1–2 mm) geschnittenes Gemüse

KETJAB MANIS
süßliche, sämige Sojasauce aus der indonesischen Küche

LÄUTERZUCKER
Farblose Zuckerlösung, die durch Aufkochen von gleichen Teilen Zucker und Wasser gewonnen wird

LINGONBEERE
Die Lingonbeere ist die skandinavische Verwandte der amerikanischen Cranberry und der europäischen Preiselbeere. Lingonbeeren sind ca. 1 cm groß und von kugeliger bis ovaler Form und von hellroter bis scharlachroter Farbe. Sie schmecken herb-sauer bis bitter.

MICROPLANE-REIBE
Haushaltsreibe mit winzigen, rasiermesserscharfen Klingen für ein lockeres Reibeergebnis ohne Krafteinsatz.

MIREPOIX
in Würfel geschnittenes Röstgemüse (z. B. Zwiebel, Knollensellerie, Karotte, Petersilienwurzel, Lauch)

MIRIN
gesüßter japanischer Reiswein, der zum Aromatisieren von Speisen verwendet wird

MISOPASTE
Japanische fermentierte Würzpaste, die unter anderem für die Zubereitung von Suppen und Saucen eingesetzt wird. Sie wird aus Sojabohnen, Reis, Salz, Reishefe und Gewürzen hergestellt. Weiße Misopaste (Shiromiso) hat ein mildes, leicht süßliches Aroma.

MIZKAN-REISESSIG
japanischer milder Reisessig mit Malz- und Honignote

MOLE-GEWÜRZMISCHUNG
Mexikanische Gewürzmischung, die für Geflügel- oder Wildsaucen verwendet wird. Sie besteht aus Kakao, Anchochilis, Guanjillos, Mandeln, Korinthen, braunem Zucker, Tomatenflocken, Erdnüssen, Schokolade, Sesam, schwarzem Pfeffer, Zimtblüten, Knoblauch, Pasillachilis, Nelken, Anissamen und Vanille. Mole-Gewürzmischung ist nicht zum Braten geeignet.

NAVETTE
Mairübe

PAK CHOI
Asiatischer Blätterkohl, ein naher Verwandter des Chinakohls. Er bildet lockere Köpfe mit hellen Blattrippen und dunkelgrünen Blättern.

PANDANBLÄTTER
Blätter von der Pandanuspflanze, einer Schraubenpalme. Getrocknete Pandanblätter werden vor allem in der thailändischen Küche verwendet. Sie verfügen über ein

nussiges, fruchtiges, blumiges Aroma. Der Duft der Pandanblätter entsteht übrigens erst beim Welken. In den Küchen Asiens werden die welkenden Blätter unter Jasminreis gemischt, um ihn zu aromatisieren.

PFEFFERMISCHUNG »MELANGE NOIR«
schwarze Pfeffermischung aus Malabar-, Kubeben- und langem Pfeffer, von Ingo Holland

PIMENT D'ESPELETTE
Chilipulver aus dem französsichen Baskenland. Piment d'Espelette ist fruchtig pikant, jedoch nicht so scharf wie Cayennepfeffer.

RAZ EL HANOUT
Marokkanische Gewürzmischung, die für die Zubereitung von Couscous und Fleischgerichten verwendet wird. Es gibt süße, scharfe und leicht bittere Mischungen – je nach Anteil der einzelnen Gewürze. Raz el Hanout besteht aus ca. 25 Grundzutaten.

RISO VENERE
Schwarzer Reis aus dem Piemont, ein Vollkornreis mit natürlicher schwarzer Schale. Er duftet nach frischem Brot, ist sehr nahrhaft und reich an Spurenelementen und Eiweiß. Riso Venere ist ein hervorragender Risottoreis, er muss allerdings mindestens 50 bis 60 Minuten gegart werden.

ROCK CHIVES
Ein Keimgemüse (wie Sojasprossen) aus den Gebirgen Ostasiens. Es hat einen milden Knoblauchgeschmack, der es von anderen Schnittlaucharten unterscheidet.

SAKE
Japanischer Reiswein, der sich nicht nur zum Trinken, sondern auch zum Würzen und Marinieren von Speisen eignet.

SAMBAL OELEK
eingekochte Chilischotenpaste aus der indonesischen Küche, sehr scharf

SEMOLA DI GRANO DURO
italienischer Hartweizengrieß für die Pastaherstellung

SHIMEJI-PILZ
Japanischer Kulturpilz, der in der Natur auf Holz, vor allem auf Buchen wächst. Daher kennt man ihn auch unter der Bezeichnung Buchenpilz. Dank seines angenehm nussigen Aromas ist er sehr vielseitig verwendbar.

SILPAT-MATTE
Silikonbackmatte mit Glasfaserverstärkung

SOBA-NUDELN
dünne japanische Nudeln aus Buchweizenmehl

SOJALECITHIN
aus Sojabohnen gewonnener Emulgator in Pulverform, der zum Aufschäumen dient

SOT-L'Y-LAISSE
Hühnernüsschen. »Sot-l'y-laisse« heißt auf Deutsch sinngemäß »Der Narr wirft's weg«. Dabei handelt es sich um zwei besonders zarte und aromatische Stückchen vom Huhn, die sich in Mulden des Rückenknochens kurz vor dem Bürzel befinden.

TAMARINDE
Auch indische Dattel oder Sauerdattel genannt. Tamarinde gehört zur Familie der Johannisbrotgewächse. Sie stammt ursprünglich aus Afrika, wird heute aber in vielen Küchen der Welt verwendet. Ihr saures und fruchtiges Aroma verträgt sich ausgezeichnet mit der Schärfe von Chilis. Die Tamarinde gibt vielen asiatischen und afrikanischen Gerichten ihren charakteristischen scharf-sauren Geschmack und auch ihre dunkle Farbe.

TAPIOKAMEHL

ist ein sehr feines Stärkemehl aus den Wurzelknollen des Maniok. Es wird meist zum Andicken von Suppen oder für Ausbackteige verwendet.

TAPIOKAPERLEN

zu Perlen gepresste Tapiokastärke. Es gibt weiße und grüne Tapiokaperlen.

TRIMOLINE

Invert-Zucker-Sirup mit hoher Süßkraft

UDON-NUDELN

Japanische Nudeln aus Weizenmehl, Speisesalz und Wasser. Sie sind von weißer bis cremeweißer Farbe und haben eine weiche und elastische Konsistenz.

XANTHAN

ist ein natürliches Verdickungs- und Geliermittel. Es wird durch die Fermentation von Maisstärke mit einer Bakterienart, wie sie in Kohlgemüse vorkommt, gewonnen. Das Xanthanpulver ist kalt und warm (höchstens bis 50 °C) löslich. Auch wenn die Zubereitung temperiert wird, verliert Xanthan seine Verdickungseigenschaften nicht. Xanthan ist für Öko-Lebensmittel zugelassen.

YUZU

In China, Korea und Japan kultivierte Zitrusfrucht, deren Form an Satsumas erinnert. Sie ist saftig, leicht bitter, säuerlich-aromatisch und weist komplexere Aromen als Zitronen auf. In der asiatischen Küche wird Yuzufruchtsaft gern zusammen mit Salz und/oder Pfeffer oder Chilis als Gewürz verwendet.

ZWIEBELSAMEN, SCHWARZE

Schwarzkümmel

Rezeptregister

Brain Food: Vorspeisen

Brain Food: Hauptspeisen

Brain Food: Desserts

Brain Food: Drinks

MOOD FOOD: VORSPEISEN

MOOD FOOD: HAUPTSPEISEN

MOOD FOOD: DESSERTS

MOOD FOOD: DRINKS

BEAUTY FOOD: VORSPEISEN

BEAUTY FOOD: HAUPTSPEISEN

BEAUTY FOOD: DESSERTS

BEAUTY FOOD: DRINKS

GRUNDREZEPTE

HINWEISE ZUM NACHKOCHEN DER REZEPTE

- Alle Vorspeisen-, Hauptspeisen- und Dessertrezepte sind für 4 Personen berechnet.
- Die Mengenangaben der Drinkrezepte beziehen sich stets auf 1 Glas.
- Bei allen Espuma-Teilrezepten sind die Mengen für eine Espumaflasche mit einer maximalen Einfüllmenge von 500 ml berechnet. Füllt man weniger oder mehr Flüssigkeit in die Flasche, funktioniert das Schäumen nicht. Die Espuma-Rezepte sind daher stets reichlich bemessen, jede Espuma ergibt mehr als die benötigte Menge.
- Unentbehrlich für die Anwendung der Rezepte sind: Digitalküchenthermometer und eine Digitalwaage in Grammschritten, am besten 0,1-Grammschritten.

HANGAR-7
R. Trettl

HANGAR-7

HANGAR-7
R. Trettl

Dank & Impressum

Folgt ein Team nahezu 365 Tage pro Jahr, 7 Tage pro Woche einer Vision, die so international und anspruchsvoll ist wie das Ikarus-Konzept im Hangar-7, ist es kaum vorstellbar, dass dabei noch Kreativität für eine völlig neue Idee bleibt. Von deren Umsetzung ganz zu schweigen. Doch ganz »smart« hat sich das »Smart Food«-Ernährungskonzept auf höchstem Niveau in den Hangar-7 integriert.

Dass dies möglich war und ist – dafür möchten wir einigen Kollegen danken:

Martin Klein
Jörg Bruch
Tommy Dananic
Anita Wilhelmer
Martin Ebert
Martin Kilga

Nino Drini (der alle Cocktails gemixt hat)
Marisa Rubenbauer
Clara Krulich

»Smart people for Smart food!«

www.collection-rolf-heyne.de

2. Auflage 2011

Umschlag - und Layoutgestaltung: Atelier Seethaler, Hallein
Fotografie: Helge Kirchberger Photography, Salzburg
Vorwort: Christoph Schulte
Texte (Buch- und Kapiteleinleitungen sowie Infotexte zu den Rezepten): Marianne Botta, Bern
Erarbeitung, Adaption und Redaktion der Rezepte, Texte »Tipps & Tricks« und Glossar: Irmgard Rumberger, Ramerberg
Lithografie: Lorenz & Zeller, Inning am Ammersee
Druck und Bindung: Offizin Andersen Nexö, Leipzig

Printed in Germany

ISBN 978-3-89910-494-3